**Adfaith 正|略|集团**

正略集团30周年
1992—2022

# 大漠孤烟直

## 赵民精选集

赵民◎著

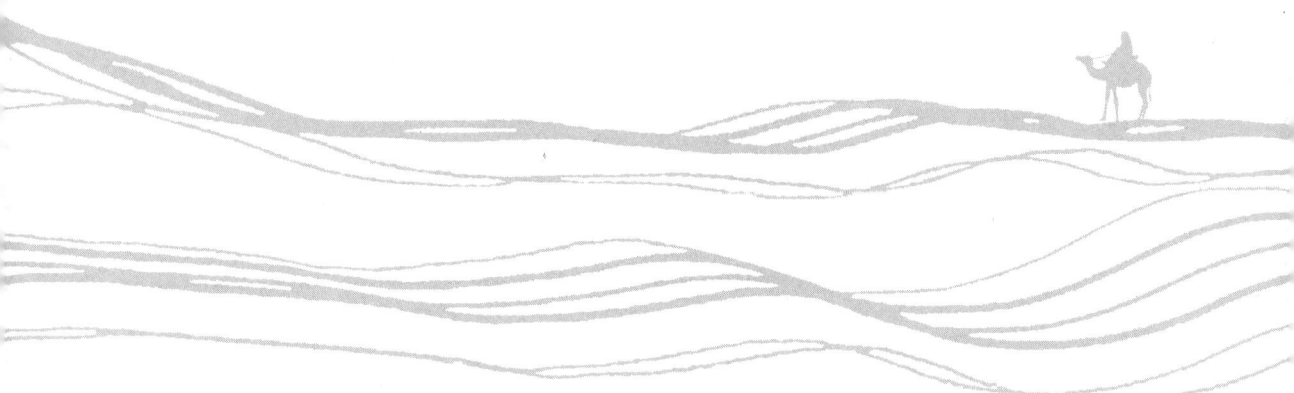

人民邮电出版社

北京

**图书在版编目（CIP）数据**

大漠孤烟直：赵民精选集 / 赵民著. -- 北京 ：人
民邮电出版社，2022.5（2022.7重印）
　ISBN 978-7-115-53298-5

　Ⅰ．①大… Ⅱ．①赵… Ⅲ．①企业管理－中国－文集
Ⅳ．①F279.23-53

中国版本图书馆CIP数据核字（2020）第004752号

## 内 容 提 要

　　本书是从赵民先生创业三十年来所写的文章中精选出来的百篇佳作，分为上下两卷，上卷决
战，下卷百字文。作为管理者，赵民先生始终花时间去学习、去思考，以真切而平实的写作手法
描绘了其见闻及思考，他将创办、经营企业以及做企业咨询中积累下来的经验与教训都浓缩在本
书中。内容涉及宏观经济趋势、企业家精神、企业领导力、人才管理、创新创业等话题。本书收
录的文章体现了赵民先生对于我国经济发展、企业家精神的养成与现代企业制度建设的认知与洞
见，是赵民先生创业三十年以来核心思想的精华展示。深藏精妙而深厚的管理经验，也不乏人生
信条、人生感悟。投资、管理领域的专业人士，学生、企业白领等大众读者都能从这本书中获益
并发挥自己的潜能。

　　　　　　◆　著　　　赵　民
　　　　　　　　责任编辑　王飞龙
　　　　　　　　责任印制　彭志环
　　　　　　◆　人民邮电出版社出版发行　　北京市丰台区成寿寺路 11 号
　　　　　　　　邮编 100164　电子邮件 315@ptpress.com.cn
　　　　　　　　网址 https://www.ptpress.com.cn
　　　　　　　　北京联兴盛业印刷股份有限公司印刷
　　　　　　◆ 开本：787×1092　1/16
　　　　　　　　印张：21　　　　　　　　　2022 年 5 月第 1 版
　　　　　　　　字数：450 千字　　　　　 2022 年 7 月北京第 2 次印刷

　　　　　　　　　　　　定　价：130.00 元
读者服务热线：（010）81055656　印装质量热线：（010）81055316
　　　　　　反盗版热线：（010）81055315
　　　广告经营许可证：京东市监广登字 20170147 号

# 赵民先生部分手稿展示

【赵民的手记】

《阎锡山的一生》

2016年中秋节之前，我的父亲在安详中，告别了这个世界。

父亲出生于1933年，按家乡江南的习俗，虚龄85岁，因为南方人是算虚岁的，八十大寿是在74周岁的时候庆祝；按中国北方的习惯，则应推计为高寿84岁。人的一生，七十三和八十四是二道坎，父亲顺利地过了七十三岁的年龄，在八十的这一年，没有逃过。老百姓口中流传的很多人生道理的俗话，还是很有点道理的，这背后，是大量生活实例的积累而成的概率说，换成时髦的流行词：大数据。

父亲出生的那个地方，最早的地名是江南北江府，后来上海建埠，到我父亲出生时，已改名称上海市上海县，属于县城的郊区，具体位置就在今天上海的虹桥和闵行一带，父亲的那个村庄，现在属于闵行区。

父亲在世时，常常和我们讲他年轻时的事情，尤其讲老一辈的人和事，后来我们兄弟都是从姑妈那里，点点滴滴地~~东拼西凑~~对父亲的往事~~有所了解~~。父亲的爷爷也就是我的曾祖这辈人，是典型的"贫下中农"，饱一顿饥一顿，家里一贫如洗难以维持。到了父亲的爸爸也就是我的爷爷这一辈，吃饱即捱过早餐晚，省吃俭用，家境开始好转。但爷爷认为不识字，吃了很多没文化的苦，于是下决心送四个儿子上学念书识字。父亲兄妹五个，他排行第二，上面一个哥哥，下面三个妹妹。爸大和爸二都念书识字了~~念书念字~~，~~长大成人都参加了革命~~，老大，我父亲的哥哥，我的大伯，于1949年之前成了共产党的地下党员，我父亲呢，1949年随军参与了解放大上海的时候才16、17岁，~~在中华民族危亡之时~~在我们他下党的大伯的动员下，~~看我爸之和姑妈~~投身人民空军。读书改变命运，知识启迪思想，就这样，父亲作为一个来自上海的学生兵，北上东北，投笔从戎，成为刚刚创建的人民空军的一员。经~~过八年~~连续的培训和学习，参加了抗美援朝

① 

李晨  2016-9-17 星期六  上午11:10分  谨以此文，追思父亲

1

父亲参军之前一直是个好学生，进入空军航校之后，学习优势很快表现出来。但因身体等原因，他没能当上飞行员驾驶战鹰飞上蓝天，转而去机械师的岗位上磨成绩，当上了军官专任机，机械师，负责每次飞机战前起飞及飞行之前的安全检查。后来我在北京时，一次和一位老空军总部派出的在苏州的老干部吃饭聊天谈起这段往事，我说这位空军现役军人老干部说，这种岗位的机械师，通常是那支部队里机械技术水准最好的。

　　父亲随部队参加了抗美援朝，辗转至牡丹江、丹东一带的军用机场，大冬天寒地冻中为战友和着专战机服务，目送着一个个战友飞上蓝天，有的就再也没有回来。我长大后听，父亲有次看着报纸上的时事纵横我以帮的新闻报道，和我说起其中的"空军吴司令（吴法宪）"，那时我正读初中，还没学过历史，不知道这个吴司令是谁，在父亲嘴里，吴司令的水准比吴司令要高太多很多。

　　父亲是1964年从部队转业的，纯情干级职位的时候，被迫离开心爱的部队的。大学毕业之后，我成了个"历史迷"，自己到处买和搜罗历史类资料和图书，搞清楚当年部队转业转政治挂帅的各也背景。我的父亲1949年解放前就失生上海读学念书上学。家里如果没有一点点收入，肯定读不起书，因此土改时就被划成"中农"成份。上海1950年代出了个潘汉年、扬帆的"潘扬"冤案，牵连到一大批当年的上海地下党员，父亲的哥、我的大伯后来也莫名地受到"内部控制使用"，乃至成为"阶级异己分子"，一直到改革开放后才得平反。但这多时，毫光的结果就是，我爸妈抱着一岁的我的哥，从东北老家，回到江苏南京最近的江苏省苏州地区吴江县，作为当时一批支援商业系统的老干部进了税务系统。父亲对部队的感情，表现在一件小事上：从我一出生，我们家就一直订阅的解放军报和的参考消息。我对时政的初步启蒙，就来自的解放军报，这份军报，一直订到我父亲退休还在订，后来父亲离开吴江和我们的儿子们一起去外地生活，才没有续订。

　　父亲60多岁时，专程从北京北上老家，到自己曾经里待过的大街小巷走走走了一遍。回到北京，来我聊天，谈了很多很多，看得出来，父亲一生对那段岁月（1949年～1964年十五年）是最为铭心刻骨和万分珍惜的。军人的情刻进了他的骨子里，深深地刻进了骨里。㊣

记得那次和父亲的聊天，最为印象深刻的，是父亲谈到一批投敌的战友，骑缺战和炮兵是飞天中，而父亲因为是飞机机械师，得以在残酷的战争中幸存了下来。父亲因为当年受到左思潮的被"清理"轻甚也的那部队，即当年很多的战友都比级，因为家庭成分好的而留在了空军，却在1970年代成为"拆散集团"受到牵连的中高级干部。人生，很多时候应了那句老话的无奈：祸兮福所倚，福兮祸所倚。

父亲转入税务系统后，出头开始学习，再次显示了学习功底和能力，成为业务骨干，专司税务稽查，退休那年，是我家与税务系统中负责稽查业务税务问题的专家。八十年代后全新开始有注册会计师和注册税务师。父亲成为苏州最早第一批注册税务师，得以在退休后，又被返聘，因为业务熟。

父亲的身体，因为年轻时在东北从军，留下了很明显的"职业后遗症"。一是手指甲多数被冻坏和冻掉，那是冰天雪地里，天寒地冻下脱下手套抢修飞机的工作记录。二是，父亲有严重的关节炎，也是那个水不愿下工作的结果。在我中学时，父亲常有一段时间，一到冬天，就要用大木桶灌上满满的滚烫的开水，泡脚，直到双腿通红，那时，我和哥弟这小喜欢把父亲的泡脚治关节炎土办法，叫"烫猪脚"。

父亲的小名叫"顺兴"，大号，赵自强。

（完）

浦东到虹桥，从东到大兴

上海这个中国的经济中心，以改革开放40年中国的970年代中期开始进行的浦东开发，由此都领跑全国的对外开放、对内改革，奠定了今天以上海为长三角经济区和全国城市中心的龙头老大经济地位。作为浦东开发的标志之一，浦东国际机场对于拉动和带动整个浦东开发、上海发展和长三角经济带的长期作用，怎么说也不过分。

当上海浦东开发最最初在进行时，上海虹桥机场相对就落寞而沉寂下来了。只有一个破旧的一号航站楼的上海虹桥机场，哪能起到交通枢纽的作用呢？这一局面，一直到虹桥二号航站楼和高铁虹桥站建成投入使用之后，才彻底根本改观。今天的上海虹桥机场，由于有高铁虹桥站的站台和加持，和浦东国际机场遥遥相望，成为上海交通和经济腾飞的两翼，一东一西，从东到西，无论东西，经济举足轻重，即东西平衡。所以，如果大家注意一下上海高架上的路牌标志，西面的文字指向上海机场时，总是写"虹桥枢纽"这四个字，而浦东机场，总是写着浦东国际机场，却没写"浦东枢纽"这四个字。这种状况一直到2017年的下半年，上海新的一版浦东发展规划，高铁上海东站终于落实，浦东机场说，建造以浦东版的虹桥枢纽。但新上海高铁东站，距离浦东国际机场依然还有一大段距离。

虹桥枢纽的建成，为2018年进口博览会花落虹桥，立下了汗马功劳。如果没有虹桥枢纽带来的便捷、华东和全国的各大活动商务人员群，就进博会无法一步走到今天的虹桥高密度。上海拉动长三角地区，主要依靠虹桥枢纽。浙江、江苏往来客流，出差全国各地，都以虹桥枢纽进出。

P.1

如果说，建成于2010年下半年的此此桥枢纽在过去的十年中，为上海西部区域和长江流域和长江三角洲的联动、华东地区作出了巨大贡献的话，那么，将于2019年下半年9月底投入使用的北京大兴国际机场，注定将把北京的南部地区更纵深更辽阔的京津两城、华北平原京津冀一体化推出一枚举足轻重的交通枢纽大棋。

对上海，是浦东机场到此此工桥枢纽；对北京，是位于北部顺义的首都机场到位于南部大兴的大兴国际机场。对北京而言，这两个中国的经济腹地的一个省都一个经济第一大城市，从东到西、从北到南，构成了都市圈城市经济和城市发展影响下的最深影响的两个电脑，北京号是一座机场对一个交通枢纽对一个城市和一个经济区域发展所起到的关键一招棋的作用。

当北京首都国际机场取名之时没有加上顺义两个字，可见当时根本没有想到，今后的2019年，会有一座位于城南大兴的国际机场还会与它相逢，还会与它分庭抗礼，还会和它并驾齐驱，共同担负起北京交通和经济腾飞的两个翅膀的历史责任。

因为浦东机场为未来建了群思诸留没有建轮轨高铁，所以给了2010年此此桥枢纽的机遇和空间；同样因为位于顺义的首都国际机场已有足够的一段上长三之特的机场轻轨市区......人性化的设计，因此也对北京市民即将投入使用的大兴国际机场的交通配套，充满着期待、好的希望。

北京的朝阳区，虽然不号北京首都国际机场所在区域，但是，是从市中心到机场的必经之地，因此，朝阳区非常有名的望京地区，在过去的十几年中从无到有，从一片空白建设成为誉满京城的一座望京新城。可以毫不夸张地说，望京有今天单功劳，一半的功劳要归于首都国际机场。

因此，当今天的大兴国际机场还有五个月即将投入运营之际，我们对于同样位于南部的丰台区，充满着遐想和信心。因为，那大兴机场，是按照此此桥枢纽的标准建造的。因此，望京是朝阳区的历史，就是丰台区今后的二三十年的未来简史。

从市中心到机场沿线，就是一条蜿蜒的高速路，就是一条纵连经过京东的，镶嵌着一个个省略之的省略路。

（P.2）

浦东到七宝，见证了从浦东机场一期工程建成通航的1999年到2019年这20年上海浦东地区发展，见证了从2010年日七宝行机场二号航站楼和高速七宝站投入运营这10年左右上海浦西地区发展。

顺义到大兴，见证了从首都机场二号航站楼正式投入使用的1999年到2019年这20年北京北西的发展，今后将见证2019年9月30日正式全面投入使用的大兴国际机场和配套城市交通对未来30年北京都的发展的巨大影响。

七宝枢纽黑之中，应该感谢浦东的那条硬骨头，的建设大桥才有后面的机会。

大兴枢纽（姑且这么叫它吧）是不是也应该默默地感谢那条比枢纽还早的机场轻轨？

从浦东到七宝，是从机场到枢纽。

从顺义到大兴，是不是也是从机场到枢纽呢？

（完）

赵总的序文

《回顾过去，展望未来，新形势下，图存图强》

李华莹
2021-11-11 中午 12:48分
回顾过去，展望未来，居安思危，
把握了度，照顾好...未来。

今天是2021年11月11日星期四，是正略集团自1992年11月11日创业以来，满29年，开启第30年头的日子。昨天11月10日晚上，正略集团部分同事同刘总同志，在60分钟一个小时的时间内，在中国大地各个城市村镇的空间里，在线上做了一次回顾和展望。

当今世界大格局大变化，根起，源头至2008年全球金融风暴。源头正此。从远以往至2008年～2019年底，2020年初全球肺炎疫情，这11年里，在整个星球上的政治、经济、贸易、投资，方方面面发生了巨大而深刻的变化。这11年都可以慢慢地说，2016年又是其中一个重要的一个时间节点。2016上半年英国脱欧和2016年下半年美国总统大选举，参加进了这个地球上的这种变化。在过去的11年中，正略跟着外部环境，也在这种巨大变化的形式下，经历了艰难时刻，经受了历史考验。从2016年走过制造到新，成长成熟，好比人生的性大学读完的十多岁学生，走向人生的三十而立。爬雪山，过草地，闯金，到达陕北延安。

展望未来，十四五规划从2021～2025年，以及到2030年的十年，到2035年的十多年，在座的各位在评点事而事论非，谈事而言事无不事，指点正略星里的大好河山，极目无天舒的新时期，我们的眼睛看着咨询中国，智慧中国，也在在座各位手里创造，也是责任和重任。怎么实现这样一段3年、5年、10年？

我们可以有的坚持战略，专注至主品牌等至的人生价值追求，坚持坚守和坚守战略咨询，学习战争、学习战斗、学习作战，抓住抓牢抓好，人才、客户、研发这三个方面，才能在全球的大背景下，图大图强。

（略）

正略、正略，正确的战略。人生正道，讲正确学对正道，图存图强。

7

# 杰克·韦尔奇：时代不会再来

10年在2020年3月2日，媒体业报道新冠肺炎疫情的同时，颇为明显地推送了一位企业界熟识的老人的辞世评论：美国通用电气前任董事长杰克·韦尔奇辞世。一个已落幕的时代中的一位商经界理想眼中的明星人物，也诠释一个将收半时期，平静地离开了这个世界。

生于中国40后、60年、70后、80年代生出的在生意、创业者和商界的领军中，改革开放四十年中参经投拼为成功经典的一代代表人物的国外企业界人士，尚若细细加上一起，也会超过10个比尔盖茨算一个，松下幸之助算一个，乔布斯当然算一个，那杰克·韦尔奇当然也算一个他是职业经理人代表性人物，是世界500强中前几位大公司成功CEO的代表性人物，是多文化战略指导下集团化公司成功经营管理者也是评价中的长期的一代表人物之。

由此说当前来看，通用电气公司业绩欠佳，战略失误连连，所以，现生出的90后大学生和00后年轻人，已经不大熟悉GE也不了解对他们，更没听说过杰克·韦尔奇是谁了。但是，生70年代中国企业化代起，大型多之代国有企业发展过程中，很多中高层的管理人员，在组织、企业的统一组织安排下，都曾经去过二次出国学习考察交流，一家是新加坡的淡马锡也可以，一家就是美国东部的通用电气公司。

杰克韦尔奇的书，但尚不多读书。读二本书，让他的若看了不少半个十年才行，依然成为企业家尤其是大型多之企业中老年学习高度们心中的明师旧师。杰克韦尔奇生顿的第一本《赢》和当时那本IBM的掌新化人郭士纳的书《谁说大象不会跳舞》中为轰一时，洛阳纸贵，当多年商也学起推动在出版业和书高点燃的口碑顶销量高的畅销书在生市里实践素素例的基础的大众书籍。《赢》是杰书里所诠译起P的与习同一生本原理、方法、逻辑、对于战时的规划的推进、思考、实践和总结，给那个热火朝天于劳动中起改革开放的生业界里者，以诠释的部署和记忆，未来的理期东晚些生全球著回《对话》上，也出现和伴诵着通用电气业务3在长韦尔奇的身影和声音。

让我印象深刻的还是二本书细节。杰克韦尔奇如熟运用新的手段去起重渗料和全部的资本市场的予更期使生方式动和年价估值来之攀升，从此，通用电气资本资本性投资支出，500万美元金额就送出低之一个书当的上的市值，都高估集权的领经理岗专本人批准。还是诸多等中国大型国企在企业投资新的资值资本经开上高端率理的用和资法，原来报高等专家起理之法方分析等生子等等事业……结果更出于所等者不的精神世大盒投资。第二个细节就是我给高管专科高层管理项的培训，我的许多培训课程，我也曾上课之主讲。随着2000年二十一世纪互联网经济时代的来临，通用电气和韦尔奇都新经代率企业者也时……（下）

# 前 言

潮平两岸阔，风正一帆悬

——写在《大漠孤烟直》前面

今天是 2022 年 3 月 27 日星期日，壬寅年二月廿五。

三十年前的 1992 年，那个国人难忘的春天，春雷阵阵从南方传来，春风从深圳跨过珠江，吹拂华夏大地，吹绿大江两岸。

在春暖花开的季节里，在春雷滚滚的战鼓中，在春风拂面的气息里，我的人生轨迹拐了一个大弯，在时代的召唤下，创新创业创人生，**于是有了现在名叫正略集团的这家专业咨询公司，那年，我刚刚 27 岁。**

**时光如梭，岁月如织。一晃就干了整整三十年的咨询工作。**

这三十年里，我们见证了中国经济的蓬勃向上，见证了外资企业的轻裘缓带，见证了民营企业的千辛万苦，见证了国有企业的翻山越岭，见证了股票交易所里的悲剧喜剧，见证了上市公司股价的起起落落，见证了房地产公司的粗放发展，见证了互联网企业的杀伐攻略，见证了大学商学院的门庭若市，见证了海归留学生的潮涌潮落，见证了风险投资的无情和有情，见证了金融机构的苦难和辉煌。

这三十年咨询生涯，我们走遍祖国的千山万水，从岭南的广东企业家群体"粤商"，到粤港澳大湾区的"港商"和"澳商"，从长三角一体化的"沪商""浙商"和"苏商"，到京津冀一体化的"京商""津商"和"冀商"，旁观和近观，阅尽无数成功企业、优秀企业和卓越企业的内在功夫、谋篇布局和运筹帷幄，也看到了无数亏损企业、落伍企业和淘汰企业的坐井观天、走投无路和悲欢离合。

**眼看起高楼，眼看宴宾客，眼看楼塌了。这样的生活经历、人生阅历，是做企业管理咨询这个行业的人会有的一种人生宝贵财富，也是自己创业过程中，让一颗咨询的心永葆青春和活力的内在同理心，以及让生活丰富多彩的"职业福利"。**

在给创业者、企业家做企业管理专业咨询的同时，因为自己也是一名创业者和管理者，所以，对于这些年中国各类企业遇到的问题、跨过的大河、翻过的高山，我有着发自内心的感同身受。这样的双重身份，让自己有外在需求，有内在动力，把这三十年来中国企业战略和管理咨询岁月里积累下来的体会、体验、感受和感悟，把所思及所想的方方面面记录下来、记载下来。用文字记录生活，用文字记录历史，用文字记录心灵。

从 1992 年到 2022 年，这三十年，中国发生了翻天覆地的变化。作为出生在 20 世纪 60 年代，毕业于 20 世纪 80 年代，创业于 20 世纪 90 年代的知识经济和数字经济的专业人士，我一不小心成了中国第一代咨询行业从业者，到今天，依然撸起袖子，弯腰干活，奋斗和战斗在企业管理咨询服务的第一线，践行做一头中国咨询行业的"孺子牛""拓荒牛"和"老黄牛"，在国际和国内的同行友商之中，即使我不是唯一的一个，也是不多见的，甚至是很少见的。

在这个过程中，在过去十年、二十年中，我忙里偷闲，拿起笔来，写下记下专业生活、职业生涯中的所感所悟。所写所记的内容，刻着当时和那一段岁月的时代烙印，希望这些对于企业创业者、企业管理人员和咨询顾问有一点点价值和启发作用。

**一个人，活在这个世界上，最幸福的事情是什么？**

**是干自己喜欢干的事，是过自己喜欢过的生活，是做自己发自内心喜欢做的工作。如果一不小心，又遇到了一个符合个人特长、适合自己、能够干得比别人更快更好的职业，那么，就知足吧。**

三年前，我们以为瘟疫离我们很远，但直到现在，新型冠状病毒肺炎疫情依然在全国和全球蔓延。三个月前，我们以为战争离我们很远，但 2 月 24 日在乌克兰大地上的战火，让我们猛然惊醒，战火那么远又那么近。三个星期前，我们以为空难这样的事早已离开我们这个时代，但 3 月 21 日东航 MU5735 航班在广西梧州的坠毁，让我们顿感生命的无常。**那些所谓的功与名，在生命和生活面前，都是尘与土，只有做自己喜欢的工作，过自己喜欢的生活，才是真正的可贵和幸福。**

**在大海、大江、大河、大漠的人生道路上，物质终将湮灭，唯有文字永存。**

**莫等闲，白了少年头，空悲切。**

赵民

2022 年 3 月 27 日下午 3 点整

三十功名尘与土，八千里路云和月

# 目 录

上卷

## 决战

下卷 /
百字文 /

上卷

决战

大漠孤烟直

第一章

决战于企业家间

## 【主题一　三代企业家】

# 中国三代国有企业家

> ⊃　导语：对国有企业家而言，生存就意味着成功。

简单讲，企业家就是对企业负责的人。在改革开放后的 20 多年里，中国国有企业的经营者——国有企业家，可以分为三代。

第一代国有企业家诞生于 1984—1991 年这一时期。中国的改革开放是从中国共产党第十一届三中全会，即 1978 年年底开始的。不过在 1978—1984 年，改革的重点主要在农村，重点是农村体制改革。从 1984 年起，改革才开始向城市推进。这时，中国的国有企业经营者开始第一次转型：从厂长到经理、从生产到销售、从"找市长"到"找市场"，等等。技术的作用在企业生产经营活动中日益明显和突出，当时整个中国都在重用"四化"干部（革命化、年轻化、知识化、专业化），所以一大批来自技术岗位的骨干（他们曾为企业的技术改造项目立下汗马功劳）有机会走上领导岗位。鉴于这些国企的厂长和经理来自"总工程师"，因此，我们可以把 1984—1991 年这八年里涌现出的第一代国有企业家称为"总工型"企业家。

从一件小事上，我们可以看到当时"总工型"企业家的处境和对权力的要求。当时，福建省约 70 位厂长和经理联名上书国务院领导，要求为国有企业"松绑"，要求政府经济职能部门不要过多插手企业内部的管理，"婆婆"太多，企业办不好。按照现在的眼光及标准看，这种权力要求实在太"初级"了，企业经营者对自己企业内部的经营管理独立决策，是最基本、最起码的"企业权"。我们可以把"总工型"企业家的内在需求归纳为"要当总经理"。

1992—1999 年，国有企业管理和竞争的焦点从产品技术改造转向了市场营销，一大批营销能力突出、管理水平高、执行能力强的年轻人逐步走上领导岗位。在这个阶段，中国市场从短缺经济向相对过剩经济转型，产品由单一化向多样化转型，各个细分市场的发展空间巨大；国有企业的兴衰成败主要取决于管理力度。因此，我们把 1992—1999 年这一阶段的国有企业家称为"总裁型"企业家，也可称之为"强力型"企业家。

我们可以看到，在 1992—1999 年成长起来的、目前已在本行业内取得领先地位的国有企业，基本上都有一位目光远大的铁腕企业家。只有打破常规的"铁血总裁"，才能够让企业生存、发展和壮大起来。

研究一下第二代"总裁型"企业家对权力的要求，可以用"要当董事长"来归纳。早期国企是没有董事会的（时至今日，很多大型或特大型国企仍然没有董事会）。那么按照现代企业制度，本应属于董事会的权力——诸如对战略、合资或投资等问题的决策权就需要从政府主管部门转移到国企"总裁型"企业家的手中。

"总工型"企业家与"总裁型"企业家的个人素质是有差别的。"总工型"国有企业家多是大学科班毕业，而"总裁型"企业家中有不少人没有太高的学历。不过，这两代国有企业家也有相同之处：他们 15 年来苦苦争取的权力，仅是属于董事会和管理层范畴的，没有涉及股权（即使如首都钢铁公司"承包制"这样的独特机制和模式，也没有涉及股权问题）。

但是，第三代国有企业的企业家们涉及了股权。可以说他们是最幸运的一代。

1999 年 9 月 23 日，中共中央第十五届四中全会通过的《关于国有企业改革和发展若干重大问题的决定》向国有企业的大股东扣响了发令枪，整个国有企业改革进入冲刺阶段。这时，改革的目标是企业的根本性机制——企业产权制度和法人治理结构。

这项决定的一个大背景是，三年国企改革把表面的问题解决后，剩下的就是难啃的治理结构问题了；另一个大背景是，中国已加入世界贸易组织，为了增强国有企业的竞争力，国企改革必须深入下去。从具体操作层面上看，由于特大型国有企业（如中国移动、中国石化和中国石油等）相继在海外上市，而海外资本市场允许高管人员持股，相应地，大批原来行政级别属于正司局级的国有企业家们成了这些国企的股东。我们可以把 2000—2002 年这一时期的国有企业家们称为"股权型"国有企业家。

耐人寻味的是，如果我们将于 1993 年颁布的《中华人民共和国公司法》和于 1999 年推出的《关于进一步加快国有企业改革的决定》对照一下的话就会惊奇地发现，后者一多半的内容都是对前者内容的重复或变换了一种说法。

至此，经过 19 年三代人坚持不懈的努力，国有企业家终于争取到了民营企业家一出现就天然拥有的经营管理权、董事会决策权和股东分红权。

掩卷沉思，这些国有企业家们发展得并不容易！但是，历经十多年艰辛而最终生存下来的国有企业家占多少比例呢？而只要生存下来的，就多已尝到了拥有股权的甜头。因此，对这些国有企业家而言，生存下来就意味着成功了。

赵民

2002 年 12 月 26 日下午 2 点 24 分

于北京望京家中，赴美国之前

# 中国三代民营企业家

🔿 导语：三代民营企业家，老、中、青竞技商场，好戏还在后头。

中国的民营企业家可以分为三代。

第一代中国民营企业家自 1980 年中国第一家批准注册成立的个体工商企业（温州的一家经营百货的个体工商户）开始，真正兴起则是在 1985 年以后的城市体制改革时代，结束于 1991 年年底。它的形成和发展跨越十年光阴，其中高峰发展期为六年。第一代中国民营企业家早期创业十分艰难，大多数是从几百元甚至几十元起家，从事的是拾遗补阙的社会服务性行业，如开餐馆、卖冰棍、长途贩运服装等，所以他们几乎没有什么核心技术和竞争力可言。一直到 1985 年，第一代民营企业才以群体的姿态出现，最突出的代表是北京中关村电子一条街上的企业。从这时起，中国第一代民营企业的年营业收入开始突破亿元人民币，如四通公司。

这代企业家总体上年龄超过 30 岁，普遍没有本科学历。从创业动机看，大多数人属于"被迫下海"型。当时的成功标志就是个人年收入过万元（当时被称作"万元户"）。

1992 年之后，中国第二代民营企业家诞生了。这就是现在经常被各类媒体报道的、在行业中领先的民营企业家中最主要的群体。由于他们的出现，1995 年以后，第一代民营企业家逐渐在市场竞争中处于下风。到了 1998 年，第二代民营企业家已经全面占据上风，完成了中国民间产业资本、民营企业"长江后浪推前浪"的任务。在人员素质方面，第二代民营企业家有了突出的改善。一批来自政府机关、国有大型企业、高等院校、科研院所这四大"知识分子成堆"的地方的大学生（1982年以后大学毕业）主动创业。与第一代民营企业家不同，这批人工作已经超过五年，拥有相当的社会经验并建立了广泛的人际关系网，具有一定的启动资金，有的人在原来的部门中还有一定的技术地位、客户资源或团队管理经验。所以，他们在辞职"下海"创业的过程中，无论从自身经验到资源，还是所提供的产品和服务的技术含量，都是第一代民营企业家所不能比的。从 1992 年到 1995 年这四年，第二代民营企业家迅速形成了一道崭新的风景。值得一提的是，第二代民营企业家开创了一些新行业，填补了很多第一代民营企业家的创业空白。从年龄上说，第二代民营企业家大多是30岁左右，人生而立与企业而立同步实现。第二代民营企业的代表有很多，例如托普软件公司和中国国际期货公司。2002年和2003年是一大批民营企业成立10周年的年份。

第三代民营企业家是与海归留学生及高科技相关联的。在1998年北京"两会"期间，时任全国人大常委会副委员长的成思危提出了"一号提案"，呼吁推动中国的风险投资，从而带来了新一轮的创业高潮。大批在国外生活和学习的留学生，在互联网技术发展的强劲季风下，怀揣国际风险投资家的数百万甚至数千万美元，带着国际先进的核心技术、先进的管理理念和经验，回国落户高科技创业园创办企业，成为第三代民营企业家中的重要组成部分。与此同时，在国内风险投资资金的支持下，大批硕士、博士利用他们在校时的科研成果或其导师的科研成果，毅然决然地扯起创业的大旗，加入第三代民营企业家的队伍中。第三代民营企业家还包括外企职业经理人。部分外企中层管理人员在具有较为先进管理体系的合资、独资企业中工作多年，熟悉先进的管理体系，掌握了相当多的客户资源、前沿技术和管理经验，并且已经晋升到了一定的职位，在各种外因和内因的驱动下（包括风险投资在内），他们开始了创业之路。

第三代民营企业家的共同特点是高起点：学历高、技术高、管理起点高。高起点的直接结果是，这些企业直接和资本市场挂钩。由于风险投资的介入，第三代民营企业家在创业之初从纸面上已是百万富翁。典型的代表如搜狐公司的张朝阳。2003—2008年是第三代民营企业家独领风骚之时。

在2002年11月15日结束的中国共产党第十六次全国代表大会上，"三个代表"重要思想写入党章，民营企业和民营企业家也前所未有地从政治高度上得到了肯定。之后，民营企业开始迎来新一轮的发展高潮，三代民营企业家，老、中、青竞技商场，各显神通。

赵民

2002年12月5日

在北京飞往深圳的飞机上

# 中国三代外资企业家

🔾 导语：中国人正越来越国际化，而外资企业家正越来越中国化。

从严格意义上讲，"中国三代外资企业家"与前文提到的"中国三代国有企业家"和"中国三代民营企业家"不同，因为他们大多不是真正意义上的"老板"。用现代的说法，他们是"职业经理人"；用过去的说法，他们是"买办"。

第一代外资企业家的代表为外资办事处的"首代"（首席代表）和外资制造工厂的"厂长"。这个阶段始于 1979 年，止于 1992 年年底。

"首代"主要是香港人、台湾人，以及少量的是外国人。在"厂长"中，凡是技术型的多是外国人，典型的如上海大众汽车公司和法国的达能。凡是来华的外国人大多不会说中文，他们是抱着对中国的好奇心而来的。第一代外资企业家并不是真正的全职能企业家，绝大多数企业家根本谈不上拥有投资决策权，也鲜有股份。

例外的一群是中小型港台企业。一般这种企业在港台当地并不是很大——无论是规模上还是名气上，且多数为家族型企业。巨大的商机强烈地吸引着这些港台企业家，他们最擅长的就是判断时局和机会。他们来了，而且成功了，典型的如我国台湾地区的顶新公司。

一般来讲，第一代外资企业家并不是外资企业中业务或管理能力最强的人，他们中的许多人视来中国为职业生涯的"雷雨时分"，心存畏惧当时中国大城市中适合外国人的餐饮和娱乐场所甚少）。第一代外资企业家就是外资企业派出的"先头部队"。

第二代外资企业家的典型群体是合资企业的外方总经理，而且非华裔的纯外国人数量在不断增加。从 1993 年到 2000 年，第二代外资企业家跨越了八年。

在第二代外资企业家中，有相当多的人是其公司中国业务的最终决策者（可能还不是投资中国的最终决策者），有些甚至是大中华区、北亚区甚至是亚太区的最高负责人。世界 500 强企业陆续将亚太区总部迁到中国，并于 1997 年香港回归祖国后达到高峰，从而逐渐形成了跨国公司亚太总部在香港、上海和北京各占 1/3 的"三足鼎立"局面，这是外商投资中国的一个重要标志和分水岭。

从地理区域上可以看出，深圳、珠海、汕头和厦门四大经济特区，以及北京、上海和广州三大城市是第一代外资企业在中国经营的集中地。第二代外资企业家则完成了从珠江三角洲向长江三角洲的群体转移。俗话说"上有天堂，下有苏杭"，长江三角洲的上海、南京、杭州、宁波、苏州和无锡等城市成为外资企业家的"投资天堂"。在第二代外资企业家中，最引人注目的是聚集在长江三角洲的台商群体。与第一代台商相比，第二代台商中已经包括了台湾一流的主力型企业家，他们"举家而迁"，形成了诸多"台商居住区"。不仅如此，第二代台商更开了"举产业链而迁"的先河，形成了一条产业链中一个环节也不少的群体厂家迁移的景象。

值得一提的是，正是因为有一群世界 500 强公司在中国新增了亚太或全球研发中心，从而改变了第二代外资企业家的组成成分和结构。

2001 年，中国加入世界贸易组织，这标志着中国第三代外资企业家独领风骚的时代开始了。第三代外资企业家中最引人注目的是大量注册在"留学生创业园"的海归创业者。由于网络的兴起和纳斯达克证券交易所的助力，在 1998 年后回国的这一群留学生老板，历经三年摸索，逐渐适应了中国市场的特点，开始在某些细分市场和行业中领先，成为越来越有竞争力的新一代企业家。

第三代外资企业家从事的行业新增了金融行业，包括投资、基金和保险。对这些企业家的准确称呼应当是"银行家"或"投资家"，而非"企业家"。在未来五年内，这群人将不断增加，其影响力不可忽视。

从决策权上分类，上述外资企业家又可分为以下五种类型。

第一类充其量是个首席代表，只负责政府关系维护、品牌宣传、市场开拓，没有独立经营权，真正的中国事务决策者可能在新加坡等地。我们称之为"首代型"。

第二类是职能较全的生产型厂长，只管生产，不管销售。我们称之为"厂长型"。

第三类是总经理，主要负责生产和销售产品，但没有新产品研发和产品战略权。他们按总部既定的总体战略开展工作，在本地市场营销工作中有自己独立的战略。我们称之为"营销总经理型"。

第四类是总裁，既有生产销售权，又有战略产品权，只是没有投资决策权。我们称之为"总裁型"。

第五类是各种权力几乎都有，其中包括有一定限度投资权的"董事长型"。

赵民

起草于 2003 年 1 月 15 日

参加新华信广州公司 10 周年庆典后回京的飞机上

成稿于 2003 年 1 月 22 日雪上

# 北京话　上海话　广东话

○ 导语：正如北京话、上海话和广东话已经成为汉语的不同流派一样，国有企业、外资企业和民营企业之间的差异将长期存在下去。

作为外国人，在看待中国人的时候，是很难理解中国方言多样性所代表的中国各区域文化的差异性的；作为中国人，当他见到一个陌生的中国人的时候，从见面交谈的五分钟后，就会在心里问"他（她）是什么地方人"这个问题。其实，在当今中国企业改革和转型的过程中，各地的方言也在一定程度上代表了一种类型的企业群体文化。

对于方言与当地企业群体文化的关系，从全国范围讲，以北京话、上海话和广东话三者最有代表性。

北京话接近普通话，代表着一种全国性大公司的文化，以及国有控股主导型公司的文化。上海话吴侬软语，听起来较为动听，构建起了众多在华跨国企业文化与中国本土文化交融的平台。广东话为岭南方言，骨子里透着自强不息的音调，是中国典型民间力量的文化代表，是中国非国有企业的文化代表。在中国，同时听得懂这三种语言的人数量不多；同样，能够深入理解国有企业、外资企业和民营企业这三种企业群之间深刻差异性的人也不多。

同一句话，北京话、上海话、广东话的发音可能完全不同。比照国企、外企和民企，同一件事在三种企业中的做法是不同的。举一个例子，比如说从事战略规划这件事，在不少国有企业，就像是说普通话，会注重领导的倾向和态度：领导重视，就会上心点儿；领导抓得紧，进度就会快一些。但战略规划做完了，是否真的能实现目标，或者说是否真的落实下去，不是关键的考虑因素，方案本身让上级满意即可。新华信管理顾问公司[1]曾为北京一家在国内名列前茅的国家级公司提供过战略咨

---

[1]　新华信管理顾问公司现已更名为"正略钧策集团股份有限公司"

询服务。整个项目的进展,从原定的三个月拖拖拉拉到五个月,到最后要召开高级管理人员的一个重要会议了,也就是不能再拖了的时候,则加班加点赶进度。客户公司和咨询公司的联合工作组经过一番激烈的争论,最后将得到共识的方案报上去给主管老总,立刻就遭遇了第一轮的修改,在征求其他相关高管的意见后,又出现了第二轮、第三轮乃至第四轮的修改,最后报到一把手那里时,却又把前面已经否定的、修改掉的意见提了出来。最后的结果是,中间的第二轮、第三轮修改多是白搭,吃力不讨好;而最后定下来的内容,有多少数据支持,则不重要;有多少可以立即落实下去,也不关键。

新华信管理顾问公司还曾为一家长期落户中国、在中国业绩可圈可点的跨国公司提供过战略咨询。由于这家公司的总部聘请了一家国际性咨询公司,已经做完了全局性的战略方案,因此,我们发现,在外企的战略规划中,更多注重的是程序和流程的正确性,注重的是市场渠道和客户数据的收集和分析,尤其关键的是对国际竞争对手和国内冉冉升起的本土竞争对手的竞争资料的收集和分析。换句话说,外企注重的更多的是操作性而非创造性。另外,一个明显的差异是,正如吴侬软语的细腻可人一样,外企内部现有资料的完整、系统,也让人十分舒服顺心。

在为中国的民营企业做战略规划咨询时,你能看到与广东话相同的特点:公司老总对战略目标的认定具有坚定的意志。一位想要多元化战略的老总,其多元化的理由可能是没有逻辑的;可能在一次国内或国际旅行途中见到一个新产品,使他萌生了介入这个新产品行业的念头。换句话说,民营企业的战略选择,一般都带有强烈的个人爱好和偏爱性质,没有数据支持也没关系。另外一个"说广东话"的民企的特点是,由于企业创办时间不长,人员来自各个方面,企业文化不够成形并且相对分散,因此,你在访谈企业各个方面的员工时就会发现,企业中的不同人员,其实也是用不同的语言和你交流,正如广东话里有客家话、潮州话等不同的分支一样。这种不同风格的方言,你一要尊重,二要理解细微的差异之处。最后,由于民营企业的资源有限及人才相对薄弱,通常最后的关键软肋就出在实施的环节。所以,我们时常还得忍受几个月挑灯夜战的劳动成果最后被束之高阁的结果。

正如北京话、上海话和广东话与汉语存在差异一样,国有企业、外资企业和民营企业之间的差异将长期存在下去。或许股权多元化是容易的，海外上市也是可能的，海外设厂也不再是梦想，但对于同一件事在运作中细枝末节上的差异，将会长期存在下去，需要我们多多关注体会。

赵民

2003 年 4 月 25 日下午 6 点 45 分

于叶子簌簌作响的葡萄架下

## 【 主题二　企业家的烦恼 】

## 我在为员工打工?

➲ 导语：当"中国 10 岁企业"成为"中国 15 岁企业"的时候，还是"老板为员工打工"，那么，这样的企业走不过 20 岁。

中国各个行业目前领先的企业，有相当一批是在 1992 年邓小平南方谈话的推动下创办的，从成立至今，已有 10 年的历史，我们称之为"中国 10 岁企业"。由于这些企业目前代表着中国在各个行业的主导力量、主要竞争力和未来的主流，因此，研究"中国 10 岁企业"的管理问题具有相当重要的现实意义，对在加入 WTO 以后中国企业和行业的国际竞争力也有重大的社会价值。

"中国 10 岁企业"的管理问题是多方面的，我们先谈问题一：老板为员工打工。

我认识的一位湖南籍房地产企业家的感叹："我创业 10 多年，越做越大，越干越累，不能松一口气，是在为员工打工。"其言语中透着无奈。

老板为员工打工背后的管理问题，包括三个方面。

首先是老板本人对企业管理的理念。在创办一个可持续发展的、有竞争力的企业的过程中，创业者最重要的动力是什么？一个创业者在企业内部管理上的首要责任是什么？

企业越办越大，令创业者获得成功的自豪和满足，但企业越办越大后，推动企业发展的动力也必须越来越大。这样，创业者在理念上是否深刻了解"企业发展的主要动力是培养分担管理责任的新创业者"就成了关键因素。

培养分担管理责任的新创业者是一个渐进的过程，不是今天认识到，明天就能变成现实的，所以我们称之为"软性问题"。解决这个"软性问题"大约需要 2~3 年的时间；在结合企业业务发展的同时，不断地创造机会去为企业内部有发展潜力的年轻人提供实践的平台和展现能力的舞台，这是作为一个创业者在企业内部管理中面临的当务之急。

很多"中国 10 岁企业"的创业者，不是没有认识到这个问题的重要性，但好的创业者和平庸的创业者的主要差别是有没有落实在行动中和有没有形成行动计划。

其次，在"老板为员工打工"的背后，是用人的艺术。创业者如果成功，往往归功于他们在某些方面有突出的个人能力或魅力。在用人上，创业者往往会自觉或不自觉地偏向于用"有很强执行力"的员工（"执行型"员工）和"有很高忠诚度"的员工（"忠诚型"员工），而自觉或不自觉地排斥"有很强创新力"的员工（"创新型"员工）——"创新型"员工不仅有主见，而且常常倔强，这让创业者尤其是成功的创业者感到很不舒服。的确，当一个企业在创业期间，当一个企业的主流核心文化尚未稳定成型时，应该多用"执行型"员工和"忠诚型"员工。但一个稳定成长 10 年的企业，在进行业务转型、市场转型和管理转型的时候，主要依靠的是什么样的员工？主要依靠的不是"执行型"员工，也不是"忠诚型"员工，而是"创新型"员工。

我所认识的这位房地产老总，面临的正是这种阶段：他的企业起步于面向消费者或企业用户的普通房地产业务，目前正向相关多元化的"全面型"房地产企业转型。这时候，如果依然依靠"执行型"员工和"忠诚型"员工，他自然难以找到替自己分担重大管理责任的区域总经理、产品总经理和项目总经理，也就难免会感叹"老板为员工打工"！所以，要解决"老板为员工打工"这个问题，就要认清自己企业的发展阶段，在不同的发展阶段用不同类型的员工。而"中国 10 岁企业"，大多需要重视对"创新型"员工的启用。

最后，要认识到，"老板为员工打工"现象表明的是企业存在着机制上的"传输障碍"，如图 1-1 所示。

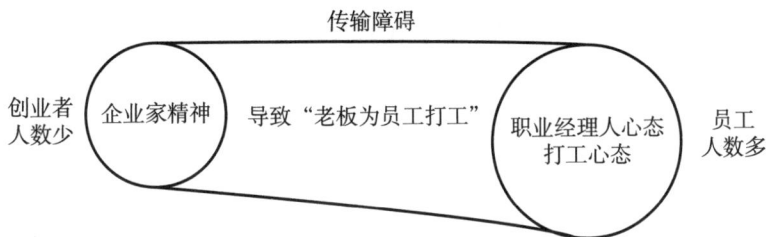

图 1-1　"老板为员工打工"背后的"传输障碍"

　　成功的"中国 10 岁企业"员工往往有几百人甚至几千人，而创业者往往不到 10 个人。所以，如何把几个创业者的"企业家精神"传导给数十倍或数百倍数量的员工，就成为一个企业能否上下联动、齐心协力的关键。企业员工的心态通常有两种：一种是管理人员的"职业经理人心态"，一种是普通员工的"打工心态"，这都不是把企业当"家"的心态。尤其是对于"中国 10 岁企业"，如果企业 90% 以上的员工都是"职业经理人心态"或"打工心态"，那么，"中国 10 岁企业"的企业家是没有快乐的，企业也不会是健康的。

　　企业家与职业经理人和员工有什么差别？企业家把"企业"和"家"联系起来，而职业经理人和员工都是可以"用脚投票"，一走了之的。把中层管理人员和一线员工变为"企业家"，不仅要靠制度和管理，还要靠法人治理结构和股权优化措施。

　　"老板为员工打工"——发出这种感叹的"中国 10 岁企业"的企业家值得同情，但不值得认同和尊敬。当"中国 10 岁企业"成为"中国 15 岁企业"的时候，还是"老板为员工打工"，那么，这样的企业走不过 20 岁。

赵民

2003 年 2 月 2 日中午 12 点零 6 分

于北京望京陋室温馨暖风中

# 我找不到接班人

➲ 导语：接班人问题已经成为"中国 10 岁企业"老一代创业者比拼的最后一个课题。谁解决得好，谁就能全身而退。

江浙某上市公司是一家典型的"中国 10 岁企业"，早已在产业方面做到行业老大。其老总却在开发新业务和企业转型中屡屡失手。随着白发爬上双鬓，年过六旬的他环顾四周，在夜深人静的时候凄凉地对我说："我最大的失误是——找不到接班人。"听罢，我的心头涌起了深深的敬意，他其实是明白这家企业的最大问题的。

上一篇我们所谈的"老板为员工打工"，相对于"我找不到接班人"而言，还是浅层次的问题，而"我找不到接班人"不仅是"老板为员工打工"问题进一步发展的结果，而且是更为关键而致命的问题。

"中国 10 岁企业"可以从业务层面分为两类："单一业务型企业"和"多元业务型企业"。对于大多数单一业务型企业，"我找不到接班人"的情况可能会有，但属于非主流问题；而对于多元业务型企业，"我找不到接班人"出现的概率更大，属于主流问题。

"我找不到接班人"问题的出现有三种情况：一是企业里有能力强的共同创业者，但在企业理念或战略方向的认识上与创业者不一致，因而创业者不想把企业传给这类人；二是企业里有能力强的后加入的年轻人，他们在企业理念、战略方向上与创业者保持一致，但由于资历浅而形不成领导威望，或由于其他"创业老人"的反对，而不能让其接班；三是企业内部真的找不到接班人。

对于单一业务型企业，在第一种情况下，问题严重程度属于"中度严重"。企业理念、战略方向是经常会变的，尤其是在中国加入世界贸易组织以后，这种变化的周期会越来越短，一般 2~3 年就要重新制定企业战略定位。如果其他共同创业者的看法代表着核心竞争力的趋势、代表着股东的共同利益、代表着企业市场地位的提升，那么，我们的忠告是，即使共同创业者年纪和你差不多，也要采用适当的分权决策模式：可以是董事长、总裁分立，可以是老产品、新产品分别由不同的事业部做，可以是国际市场、国内市场由不同企业做，等等。

对于单一业务型企业，在第二种情况下，问题的严重程度属于"轻度严重"。在大多数行业，年轻人的资历问题是可以通过业绩来弥补的，领导威望是可以由年轻人本人的德行和工作表现来帮助树立的。主要问题在于企业与其他"创业老人"的沟通和对他们利益的安排。这时，早做打算，趁早安排包括股权、董事会、管理职务在内的"接班人培养计划"，是创业者最重要的议题。要通过一段时间的强调，多方面利用同行业成功案例、媒体报道的典型案例等外部积极因素，抓住企业发展中的关键时机，一举推动企业创业者、股东会、董事会通过"接班人培养计划"等类似的发展方案，从而为年轻人接班铺平道路。

对于单一业务型企业，只有在第三种情况下，问题才是最严重的。这在一定程度上，是与企业长期以来的人才培养和发展战略相关的。所以，这时应当"两手一起抓，两手都要硬"：一手抓外部引进人才，一手抓内部培养人才。外部引进人才的时候要注意，如果企业条件许可，最好不要直接引进最高层管理者。在企业发展许可下，要为外部空降人员搭建一个台阶，让他们在现有台阶上"建功"，进而提拔到公司最高层再"立业"。

对于一个单一业务型企业，培养接班人主要是培养一把手，其他副手多是功能型副总。其一把手不一定要有独当一面的综合能力，所以难度是比较低的。

对于多元业务型企业，在第一种情况下，不能视作没有接班人，创业者可以把企业赖以起家的传统核心业务交给当初一起创业的"老人"，而自己带着新人主抓新业务，或者为稳定企业基石，把传统核心业务置于直接管理下，而鼓励"创业老人"进入新的业务领域去掌舵。在这种安排下，再过三年看一看当初和自己看法不完全一致的"创业老人"的业务发展如何，就可以判定是否可以让"创业老人"放心接班。

对于多元业务型企业，在第二种情况下，也不能视作没有接班人，你可以把后起之秀放在新业务开拓者的位置上。随着新业务的发展壮大，一方面可以确认年轻人的能力，一方面又可以帮他们树立威望。如果老业务遇到了危机，那么处理起来就更简单了，可以直接让年轻人接手。

对于多元业务型企业，真正的危机和挑战是第三种情况，即没有可用之人。想必这种多元业务型企业的几个业务的成功，是主要创业者抓住了市场机会，"水涨船高"而成功的（详见《警惕"水涨船高"》一文）。否则，内部怎么就真的没有一个可用之人了呢？此时，通过短平快的"快速培养台阶计划"可以缓解问题。另外，高层的空降恐怕也是不得已而为之的事了。

对于多元业务型企业，第一种情况和第二种情况都不能算作"我找不到接班人"。而且，应当进一步明确的是，这种接班人不只是找一个一把手，而是要找好几个一把手，找一个更大的"一把手团队"，因而难度更大，任务更艰巨。海尔公司下一步面临的最大的挑战也莫过于此。

有的创业者说"我找不到接班人"，是自己不想下来的借口，但对很多"中国10岁企业"的创业者而言，"我找不到接班人"却不仅是一个借口。不管愿不愿意，对"中国10岁企业"而言，接班人问题已经成为"中国10岁企业"老一代创业者比拼的最后一个课题。谁解决得好，谁就能全身而退。

赵民

2003年2月22日下午1点18分

于北京望京家中

# 我做不好新业务

⊃ 导语：为什么你的新业务发展不好？因为你可能进入了五大误区。

创业 10 年的企业，靠核心主业站住脚之后，很多企业会选择开发其他领域的业务。例如，我的一个客户曾说过这样的话："我做企业十几年了，做了四五个产业，最后只有最早做的生意还赚钱，其他生意全不赚钱。为什么我的新业务发展不好？"这是因为其可能进入了五大误区。

首先，第一个误区是思维模式的习惯性阻碍了新业务的发展。10 多年前起家的业务通常是创业者最熟悉的。很多创业者下海前在高校、国企或研究所干了几年或十几年，对起家业务、行业、客户、技术、关键成功因素的深谙从下海前就已经开始积累了，所以下海后很快就做起来了。然而"成也萧何，败也萧何"，由于对第一个业务的成功模式精通得刻骨铭心，有意无意中养成了习惯性思维模式，对第二个、第三个业务也有意无意地从习惯性思维模式出发，而不是从新业务本身特点出发。所以，新业务都做不大，也都不赚钱。

什么是习惯性思维模式？其主要包括两点：一是对如何把一个业务做起来的认识；二是对如何把一个业务做大的认识。把两个业务从 0 做到 10，很少有大的差异：先要有客户，而要有客户，就得有技术或核心能力，还要有低成本优势，并且要招聘一支基本必需的生产、技术、销售人员队伍。但是，把两个业务从 10 做到 100，很少有相同的地方，即使有的业务有类似的表面特性。举例来说，中国或世界上有没有哪个企业做啤酒做得很大，做葡萄酒也很成功，同时做白酒（烈性酒）也是领先的呢？除了并购重组的企业，单靠自己白手起家做出来的世界或中国知名的品牌罕有。

第二个误区是对市场进入时机的判断。由于不同的产业在不同的发展阶段有不同的特点，因此，在不同时机进军一个新产业要有不同的战略和方法。中国人不习惯请外部咨询公司，而是让自己或员工去收集信息和分析市场行情。对一般的市场情况，"自己动手，丰衣足食"是可行的，但对于在这个行业里从 10 做到 100 这样的事，通常只能是"雾里看花，水中望月"，很难得其要领。这种做法，小做时还能赚点小钱。请读者想一想，为什么在美国，电脑生产商和家电生产商都是各干各的，而在日本、韩国乃至中国，却有家电生产商同时生产电脑？为什么戴尔公司（DELL）没有把自己的网上订购、电话直销模式扩张到家电产品领域？原因在于，美国的市场细分程度很高，没有给家电企业做电脑的空间；但日本、韩国和中国则不同，在20 世纪八九十年代电脑刚刚兴起的时候，家电企业还有机会进入电脑产业。

第三个误区是简单学习成功者。这一点，很多人会感到奇怪，为什么不可以学呢？不是一样的吗？没错，在其他国家，学习成功者见效可能会较快，但在中国，学习目前成功者的战略一定不是上策。为什么这样说呢？因为中国企业的"个性"普遍比"共性"要强得多，如果是国有企业学习国有企业，那么请问，地方政府是不是同样大力支持？领导团队是不是一样有能力？如果民营企业学习民营企业，那么请问，创业者是不是同样有眼光、有胸怀、有能力？资金是否同样雄厚？客户关系和政府关系是不是同样牢固？想想看，为什么中国只能有一个华为？中国企业的这种"个性大于共性"的规律，基本上是大多数创业者和企业领导者没有认识清楚的冰山之下的不可见部分的"水下规律"。凡是简单模仿目前成功者的，基本上都做不到被学习对象那样的规模和行业地位。

第四个误区是用人和管理结构的适应性问题。对于一个综合能力一般而不能独当一面的总经理来说，只能用直线职能型而不能用事业部制，更不能用子公司制。但很多新业务是和老业务毫不相干的，那么怎么办？此时，领导人物可能要从外部空降。如果有足够的资金，不妨多空降几个，搭建全新的班子，从头开始干。如果资源和资金有限，就要让空降兵慎重过渡 3~6 个月，等把战略想清楚了，把权力和责任关系区分清楚了，再放手给这个空降的领军人物。此外，很多"1+1"模式获得了成功：一个战略型领军人物配一个执行能力强的运营型老总，以便充分利用内外、新老两种资源。用什么样的人，就有什么样的组织结构和管理模式，这是最重要的判断力。

第五个误区是新业务的速度问题。新业务应有什么样的业绩目标，是很值得研究的大事。首先是与老业务相比。除了"天上掉馅饼"的好机会，新业务初期的复合年增长率（Compound Annual Growth Rate，CAGR）要低于老业务。为什么？一是开展新业务要有个学习的过程，二是新业务的团队要有个磨合的过程，三是新业务的品牌认知要有个渐进的过程，所以新业务普遍要比老业务发展得慢一些，尤其是在头三年。其次是与新业务所在行业的领头企业相比。新业务的 CAGR 应高于领头企业的 CAGR 的原因在于：一是新业务所在行业的领头企业基数大、市场占有率稳定、增长缓慢，而本企业的新业务基数小，增长的绝对数即使小，但相对比率是大的；二是因为如果 CAGR 赶不上领先企业的速度，新业务在所处行业中的市场份额不会增长，与先进企业的差距会越来越大；三是 CAGR 从道理上讲应不低于行业领先企业，如果低了就要分析是不是管理和模式有问题。所以，新业务的速度有两个衡量尺度：CAGR 比老业务低，比行业领先企业高。

对于中国 10 岁企业的创业者来说，为什么你的新业务发展不好？虽然具体原因可能有很多，但主要是因为你可能进入了五大误区。

赵民

2003 年 5 月 1 日上午 11 点 18 分

树影斑驳空气新

# 我没有时间思考

⊃ 导语：一个一天到晚忙忙碌碌没有时间思考的企业家，是做不长的。

在 2003 年春季"非典"爆发期间，我与一位企业老总朋友通电话。他在电话里以我从来没听过的口气说："我终于有时间歇歇，可以好好想想企业的事。"在我所认识和接触的创业 10 年的企业家朋友和客户中，像这样平时没有时间思考的，大有人在。

说"我没有时间思考"的 10 年创业老总有三种类型。

第一种是吐真话。他真的太忙了，没有时间思考企业的大事。企业做了 10 年，发展到几十亿的规模，有太多的工作要他去处理，营销的、人事的、政府的、国内的、国外的，一件接着一件，一拨接着一拨，而有些工作非他本人处理不可。如此这般他怎么停得下来呢？

第二种是不重视。思考？思考什么？等你想清楚了，机会也就溜走了。看个大概就赶紧干吧，实干才是第一位的。这样的 10 年创业老总，通常在企业成功的阶段中，赶上了市场发展的大好机会，并且没有犯过特大的错误，所以形成了一种经验主义、路径依赖，认为干是最重要的。

第三种是自负。"我"10 年都是这么做下来的，没有专门想过，不也凭着丰富的经验和直觉，一步步走过来了吗？"我"这样的企业老总，没有必要去思考什么问题。有此老总口头虽然不这么说，但心里却是这么想的。

在今天，"我没有时间思考"是一句很危险的咒语。

首先是企业规模大了，做了 10 年的企业，现在的投资也好，并购也好，市场活动也好，动辄几千万甚至上亿，规模化进出，出不得任何差错。新华信管理顾问公司看过很多企业，其由兴旺走向衰败的转折点，常常就是出在一两个大动作上。由于企业规模大了，很多事不是老总本人亲自去操作的，所以看问题就不是那么深入和清楚，难免凭主观判断，出错的概率随企业规模的增大而增加。

其次是市场竞争的参与者素质变了。1990—1993 年和你一起在市场上竞争的企业老总，有多少是硕士、MBA 和海归？有多少具备国际大企业中高级管理经验和经历？有多少拥有核心自主知识产权？而现在呢？先不必说那些蜂拥而至的世界 500 强企业，就是中国自己的企业家队伍也发生了深刻的变化。新华信管理顾问公司管理研究中心在 2003 年年初做了一个针对中国上市公司的销售老总素质的研究，发现有 21% 的上市公司的销售老总已经具备了 MBA 的经历，以上海、广东地区的老总为主。10 年前，当你创业时，有几个 MBA 在市场上和你竞争？

再次是市场发育成熟的速度比以前大大加快了。在过去 10 年里，有 8 年我国尚未加入世界贸易组织，有 2 年在加入世界贸易组织之后，这是差别，但不是最关键的差别，最主要的差别是，现在一个好的行业、产品市场，其"高利润半衰期"已经大大缩短，通常只有 1~2 年的时间，而在市场营销上的领先，周期则更加缩短为 3~6 个月。为什么会这样？根本原因是现在社会资金相对充裕，甚至可以说相对过剩。对于一些高利润行业，有的是钱想进去。所以，挖人的更快更多了，投资的规模起点更高了。这就使得生意越来越难做了。

最后是绝大多数企业 10 年前创业时的优势没有了，对大多数成功的 10 年创业企业而言，在 10 年前创业时，在其所在的行业和地区通常是"第一进入者"。作为市场的"第一进入者"，所具备的优势是不言而喻的，而且很多人还有政府资源、人脉资源可供利用。所以，企业家可以不用思考也能成功。现在，这些都消失了，成功已无法复制。

对于 10 年创业已经成功的中国企业家，新华信管理顾问公司总结了三点建议。

首先，对大企业家而言，在决策的正确性和速度两方面，正确性是第一位的。速度的降低、效率的损失，是可以通过大量的投资予以弥补和赢回的。但如果决策失误，则是无法挽回的。所谓"想清楚再动"，就是指要把"我没有时间思考"变为"我要好好想想"。

其次，作为一个具有竞争力的大企业的老总，本人一定要留出 30% 的时间用于思考问题，以及为解决问题而去学习（包括看书、参加培训、参加会议和与人个别交流）。一个一天到晚忙忙碌碌没有时间思考的企业家，是做不长企业的。

最后，如果短期内自己对于有些问题实在想不清楚，或没有时间去想清楚但一定要做了，可以请外部智囊机构来帮助你把关键问题想清楚。别的企业走过的弯路，对于你来说，可能就是过河的桥。

一个创业 10 年的企业老总，始终保持创业时期的工作激情和热情，是一件难能可贵的事情。但是，如果你在一个已经发生了变化的环境中，不能够适时地改变自己、培养新的行为和习惯，那么，真的会感到生意越来越难做了。

所以，一定要先花时间思考"我没有时间思考"这一个问题。

赵民

2003 年 5 月 7 日上午 11 点 18 分

于北京

# 【主题三 财富和幸福】

## 老婆、儿子和猪

⊃ 导语：用心研究一下"养猪"的技巧，从战略和经营两个层面做好准备，才是中国企业家们较好的出路。

我曾听到一位著名的投资银行界人士对企业家办企业的比喻：有的企业家把企业当老婆养，不容任何人插一足；有的企业家把企业当儿子养，小时候宠爱有加，淘气时巴掌伺候，青春躁动期严加管束，长大了稍加指点，自己老了则依靠儿子；有的企业家把企业当猪养，养大的目的是卖，养一个，卖一个，养一群，卖一群。

企业家与企业关系的这个比喻，不仅代表了投资银行家对中国企业家现状的感慨，也反映出企业家及企业高管人士应思考的一个根本性问题。

在我国，民营企业家大多数属于第一类，即把企业当老婆养。在我所接触及服务过的民营企业家中，有95%的企业家是把企业看作老婆。国有企业家大多数属于第二类，即把企业当儿子养，差别在于有些儿子家教不当，养大后反而欠下一屁股债，只能指望"债转股"。只有极少部分企业家（多数在"海归派"及高科技行业）把办企业当作养猪，随时准备高价抛出。

中国企业家群体的这种特征，恐怕不是诸多投资银行界人士所希望的。民营企业主流将会从"养老婆"转为"养猪"。为什么？我个人的分析是中国民营企业和个人财富的积累还需要10~15年的发展时间，等到眼下这批创业者的下一代全面掌管企业一线，创业者本人隐退，才有这种全面转型"卖猪"的可能。

中国企业家群体目前的发展阶段，正处于从"养老婆"逐渐向"养儿子"转型的进化之中。第一个原因是民营企业在A股市场可以借壳上市。1999年以来，已有几十家上市公司易主民企老板。2002 年是民企大举控股国企上市公司的一年，有名的房地产公司万通集团入主先锋科技就是其中的典型。第二个原因是香港二板伸出了橄榄枝。此外，国有股从竞争性领域全面退出，国有股、法人股的场外转让也是极好的机遇。投行人士从中看到了希望。

在中国企业家群体从"养老婆"向"养猪"的转型进化中，最大的风险来自于"养猪"之术不同于"养老婆"之技。"养猪"追求的是企业价值和市值，是股东和战略投资者对于企业核心竞争力及未来市场领先能力的看好；"养猪"之术不仅在于每年 3 月核算上一年的利润收成，更在于核计投资回报率和市盈率（Price/Equity，P/E）；"养猪"之术不称道事必躬亲的操作能力，而是青睐登高望远的战略眼光；"养猪"之术不是对一个企业创业团队的信任，而是在企业发展过程中，对基于企业发展战略的经营管理团队未来进退的信心。

从这个意义上讲，实达的叶龙，是在"养老婆"上得了高分，但在"养猪"上技巧欠佳，在"猪市"低迷时被迫卖猪出局；新浪的王志东习惯了"养老婆"和"养儿子"的生活，对于"养猪"，从表面上接受了，但从心底里依然是抗拒的。按这个脉络，在 2002 年，会有更多的民营企业家在"养猪"上跌跟头。

这是一个不能不正视的现象，承认也罢，不承认也罢，由不得自己。所以，奉劝企业家们赶紧研究一下"养猪"的技巧。从战略和经营两个层面做好准备，才是中国企业家较好的出路。

赵民

2002 年 3 月 15 日早上 7 点 42 分

于北京望京家中

# 亲儿子和干儿子

○ 导语：共同谋求"三赢"——"亲爸""干爸"和"儿子"都赢，将是中国企业家队伍和职业经理人队伍融合中的一个主要课题。

在中国的企业家中，有一种声音特别强烈：职业经理人要对企业老板讲信用。在 2001 年，最突出的例子便是广西喷施宝老板王祥林和职业经理人、中欧 MBA 毕业生王惟尊的纠纷。这种声音因作为"社会信用"的一部分出现在 2002 年的人大会议中，成为三大热点议题之一。

从"养老婆、养儿子、养猪"的"三养理论"来看，创业企业家与职业经理人对企业的感情差别迥异：创业企业家把企业当作"亲儿子"，职业经理人把企业当作"干儿子"——这使得企业家为"亲儿子"认"干爸"的时候，喜忧参半。

"喜"什么？"亲儿子"有一个学历高、见识广、管理经验丰富、干练的"干爸"，这无疑是"儿子"长大以后的新靠山。为了不将"儿子"的前程托错了人，"亲爸"不仅自己花了大量时间遍访国内同行业高手，而且花重金请著名猎头公司参与搜罗；不仅北上未名湖、清华园，而且南下岳麓山、西子湖；不仅开出优厚的待遇，而且向其承诺有"亲儿子"的管理权和股权——真可谓用心良苦！

"忧"什么？一是担忧职业经理人这个"干爸"的操作能力，因为每个企业的"企业本质"各不相同，加之其他企业的成功经验未必可以移植到本企业；二是担忧职业经理人放不开手脚，不拿真功夫培养自己的"亲儿子"，从而只得"清君侧"，将共同创业的家族成员及跟不上发展的老人撤离企业管理一线关键岗位，以为"干爸"创造一个良好的施展才华的空间；三是担忧"干爸"的职业道德的优劣，唯恐将"亲儿子"毁了——真是为此到了"食无味，寝不眠"的境地！

由于众多的企业家并不是"养猪专业户"，因此，对于以 MBA 毕业生为主体的职业经理人而言，局面更加扑朔迷离，风险更加难测。

对职业经理人而言，在认领一个"干儿子"之前，要弄清四个关键点。

一是企业内部的法人治理结构。由于大多数民营企业是"家族档"民企（兄弟、父子、亲戚），因此，表面上的法人治理结构是不起作用的，真正要弄清的是影响决策的因素和行为方式，而这在加盟之前又是容易被忽视并很难真正搞清楚的。

二是企业的决策执行授权体系。对绝大部分空降高管而言，这是一个很大的误区和问题。由于在加盟前得到了企业老板的充分尊重和信任，因此，授权常见的误区是有些决策权要逐步授权，而不能一步到位。在我本人和新华信管理顾问公司所接触过的企业中，企业家及职业经理人融合问题中的主要纷争出在这一点上的最多。

三是企业的用人机制。企业用人不仅是关于任免及奖惩的书面规定，最重要的是选用什么样的人。这就是一个要把"干儿子"培养成一个具有什么个性、什么形象的人才的问题。对于企业的中级管理人员和高级管理人员，在哪方面要具备什么素质、能力和职业精神，是用人机制的关键。在此问题解决后，再解决基层管理人员和广大员工的问题。用人机制的转变是一个"扬弃"的过程，既不可听之任之，也不能操之过急。

四是退出机制和企业可持续发展的问题。"干爸"有进也有退，建立一个有不断新加入的、水平更高的"干爸"来持续指点的机制，是一个必须要考虑的问题。但在通常情况下，应更多考虑的是在未上市企业中，职业经理人如何能全身而退。毕竟在中国，上市成功是百里挑一的难得机会。

对创业企业家及空降高管职业经理人而言，在对同一个"儿子"共同看好及风险共担的基础上进行合作，是中国绝大多数企业在加入世界贸易组织以后必定会经历的历程。企业家研究如何管好"亲儿子"和职业经理人研究如何接管好"干儿子"，共同谋求"三赢"——"亲爸""干爸"和"儿子"都赢，将是中国企业家队伍和职业经理人队伍融合中的一个主要课题。

赵民

2002 年 3 月 15 日早上 9 点 53 分

于北京望京家中

# 刘阿斗和李世民

➲ 导语：当财富第二代只将自己视为财产继承人的时候，也就拉开了其所在企业走向衰落的序幕。

历史上的刘阿斗和李世民是两个截然不同的财富第二代，当然他们继承的不仅是财富，还包括权力。同是继承王位，同处动荡的局势中，刘阿斗懦弱无能，终落得国破人亡；李世民英明决断，成就了历史上辉煌一时的唐朝盛世。今天的民营企业同样面临着接班人的问题。在财富和机会面前，财富第二代是选择做"刘阿斗"还是"李世民"呢？

在2003年年初，海鑫集团董事长李海仓遇害，他年仅22岁的儿子李兆会临危继任，掌管40亿元的资产。昨天还是一个棒球小子，今天就穿起西装，承担起管理重任，这其中的沉重滋味只有他自己能体会。

从很多成功的家族企业的发展轨迹看，尽管创业者的文化程度都不太高，但其继承者的学识和能力却不可小觑。财富第二代被家族寄予了希望，因此受到精英式的教育，这让我们不禁联想到欧洲皇室和中国历代帝王的家族教育，有时教育后代的重任还落在创业者的太太身上。李嘉诚家族就是很好的例子。李嘉诚本人的文化程度并不高，但其太太却是日本明治大学的高才生，这对下一代的教育无疑是有好处的。中国第一代民营企业是在中国加入世界贸易组织之前成长起来的，而财富第二代所面临的环境与第一代是完全不同的。目前，中国民营企业多处于产业集中度很低的行业，很容易着眼于短期竞争，这对于中国市场的成熟和企业的长期发展都是不利的，所以，财富第二代必须适应现有的竞争规则才能更好地发挥现有企业的优势。现在，中国不少富豪把孩子送到国外去读书，比如李兆会听到父亲去世噩耗的时候正在澳洲读书。财富第二代得到世界一流的教育，他们比父辈们更懂得国际资本市场的规则，更懂得现代商业环境的运作规则，从而为接班做好了准备。而这也是中国社会与世界逐步接轨的重要标志，是可喜的变化。

或许有很多人非常羡慕财富第二代在中国尚未征收遗产税之前，有机会继承上亿元的家业，而事实并非如此。

人尚且有生老病死，家族企业的交接班也是优胜劣汰的过程。对于中国的家族企业，财富第二代面临着许多特殊的问题。事实上，目前大多数家族企业的接班人计划是不科学的，或者根本没有意识到选拔和培养接班人的问题。其结果就是，当危机发生时，第二代仓促上阵，企业经受剧烈震荡，甚至开始走下坡路。

中国"先传内，后传外"的思想根深蒂固。某公司董事长曾公开表示："家族企业能传给儿子的一定要传给儿子。"在家族企业"传内"的方式上，通常有两种路径——"能者继承"和"子女分割继承"。"能者继承"的最大问题是接班人是不是"真正的能者"，而"子女分割继承"的最大问题是把一个本来很大的企业分成了几个小企业，财富分散、变小是太容易的事情，而财富集聚、变大却是艰难的事情。

国内也有企业家已经着眼于企业的长期发展，将经营权交给职业经理人，但有时这并非是有所准备的，而是不得已而为之的做法。2001年7月，青岛啤酒集团掌门人彭作义在游泳时突发心脏病不幸去世。一个月后，董事会任命北方事业部总经理金志国接替了他。从管理学的角度来讲，没有计划性地培养继任者，发生突发事件后在企业内部临时选拔的机制是企业处理接班人问题的下策。金志国的例子只是个案，我们只能说青岛啤酒的运气不错。通常而言，如果企业没有系统的继任计划，其实很难在短时间内从企业内部找到一个合适的人选。

所以，家族企业应该建立起合理的选拔和培养接班人的制度。如果凭个人选择，一定有选择错误的时候；如果是由制度选择，选出来的不一定是最优秀的人，但一定不会是最差的人，制度选择比由某个人选择更可靠。有计划地在内部培养接班人也是面对突发事件时的上策之举。在这方面，新飞电器有限公司可谓典范。2001年9月，新飞电器有限公司董事长刘炳银因病逝世。而从2000年开始，考虑到刘炳银的健康状况，新飞董事会就决定刘炳银只保留董事长一职，由原来长期兼任总经理一职的李根接棒。应该说，新飞对刘炳银的逝世是有准备的，这样使得新飞新旧掌门人的过渡很平稳，实现了正常的交接班，企业战略不会发生改变，企业的发展不会受到太大的影响。

在许多大型跨国企业中，人才供应与输送体系健全，有完善的企业领导人培训和发展计划。另外，外企的高级职业经理人的流动非常通畅，空降现象非常普遍。在美国，高层管理人员的跳槽已经成为一种很正常的情况。GE 公司前任 CEO 韦尔奇从三个候选人中选中杰夫·伊梅尔特担任 GE 公司候任董事长兼 CEO 后，在不到两周的时间里，另两位候选人就分别被 3M 公司和美国家得宝公司（HomeDepot）挖走。

财富第二代对企业经营权的继承远非拘泥于继承遗产。当财富第二代只将自己视为财产继承人的时候，也就拉开了其所在企业走向衰落的序幕。中国有"富不过三代"之说，有"创业难、守业更难"的说法。国外家族企业的管理机制，我们不妨借鉴。比如福特汽车公司，基本上实行的是"家族人员控制，外部人员管理"的模式，那些来自外部的高层管理人员，尽管有股份，却无法控制公司。通过这种制度创新，福特公司既实现了家族对公司的控制，又实行了一种开放式的人才选拔制度，从而使社会上最优秀的人进入公司，保证了公司的基业长青。又比如福特基金，其以家族的名义，由职业经理人和监督机构进行经营，但基金的继承者本人不可以随意操纵这些私有财产，决策者和公司的经营者都有明确的目的。随着中国市场体系的发展，家族企业也将会对财富采取更加成熟的运作方式。

赵民

2003 年 7 月 1 日

于北京

# 企业家健康和企业健康

➲ 导语：现阶段，在中国，企业家的精神状态与企业的健康状态之间存在着某种关系。

在和中国企业家的交往过程中，以及在为中国企业提供咨询服务的过程中，我发现，现阶段，在中国，企业家的精神状态与企业的健康状态之间存在着某种关系——我把它总结为"中国企业家—中国企业健康规律"。它包括三个层面：中国企业家的快乐指数和中国企业的健康指数；中国企业家的心理健康和中国企业的文化健康；中国企业家的精神健康和中国企业的制度健康（见图 1-2）。

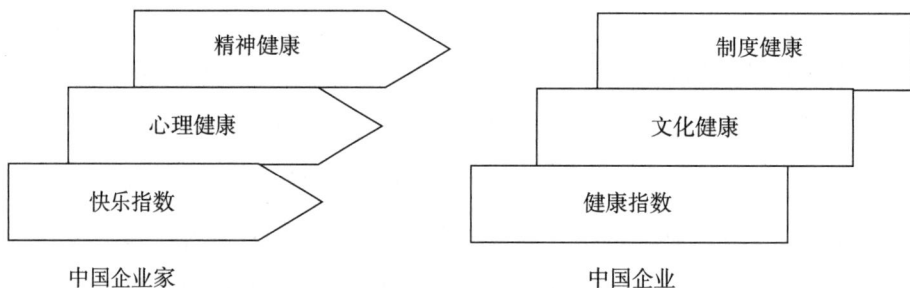

图 1-2　中国企业家—中国企业健康规律

## （1）企业家的快乐指数和企业的健康指数

员工私下都会交流这样一个经验：如果你想办成一件难办的事或可办可不办的事，最好在你的上级经理心情舒畅时去和他谈；如果你的老板在上班路上堵车堵了一个小时才到办公室，最好不要马上请示他，等等再说。

这些"办公室里的经验"是中国企业家快乐指数和中国企业健康指数规律的一个表现。当一个企业家不开心的时候，办公室里就弥漫着不健康的空气。

中国企业家的快乐指数是由以下三个方面的因素构成的。

首先是企业内部的快乐因素。每天早上 8 点出家门，晚上早则 7 点晚则 10 点进家门，主要交往的人群都在企业内部，处理的主要是与企业内部管理相关的问题。企业家向上承受着股东、投资者的压力，向下承受着管理和业务人员的压力，向左面对着市场竞争的燃眉之急，向右面临着人员流动的有序引导。作为一个中国企业家，企业内部的因素是主要的。企业内部的快乐因素一般都是具体的，由局部的一件件小事构成。

其次是行业内部的快乐因素，包括近年来国外行业领先者新的发展趋势、消费者和用户新的需求、竞争对手新的技术产品、行业法规新的约束和推动及行业协会新的行规举措。行业内部的快乐因素一般都是长期的，由全局性的一个个战略性信息构成。

最后是社会环境的快乐因素，包括政府和税收政策的变动、工商管理机构年检的方便性、劳动管理部门的配合程度、企业所在市 / 区 / 县的新规定的导向性、公检法部门的执法公正性、媒体舆论的客观公正性、车辆管理的便捷性、高校招生的平等性，等等。作为社会的一分子，中国企业家的快乐因时、因地而变化。社会环境的快乐因素一般是可大可小的，由方方面面的关系构成，这些关系可以是局部的，也可以是全局的。

企业内部的快乐因素、行业内部的快乐因素和社会环境的快乐因素这三大因素构成了中国企业家的快乐指数。这三大因素从三个方面影响了中国企业的健康指数。

中国企业健康指数的第一个指标是"企业内部健康指标"，这是一个企业主要的健康指标。它包括员工的快乐（"员工快乐"）、中层和高层管理人员的快乐（"管理者快乐"）、股东和代表股东管理企业战略的董事的快乐（"董事快乐"），以及由"员工—管理者—董事"三者相互作用形成的组织的快乐（"组织快乐"）。每一个快乐都会给其他三个快乐加分，每一个不快乐都会给其他三个快乐减分。如果一个快乐建立在其他三个不快乐的基础上，那么这个快乐就会影响"企业内部健康指标"，从而损害中国企业的健康指数。

中国企业的健康指数的第二个指标是"企业外部健康指标"，它受"企业内部健康指标"的影响比较大。它包括对企业发展起决定性作用的消费者和用户的快乐

（"客户快乐"）、配合企业发展的供应商的满意和快乐（"服务供应商快乐"），以及为企业发展提供保障的律师事务所、会计师事务所、咨询公司等长期战略合作伙伴的快乐（"战略合作伙伴快乐"）。"企业外部健康指标"所包含的三个"快乐"常常被企业忽视，企业管理者往往存在这样的想法：这些企业是"求"我们做生意的，它们的存在依赖于我们给它们业务做，让它们难受点儿又有什么关系呢？

第三个指标是"社会环境健康指标"。这个指标可以用另一句话来概括：政府创造的经济发展环境的好坏。

### （2）企业家的心理健康与企业的文化健康

如果说"中国企业家—中国企业健康规律"的第一个层面"中国企业家的快乐指数和中国企业的健康指数"，反映的是中国企业家与企业的短期的内在相关性，那么第二个层面"中国企业家的心理健康和中国企业的文化健康"，反映的是中国企业家与企业的长期的内在相关性。这一层面和以下五个因素相关。

第一个相关因素是心理年龄。

人的年龄可以分为生理年龄和心理年龄。通常情况下，心理年龄随生理年龄共同成长、共同成熟、共同衰退。创业企业家大多数是从二三十岁起步，此时，他们的心理年龄处于成长期，心态开放，意气风发。他们的心理健康表现在企业文化上，就是积极向上、放眼未来、创业开拓。

对创业企业家来说，在经历了创业第一阶段的成功后，能否保持适当的心理年龄是很重要的事情。心理年龄是否成熟，直接影响到企业文化是否健康。这可以分为两种情况。第一种情况是，在第一阶段创业成功以后，如果创业者心理年龄不够成熟，"未老先衰"或"年少轻狂"，那么企业就会"小富即安"或"轻妄张狂"——没有新的发展目标和战略、墨守成规、没有创新或是产业快速多元化发展。第二种情况是，在创业企业家成功之后，领导企业有一段时间，年岁（生理年龄）渐老，此时，如果企业家能够保持年轻的心理年龄，企业文化就能够摆脱老年的垂暮之气，如晚霞映红天边。

第二个相关因素是创业经历。

创业之初，企业家会发现自己突然要面对一大堆以前从来没有接触过甚至没有想象过的事情。这个时候的企业家实际上是"企业创业实践"课程的新兵。创业新兵通常会以一种善良的、积极的心态去处理各种复杂的社会环境事务、企业内部事务、员工管理事务和行业竞争事务。但是，现实是复杂和残酷的，企业家在不断汲取教训、总结经验的同时走向了心理成熟，渐渐形成了自己看待社会、看待员工的主要格调和色彩。一旦这种格调和色彩形成，企业家的心理健康也就逐渐稳定在了一个基准上，这一点反映在企业文化上，就表现为是追求诚信还是忽视道德。

第三个相关因素是个人从小受到的家庭教育。

中国有句老话："三岁看大，七岁看老。"这句话讲的是家庭环境对一个人性格的影响程度。对大多数创业者来说，相处最久、最了解自己的就是家人，不管承认还是不承认，有意识或者无意识，家人对世界、对他人、对社会、对人际关系和人性道德等各方面的看法，决定了一个企业家心理健康的基本面和基本色彩，表现在企业文化上则是一种基本价值观和基本理念。中国改革开放后的第一代民营企业家，大多数人经历过清贫的生活阶段。所以，这一代民营企业家都十分注重勤俭节约，注重成本控制，企业中吃苦耐劳、勤奋俭朴型的领导者居多；而很多在国外生活过或在大企业工作过的 30 岁以下的年轻人在获得海外风险投资回国创办企业时，我们很难从他们身上见到第一代民营企业家身上那种节约俭朴的品质。这就是小时候的生长环境对创业企业家的影响，进而对企业健康的影响。

第四个相关因素是创业者或创业团队的"文科"背景或"理工科"背景。

有的初创企业务实、严谨，员工具有"工程师"的味道；有些初创企业个性张扬、鲜活奔放，员工具有"艺术家"的风格。如果用员工风格为企业命名的话，有一些创业企业就可以被称作"工程师文化企业"，另一些公司可以被称作"艺术家文化企业"。对于一个创业者本人或团队成员更多受到理工科背景影响的企业，成为"工程师文化企业"是必然的结果；对于文科背景浓厚的创业者成立的企业，企业文化更多具有"艺术家文化企业"的特色。一个拥有健康的企业文化的企业应当是，在企业的不同阶段，在企业的不同层面，"工程师文化"和"艺术家文化"有着不同的比例。

企业发展的阶段不同，相应的企业文化也会有所不同。为什么世界上多数大企业在发展到一定阶段以后，一定要请外部的管理咨询公司来系统设计规划自己的企业文化呢？原因就在于此！

最后一个相关因素是创业者的身体健康状况。

"为企业健康工作30年"是对创业者最好的祝福和嘱托。

### （3）企业家的精神健康与企业的制度健康

如果说中国企业的企业文化是中国企业家心理健康的现实写照，那么中国企业家的精神健康则与企业制度健康密切相关。

一个企业家的精神是否健康，可以分三个层次来看。

第一个层次是做一个员工公认的"能人"。此时，企业家的精神是否健康，取决于他是否被企业内部的人公认为能人。

如果一家企业处于初创阶段，能人的标准就是能否拉到客户，打开市场，卖出产品或服务，拿回现金，生存下来；如果一家企业处于发展期，能人的标准就是能否理顺企业内部的关系，赢得市场的优势，发展起来；如果一家企业处于稳步发展期，能人的标准就是能否找到新的增长点，形成自己的核心竞争力，保持利润持续增长。通常情况下，企业家的能力越强，企业家的精神越健康，企业制度也就越健康。

我们可以看到，在做能人这个层次，企业家的精神健康取决于其对具体权力的追求和认知，企业家的能力越强，他对权力的追求和认知也就越到位。所以，我们常常可以看到在各种历史故事、文学小说中，越是能力差的企业管理者和领导越可能嫉贤妒能，就越可能打击报复。企业家的能力越强，反映在企业组织层面，就是他在内部的威望越高，企业家的精神健康程度越好，企业家的权力观越正确和全面；反映在企业制度层面，则是企业家和管理人员对企业管理制度中责权利的界定越清晰，企业家的责任担当越积极，企业家的精神越健康。

企业家对权力的态度，决定了一家企业关于权利的制度是否健全。

第二个层次是做一个企业管理层公认的"贤人"。企业家的精神是否健康，取决于他对新人的知人善用，也就是他的胸怀，古人将此称为"宰相肚里能撑船"。

对于一家初具规模的企业，能否贤人之贤取决于企业家对年轻人的态度，是否积极培养年轻人，是否主动为年轻人创造成长的空间，是否相信年轻人、重用年轻人，也就是企业内部是否具有健康的内生新生代领导层制度。对于一家要再上新台阶、二次创业的企业，贤人之贤取决于企业家对外部空降兵的态度，是否意识到需要高层空降，是否积极为高层空降创造条件，是否有计划有步骤地试用、使用和重用高层空降兵，也就是企业内部是否具有健康的、开放性的、包容性的和吐故纳新的企业制度。我们经常看到，有的企业发展起来了，做得很大，但年轻人的发展空间很小；有的企业从单一业务向多元化发展，却无法招聘到优秀的高层管理者，即使是招来了也留不住。企业家的胸怀越宽广，反映在企业组织层面，就是企业内部对年轻人的包容性越强，对外部人才的吸引力和开放性越大；反映在企业制度层面上，则是企业的人才观和人才制度越阳光、越健康。

企业家对人才的态度，决定了一家企业关于人才的制度是否健全。

第三个层次是做一个企业股东公认的"圣人"。此时，企业家的精神是否健康，取决于他的财富观是否正确。对于自己一手创办起来的企业，正确的财富观表现在企业家积累财富的手段的文明程度上。有些人靠暴力、非法手段等黑色或灰色手段获得财富，由于当时获得财富时个人风险极高，我们很难要求企业家能有良好的财富心态，其观念狭窄也就在情理之中。对于继承了父辈遗荫的财富二代，由于财富对他（她）个人而言是不劳而获的，因此财富二代成为纨绔子弟的可能性要更高。对靠辛勤努力、劳动致富的企业家而言，由于这种财富有可再获得性，所以企业家的精神状态会比较健康，观念也会比较创新，眼光也就比较远大，反映在企业制度层面上，企业的接班人制度越健全，企业的"社会公民"意识越到位，企业的文化就越健康。

企业家对财富的态度，决定了一家企业关于接班人制度的建立与健全。

企业家如何才能做到"能人—贤人—圣人"三个层面的精神健康呢？有以下三招。

第一招叫"读万卷书"。历史像镜子，企业家通过学习来提高自己的修养是一个简单便捷的办法。但是，在读书的时候，一定要注意提高自己的分辨能力。

首先，要选择中国当代成功企业家和成功企业的传记。中国自1978年改革开放以来，由计划经济向市场经济转型的25年是独一无二的，是不可能重现的历史，所以不要简单模仿某一家成功企业的做法。海尔公司只有一个，华为公司也只有一个，企业管理者不结合自己企业的实际情况，单纯模仿它们，只有死路一条。

其次，要阅读世界知名企业家的传记，认清不同国情和企业情况。世界500强企业如同用卫星导航的、航行在大海中的几十万吨巨轮，这些国际级企业家的成功传记如同大海航行的航海图。学习他们指挥大象跳舞，对自己管理企业没有实际意义。创业企业的管理者应学习国际企业面对危机和挑战时的战略眼光，以及领导企业变革的操作方法。

第二招叫"行万里路"。企业家在周游列国时要注意以下两点。

一是不要参加由第三方组织的带有旅游性质的所谓考察团。第三方包括旅行社、协会等。如果你的目的是休假、观光和交友，可以参加这种考察团；如果你的目的是真正取经，学习企业管理，最好个别联系，直接安排，或让朋友介绍。我的经验证明，后者更为有效。

二是找明白人结伴同行。出发前有小聚，明确目的；行程中不断交流，加强沟通，这样的实地考察才会有实效。这里所说的"明白人"，包括同行以及了解本行业的学者、教授、记者、投资顾问和管理顾问。

第三招叫"交万姓友"。前两句"读万卷书，行万里路"是古人所言，这句"交万姓友"是我自己加的。孔子云："三人行，必有我师焉。"企业无论处于什么样的发展阶段，面临什么样的问题，我相信，一定有成功或失败的经验教训可供借鉴。

企业家每年、每个季度跳出自己的工作范围，和各种各样的朋友交流，其益无穷，其乐也无穷！

只有企业家的状态好了，企业的制度才会健康。在一个健康的企业里工作的员工，如果明天跳槽创业就有可能成为又一个健康的创业企业家，他（她）又会创建一个具有健康企业制度的健康企业。

赵民

2003 年 1 月 19 日晚上 7 点 17 分

于北京办公室

# 中国企业家的幸福在哪里

⊃ 导语：中国企业家的幸福快乐，是由个人、家庭、企业、行业和社会这五个环围起来的，这五个环又处在个人主观意愿和现实客观情况这两个维度上。

在"非典"期间，我蜗居于京郊，好好重温和享受了一把家庭幸福生活，连续几天，一日三餐准时吃饭，这已经是 10 年来没有过的事情了，反倒把胃弄得七上八下不舒服了。

其实中国企业家的幸福也正如此。

企业家幸福的第一环，来自个人。这里有两个层面。

第一个层面是个人价值的发挥。其中又包括两个维度。一个维度是个人现在干的事业是不是他（她）内心深处毕生所追求的事业？精诚所至，金石为开。所谓"男怕入错行，女怕嫁错郎"，其实也是指这个意思。另一个维度是个人能力的发挥。是不是个人的现有能力都发挥出来了？是不是潜在能力也有机会充分发挥？发挥出来后是否得到了积极的认可？对这三个问题的肯定或否定回答，决定了企业家在个人能力发挥上的幸福感。

第二个层面是个人价值的社会影响力。行业老大，是一种社会影响力；股市蓝筹，是一种社会影响力；盈利多少，是一种社会影响力；纳税多少，是一种社会影响力；安排多少人就业，是一种社会影响力……各种各样的标准，为各种各样的企业家所钟爱。

企业家幸福的第二环，来自家庭。自己娶的太太（或嫁的老公）是否如愿以偿，下一代是不是有出息，兄弟姐妹及老人为股权和收入闹不闹矛盾，买的按揭房、别墅物业是否骗人，乃至亲朋好友有没有人得"非典"，等等，都构成了日常生活中幸福的一部分。企业家幸福的这一环，其实和常人没有多少差别，而且或许是因为欲望更高，其幸福感比一般人更差。

企业家幸福的第三个环，来自企业。如果企业家的资金投资在很多不同的企业，则只有自己参与日常管理较多的那个企业才是和企业家幸福感相关度最高的企业。很多大企业家控股和参股了很多企业，但大多数时候，这些数目繁多的企业给企业家带来的幸福快感是十分有限的。它们至多是一些企业名字、数字报表而已，当出现问题的时候，反而烦恼和痛苦远多于幸福。我的一位做投资的企业家朋友私下对我说："你看那些投资很多企业的老总，一定是拿别人的钱或者股东的钱做事，如果拿自己的钱就不会投资那么多企业了，因为那个时候一点幸福感也没有，反而每天睡不好觉"。

在和企业家个人幸福感相关度最高、自己参与管理的企业中，企业家有 6~7 个小时是在发现问题、解决问题："侍候"完客户，又要"侍候"员工；开完大会，又要开小会，因为"非典"不能见面开会，要通几十分钟乃至一两个小时的电话，开电话会议。同时，快乐的时间非常短：真正达到季度目标了，下一个季度又开始了；这一年任务刚刚完成，下一年又开始了；股东目标达成了，竞争对手又超过你了；好不容易新员工来上班了，"非典"袭来大家又要在家里办公了。所以，如果有机会把中国前 500 强企业或 1200 多家上市企业的老总的脱发、白发和秃顶人数的比例做一下统计，保守估计在 2/3 以上。

所以，对企业家而言，很难从企业里面得到快乐。一般而言，其 80% 的时间处在烦恼痛苦中，只有不到 20% 的时间在享受幸福。

好在还有第四个幸福环——行业。企业家在行业里得到的快乐要远比从企业内部得到的多。首先是行业协会会常来拍马屁。当然在恭维之后，是要你掏钱，但这毕竟多少是种快乐。其次，如果你有上下游供应商、分销商，那么他们也会来取悦你，当然，你一定要是分管物资采购的老总，或者卖紧俏货的销售老总。根据新华信公司 10 年来在很多中国企业里做咨询的经验，企业高管中幸福感最浓的一般是采购老总，其次是负责管钱的财务总监。

企业家幸福的最后一个环，就是社会，但通常它给企业家带来的快乐非常有限。有那么多主管部门要应对，工商、税务等部门是轮着上阵的。对于这个方面，可以说"幸福的企业都是相似的"：与工商、税务等部门关系好。"而不幸的企业各有各的不幸"：不管因为什么事，只要没处理好，不幸就要来临。有些特定行业还有环保局（如汽车行业）、市容管理部门（如房地产行业）、统计局（如市场调查行业）等在时刻监督着你。

中国企业家的幸福快乐，就是由个人、家庭、企业、行业和社会这五个环围起来的。这五个环又处在个人主观意愿和现实客观情况两个维度上。在每个环上，个人主观愿望高而现实客观情况差的，幸福快乐感就差；反之，个人主观愿望低而现实客观情况好的，幸福快乐感就高。

中国企业家的幸福在哪里？就在这五个环圈起来的面积里。你不妨自己画一画。

赵民
2003 年 4 月 30 日下午 6 点 20 分

第二章

决战于机制里

# 【主题四　改造董事会】

## 改造董事会

➲ 导语：董事会管理的四个阶段，构成了一个完整的整体——"芯"（CHIP）。

董事会的改造有四个阶段。

第一个阶段是"有效管理董事会"。

在这个阶段，有四个目标：一是没有规范的董事会的家族企业和股份制企业，应先建立规范的董事会；二是有了董事会但不发挥作用的，应让它真正开始发挥作用；三是董事会和经营管理层权、责、利混淆不清的，要真正把二者的作用、功能区分开来；四是董事会决策体系没有或不明确不规范的，应把决策体系规范化。在有效管理董事会的这个阶段，核心是"选择正确的人"（Person）。

第二个阶段是"高效管理董事会"。

在这个阶段，同样有四个目标。一是"理念趋同过程"，即在企业发展战略等各方面，董事会成员有相同或相近的价值观，这是董事会决策快、没有根本性争吵和分歧的关键因素。二是"信息对称过程"，也就是说，为了开好董事会，必须让董事会成员拥有决策需要的、充分的各种信息，包括管理信息、市场竞争信息、人才竞争信息和财务细分信息。三是"非正式沟通过程"，即为了使正式决策过程更加高效，必须有与之相补充的对应的非正式沟通，这种充分的非正式沟通是让董事会每个成员都能对决策事件本身的起因、变化、发展的脉络有个大致的了解和跟踪。四是"决议组合过程"，即每次的董事会，有的事是"议而不决"，强调"议"；有的问题是"议而有决"，强调"决"。一年四次董事会（一季度一次），就是各种议题的议和决的不同组合。在高效管理董事会阶段，最重要的核心是"拥有充分的信息"

（Information）。

第三个阶段是"科学管理董事会"。

在这个阶段，也有四个目标。一是对企业战略制定和实施动态进行及时的跟进检查，对出现的新情况和新问题进行及时的分析，并据此适当调整战略内容和实施方式，也就是进行"战略监控"。二是对企业财务状况进行详细的分析和深入的研究，对企业战略实施过程中出现的问题，从收入结构、成本结构、资金运用结构等各方面进行分析，从而进行深层次的"财务监控"。三是对企业高层管理人员进行素质判断，在对高层经营管理人员的实施战略能力、改变企业经营状况能力产生怀疑时，要把这种素质判断扩大到企业中层，即进行"人才监控"。四是对企业战略推进过程中可能出现的来自政府、资金提供者（股东或银行）、竞争对手、消费者、管理层、员工、战略合作方的各种风险进行充分的估计，并对出现的危机给予及时迅速的反应，也就是进行"风险监控"。在科学管理董事会这一阶段，最重要的核心是"坚持高标准"（High Standard）。

第四个阶段是"成功管理董事会"。

在这个阶段，同样有四个目标。第一是把董事会从操作性管理机构改造成战略性管理机构。要做到这点，企业的基础管理必须达到相当的水平，董事会可以不必像第三个阶段那样，去细致详尽地分析经营管理、财务、人才等各方面的具体细节，而是可以相对超脱。这种改造可以称之为董事会的"战略管理改造"。第二是把董事会从关注产品经营改造成关注资本经营。要实施这个改造，必须具备一定的资源前提，如资金、行业和技术熟悉程度等。这个目标同时也是战略管理改造目标的一个具体实施和延伸，因此这种改造被称为董事会的"资本经营改造"。第三是进行制度创新。在资本经营改造中，必然会带来企业制度上的挑战和冲突，这时，就需要创新企业制度，这种创新可称之为"制度创新改造"。相对于战略管理改造和资本经营改造，制度创新改造对董事会成员提出了更高的要求，操作的风险更大，难度也更大，时间上会更长一些。第四是由第三个制度创新改造而带来的企业文化再造。这是由资本经营所带来的，对大企业而言，这种改造难度更大、时间更长，衡量标准也更具多重性。与之相对应，董事会本身也要经历一个"文化再造改造"。在成功管理董事会阶段，最重要的核心是"努力到永远"（Consistence）。

董事会管理的四个阶段构成了一个完整的整体——"芯"（Consistence，High Standard，Information，Person—CHIP）。董事会作为一个企业的"芯"脏，必须关注 CHIP：选择正确的人，拥有充分的信息，坚持高标准，努力到永远。

在每一个企业中，"有效管理、高效管理、科学管理、成功管理"这四个阶段并不是相互孤立、互不相关的，而是相互交融、相互渗透的。前者是后者的基础，后者是前者的发展。在具体问题的解决过程中，常常是整合在一起解决的，尤其是解决后者的问题时，更是如此。

在我给其做过咨询的中国企业和中国企业家中，大部分民营企业家在没有解决有效管理和高效管理的时候，就想进入第四个阶段，结果跨度太大，摔了下来。对大多数国有（控股）企业说，它们面临的主要问题是如何进入、多快进入第四个阶段，太慢了，将会被国内外企业打得遍体鳞伤，或者在加入世贸组织后被"狼"吃掉。

赵民

2001 年 4 月 5 日凌晨 3 点

于美国华盛顿 D.C.

# 有效管理董事会

○ 导语：有效管理董事会的核心是"选择正确的人"。

我在前文中谈到，有效管理董事会是改造董事会的第一个阶段。有效管理董事会，核心是"选择正确的人"。对中国企业来说，为什么改造董事会的第一步是选择正确的人呢？

下面先谈国有企业，再谈民营企业。

## 国有企业篇

### （1）正确选择董事长

对大多数国有企业或国有控股企业来说，董事长人选有四种情况：

- 与总裁合二为一；
- 由上级公司指派人担任；
- 由国有资产管理部门派人担任；
- 由政府派人担任。

在第一种情况下，兼任总裁的董事长一般知道自己的职、权、利该如何行使，因为董事长和总裁一肩挑，即使真分不清什么该董事长干、什么该总裁干也没有关系，反正都是他一个人的事。在这种情况下，选择正确的人真的是非常重要的成功因素。

在第二种情况下，一般是由母公司的高级人员，如副总裁担任。这种情况可能是在董事长和总裁分离的情况下最常见的，也是通常情况下良好运营的概率最大的。出任董事长的副总裁，一般比较清楚什么是老总干的事，什么事情要尊重他，什么样的管理苦衷老总会遇到，因为他本人在母公司里也能体会个中滋味。而且，在通常情况下，这样的人也最懂董事会管理和企业管理的差异，知道什么方面的事该由董事会来定，哪些事可以留给总裁来定，知道对下属总裁该有什么激励，他本人要控制什么样的风险。

在第三种情况下，通常问题会出在战略上。作为资产管理部门，由于历史原因，其财务背景浓厚，更多的是注重资产回报、投资回报、财务状况，可能主观上没有意识到、实际上也没有重视战略决策的重要性。这时，企业很容易犯战略上的错误，如盲目多元化、鞭打快牛等。

国有资产管理部门派人出任董事长，在以下两种情况下是利大于弊的。一是产业分散、高度离散多元化的集团公司。在这种情况下，仅有财务背景的董事长并不懂每个具体产业的产业规律，但可以一视同仁地以财务投资角度来整合各个产业，从而实现股东价值最大化。另外一种情况，我曾在西部的一个客户那里遇到，总裁是业内资深人士，但对财务不甚了解，此时国有资产管理方派出的董事长就能带来明显的好处。

在第四种情况下，不管具体由哪个部门或哪个人来担任董事长，最常见的问题是片面追求国民生产总值（Gross National Product，GNP），盲目扩大生产能力，企业责任过度政治化、社会化，以从政人员的标准要求企业家，以官员的心态办企业。我曾出差到中原，看到当地的报纸报道，该市国企改制后，市里的某个局长兼任了下属国有龙头集团企业的董事长，政企不是越分越开，反而是合二为一了。管理者拿着公务员的工资，享受着企业的奖金，可进可退，可攻可守，岸上海里，风光尽揽。

这样的国企改制，实在令人遗憾。

### （2）正确选择董事会成员

在有效管理董事会这一阶段，对国有企业而言，除了选择明白人做董事长外，还有正确选择董事会成员这一环节。在这一点上，有四种现象是忌讳的。

第一种现象：为平衡各方关系，由企业内部人员出任董事。我的一个上海客户，早些时候改制成立董事会，有些人没有位置可安排，怎么办？就当个董事吧，反正都是领导。结果，开董事会与开总经理办公会相比，参加的人更多。

第二种现象：董事会班子和管理层班子完全合二为一。我接触到的很多企业领导都从心底里推崇这种体制。为什么？方便，好办事，决策快。我认为，这大错特错！企业管理中什么风险是最大的？是决策时没有反对的声音。董事会如果开成了"总经理办公会"，董事们如同部门经理贯彻总经理决策一样对董事长的提议俯首帖耳、唯命是从，董事会就失去了它的应有功能。在董事会里，就是要有反对的声音。一个企业的决策，总是有大多数人反对，这个董事长或总裁就不行，该换人了；总是没有人反对，也不行，这样企业就要完蛋了，更要换人了。

第三种现象：集团公司管理层和股份公司董事会合二为一。对于大多数已经上市的国有公司，由于证监会的要求愈来愈严格，已经基本实现了股份公司和集团公司二者的分离。但有些刚完成改制、正在谋求上市的国有企业，仍在步此后尘。我最近在西北接触到一家企业，其主业利润极好，股份改制后准备谋求核准上市，但在安排原来管理班子成员时遇到了麻烦，谁也不愿意到被剥离的集团公司去。他们都在想"为什么让我去集团，而让别人去即将上市的股份公司？"其间工作难度很大。最后，没有去股份公司当管理者的原管理人员，都被安排到股份公司当董事。当股份公司开董事会的时候，还是原来的一套班子在决策，而这里面的很多人对股份公司的经营情况已经不可能再"懂事"了。

第四种现象：董事会中只有股东来选派董事。对一般企业而言，可以不要独立董事，公司的制度中并没有规定。初创企业没有独立董事也不碍事。但对大多数国有企业而言，需要有独立董事，为什么？因为它们无论是否改制，都是本省、本市的某一行业的骨干企业甚至龙头企业，都是"大企业"，而是否设置独立董事，是一个企业是不是"大企业"的标志，也是一个企业是不是"成熟企业"的标志。作为成熟企业，必须设独立董事。

国有企业在正确选择董事会成员方面存在的这四种现象，是很多国有企业机制改革"形似而神离"的重要原因。很多企业家朋友问我："我们的企业改制了，为什么还做不好？"其根本的原因是没有选择正确的人。

要在国有企业里做到有效管理董事会，除了选择正确的董事长和董事外，还要遵从以下四个准则。

第一个准则：周期性按时召开董事会。

对大部分国有企业而言，我推荐每季召开一次短周期的董事会。因为改制刚完成，有很多新情况、新问题不断发生，需要董事会及时解决。大家都知道，很多国有企业要问题解决，有赖于上级企业和地方政府的政策，而在董事会成员中，多数会有上级企业或者地方政府的直接代言人，这种国企改制的特殊性，决定了很多管理层自身很难解决的问题可以通过召开董事会来高效解决。另外，董事会和管理层都需要适应新角色。什么地方是最好的适应场所？开一次董事会，就是进行一次培训。稍微管理到位一点的企业，才可以每半年召开一次董事会。

第二个准则：召开董事会前一定要事先准备议题和书面材料。

董事会议程应有惯例，每次再有几个专门议题。会议前一定要把有关议题的书面材料送到各位董事的手中。会议要有时间限制，针对每个议题，每个人的发言要尽量短。

我曾接触过的一个国有大型企业的董事会，一次会议可以从上午 8 点半开到次日早上 6 点。20 多个小时，往往只是针对某个问题"充分民主"，而很多同样需要迅速解决且比较容易解决的问题，还没有来得及"民主"讨论，就因为时间问题草草"集中"了事。

第三个准则：管好应该管的，不要管管理层管的事。

什么是董事会该管的？发展战略、最高管理层业绩考评、经营财务状况、投资资本运营、经营风险对策是董事会必须管的基本内容。

我曾列席过一个国企的董事会，该国企当时的消费品主业正面临从过去的行业前三名迅速下滑的局面，如何调整企业发展战略已经是摆在企业面前的十分紧迫的问题。而这个半年才开一次的董事会，却花了两个多小时认真讨论如何修改公司考勤制度、如何加强办公用品领用的监管等本应该由管理层决定的事情。这种越俎代庖的现象其实在国有企业中十分普遍。当一个董事会真正做到不去管不该管的，才可以说这个董事会比较成熟了。

第四个准则：一定要要求董事对每个决策提出反对意见。

要倡导这样的董事会文化：提出不同意见是一个董事的职责。总有人喜欢把事情个人化，即我提出建议，你反对，就是反对我！这就把人和事合而为一了。对于董事会层面的决策，最不好的是没有想法，随大流。反对一个方案，并不是否定一个人，反对董事长的提议也不等于反对董事长，而是说明他在对这个提议的可行性进行充分论证，说明他是负责任的董事。在董事会上，只有收集到更多的对董事会议题方案的不同意见，才能使最终的决策更加科学合理。

国有企业虽然一般都是本省、本市、本行业的"大企业"，在日常的经营管理上也逐步融入市场经济当中，但对有效管理董事会这一角度而言，国有企业大多仍远非"成熟企业"，还有一段很长的路要走。

## 民营企业篇

### （1）一股独大民企

一股独大民企包括 100% 股权归一个家庭或家族所有的企业，包括夫妻档、兄弟档、父子档和母女档等，其法律注册形式包括私营企业、有限责任公司和股份有限公司等，"一股独大民企"也可称为"全家族民企"。一股独大的民营企业和一股独大的国有企业一样，可以做得很大，但从企业制度竞争力角度看，存在系统风险，缺乏长期竞争力，不是"成熟企业"模式，因此有可能走不长、走不远。

对于一股独大民企，主要的风险在于两个方面。

一是人才选拔标准的"血缘性"高于"能力性"所带来的风险。我的一个客户是标准的兄弟档家族企业，它在全国各地设了很多的分支机构，这些分支机构的主要负责人大多是姨表亲、姑嫂族，他们管理着一帮冲锋陷阵打市场的干将。这些市场开拓先锋们，只有少数人能和其所在的管理分支机构的姨表们平起平坐，大多成了"市场先锋，管理先烈"，只要没有被姑嫂看中，时间不长就出局。这种情形加上其他各种因素的影响，该企业这几年来业绩持续疲软，走下坡路挡都挡不住。

二是投资决策的"武断性"高于"程序性"所带来的风险。有的全家族民企也有决策程序，但由于缺乏真正的决策平衡力量，因此决策程序并不能改变家族掌门人对某一新产品、新领域的个人偏好所带来的"感情决策"。我的一个客户曾投入巨资进入了一个与其过去的主业完全不相干，而且客户群体和经营模式截然不同的行业。我在接触之初感到很迷惑，难以寻觅到这种投资的内在规律，在进入这家企业、双方很熟后，企业老板有一天在情绪高昂时说出了原因："我当初第一次使用这个产品后，就打心眼里喜欢这东西，心里已经下定决心要做它。"

一股独大民企要避免和解决以上两大风险，有两个解决办法：一是不开放股权，但引进外部独立董事；二是开放股权，成为股份制民企。

第一种方法治标，第二种方法治本。

从世界市场经济100多年的历史看，真正能做大做长的一股独大的全家族民企很少。你看欧美亿万富翁级家族，多少是100%全股权的？从中国市场经济20多年的历史看，虽然有，但已不多了，今后10年，尤其是中国加入世界贸易组织和申奥成功后，将是逐步消灭一股独大全家族民企的10年。

所以，如果你是一股独大的全家族民企老板，就要认清规律，认清形势，先治标，引进外部独立董事；再治本，实现股权多元化。

## （2）股份制民企

股份制民企的董事会有三种结构：一元结构、二元结构和三元结构。这三种结构分别代表着股份制民企董事会的三个阶段。

### ① 初级阶段—— 一元结构

一元结构就是董事会全部由创业者构成，这几个创业者的关系包括同学档、同事档、邻居档、生意合作伙伴档等，总之，是朋友档。在西方文化中，创业股东之间此前可以没有或很少合作、交往，但在东方文化中，这基本上不可能。

从董事会管理角度看，不管你的企业办了多少年，做得多大，如果董事会成员只是创造者，那么你的企业只能算是"初级阶段"，刚刚起步，风险很大。

一元结构的董事会风险大在哪里？根本的一条是不可能选择正确的人做董事。创业者凑在一起创业的时候，一般有三种类型：一是资源互补型，你有政府资源，我有技术资源，他有资金引进资源；二是能力互补型，你善于营销，我善于研发，他适合精耕细作管生产质量；三是性格互补型，你热情奔放、善于和人交往，我精细严密、乐于计算数字，他爱好计算机、逻辑性强、办事严谨。请注意，这三种类型都是从管理企业干实事而不是从董事会管理角度来相互选择的，因此，一旦企业经过生存期活下来，当创业者面临角色转换——从管理者成为董事时，就会发现一个现实的尴尬：好的创业者，未必是好的管理者；好的管理者，未必是合适的董事。所以，当只有创业者的董事会开会决策时，就可能不是一群全部称职的董事在一起讨论问题。此时就会出现三种风险：一是"小冲大"，即把管理层的具体事务拿到董事会上来讨论，经理和董事的职责不分，小事和大事不分，管理和决策不分；二是"近冲远"，即只顾眼前急事、短期发展，思路不开阔，问题看不长远、看不透；三是"经验冲科学"，即习惯按企业初创时期的一些成功经验来思考企业发展到一定规模后面临的新问题、出现的新挑战，凭经验而不是凭科学决策。

一元结构的董事会会带来三种后果。一是"长不大的小老树"，即所有创业者董事水平差不多，局限性也差不多，企业发展停滞不前，企业规模总是这么点。"长不大的小老树"企业在中国现阶段有一大堆，这和其一元结构有着密切的关系。二是"一分为二"，即部分创业董事看到了问题，想改，而一部分董事没看到危害性，不想改，如果处理得不好，就分家，一分为二，甚至再二分为四。可共患难，不可同享福，在中国股份制的民企里，这一现象何其多也！三是"关门大吉"，市场变了，环境变了，"长不大的小老树"活不下去了，树倒猢狲散，各奔东西，关门大吉。

如果我们研究民营企业长不大和寿命短的原因，不管是一股独大的全家族民企，还是股份制民企，大多数都可归咎于一元结构的董事会！

② 发展阶段——二元结构

二元结构就是董事会由创业者和外部后来进入的代表资金或技术的新股东董事构成，新股东董事包括外国投资者、风险投资公司、战略投资者等。二元结构董事会是企业发展到一定阶段的产物和标志之一。相对于初级阶段的一元结构，发展阶段的二元结构的最大优势是可以选择正确的人做董事。股份制民企选择正确的人做董事，也就是选择正确的股东。

新股东包括以下八种类型。

第一类是海外风险投资公司。这类新股东非常理性和规范，问题主要在于它们派出的董事常常对国内的情况了解不深，尤其是在与土生土长的民企创业者对话时，存在天然的隔阂。

第二类是以中国政府资金为主体的国内风险投资公司。相对于传统的科技投资公司，这一类新型风险投资公司在运作上更接近于知识经济和国际惯例，同时又比海外风险投资公司更贴近中国企业家。但这类风险投资公司的问题在于，它们所派出的董事大多是原政府官员，鲜有在企业高层做管理的经验。

第三类是国内各种形式的传统型产业投资公司，如信托投资公司、实业公司、控股公司等。相对于第二类国内风险投资公司，这些传统的产业投资公司更有实业投资管理经验，更易于民企通过它们参与管理来提高企业管理水平。这一类新股东的主要问题恰好与国内风险投资公司相反，即对公司管理介入过多，如派驻财务总监，参与日常经营预算的实施监控等。有的时候，这种深度介入会使董事有了更多的经理味道，从而导致管理冲突。

第四类是选择大客户作为战略投资者。这样的选择主要是为了解决客户和市场竞争，通过引入大客户的资金坐拥稳定的市场份额。在很多工业产品行业以及大量需要配套的行业（如汽车行业等），这种选择经常是"兵马未行，胜筹已握"的一招。但这样的选择带来的副作用是有丢失其他竞争性大客户的可能。

第五类是选择上游产业大供应商作为战略投资者。对于资源稀缺、原材料稀缺的行业，这种选择可以建立核心竞争力和优化产业价值链，从而带来更高的利润。而选择上游供应商进入董事会所带来的问题是利益的调整和分配。因为在通常情况下，上游供应商的价高将使得下游民企的利薄，反之则利厚。通常下游的利润空间是高于上游的利润空间的。所以选择供应商做战略投资者要十分慎重。现实中这种情形也不多见。

第六类是选择国外同行业公司，即通常意义上的合资。中国的合资企业，十个里有八个失败，五年甚至八年后不是外方增资或收购，变成独资公司或外方控股公司，就是中方回购或另起炉灶培育起内部高端（低端）产品竞争者，真正能一直平稳友好地共同走下去的合资企业极少。这种选择多半是早期认为选对了人，双方合资初期相互学习、相互利用、相互帮忙；后期认为选错了人，相互不满、相互指责，把市场竞争搬到了公司董事会里，把市场竞争策略变成了董事会谋略。

第七类是选择了没有任何关系的有钱的个人或公司，即选择"远离企业老生态圈"的资方作为战略投资者。这样的选择通常可以保持民企创业者对企业的高度控制力，但问题在于这种资金除了钱本身外，又有多少"智慧"含量可以从其他方面帮助民企创业者呢？

第八类是选择管理咨询公司作为战略投资者，即引进"智"方。这种类型是随着风险投资模式的产生而兴起的。"风险投资＋二板上市"模式要求比较快的发展速度和良好的业绩，对于行业经营风险巨大的高科技企业，如果企业本身现金流状况良好的话，通过选择引入管理咨询公司，可以成批地引进有实战经验的管理顾问，同时引进知识管理系统，这种做法具有相当的核心优势和战略眼光。在这种选择下，选择正确的人就转变为选择正确的管理咨询公司。

股份制民企在发展阶段有效管理董事会，就是选择正确的战略投资者股东进入董事会。通过这八种类型引入的董事又可以分为三种人：一是行业专家，包括第三、第四、第五、第六种类型；二是财务和资本运营专家，包括第一、第二、第七种类型；三是管理专家，是指第八类型。

### ③ 成熟阶段——三元结构

股份制民企发展到三元结构董事会，就标志着民企发展进入了成熟阶段。三元结构董事会是在二元结构的基础上，加上第三方董事后形成。第三方董事同样也包括三种类型。

第一种类型是老员工通过"员工持股计划"（ESOP），以员工持股会代表的身份进入股东会和董事会。这类似于国企中工会主席进入党委和董事会的性质。这种类型的第三方董事是代表"纯"经营管理层的，因此可以更好地贯彻企业董事会的决策，起到增加员工凝聚力的作用。

第二种类型是职业经理人空降到企业，担任主要或重要管理岗位后，因其岗位重要而作为管理层力量代表进入董事会。这种第三方董事带来了外部的先进理念，并且作为管理者，又可以在资本方和民企老创业者之间起到缓冲和沟通的作用。做好了，作用十分明显和重要；做不好，地位不稳，甚至会发生更为严重的情况。

第三种类型就是外部独立董事，即拥有纯粹的独立身份的第三方董事。外部独立董事的选择也是很有讲究的。独立董事也有八种类型。一是经济学家，其声望高，名气大，理论强，缺点是缺少实务经验。二是大学教授，其同样墨水多多，桃李满天下，但是大多数并没有经营过企业，缺乏实际管理经验。三是同行业或相关行业大企业高级管理人员，他们了解行业情况，了解管理，这是比较好的一种类型。四是客户的高级管理人员，他们同样了解行业，了解企业管理，问题是有些决策有利益相关的可能性。五是行业协会人员，他们在行业动向、技术走向上能洞悉未来。六是金融证券财务从业人员，他们了解资产管理、财务准则、资本经营。七是法律人员，他们熟悉法律事务。八是管理咨询顾问，他们深谙管理真谛。

股份制民企成熟阶段的三元结构董事会，尤以外部独立董事为优。这种三元结构，已经接近上市公司的法人治理结构和董事会治理结构，与二元结构相比更为成熟，也更有利于企业发展。

风险投资模式之所以是"孵化器"，不仅在于它带来巨资能够催化企业成长，而且也带来了董事会治理结构上的"早熟"：风险创业企业一成立，董事会就跳过初始阶段的一元结构和发展阶段的二元结构，定位于成熟阶段的三元结构，有了更多的机会"选择正确的人"，从而有效管理董事会。对于仍处于一股独大的全家族民企和一元结构、二元结构的民企创业者来说，这样的竞争对手是不是从机制上已拔得头筹，更具竞争力？

民企创业者们，不能再等了！

赵民

2001 年 4 月 7 日

于芝加哥至北京的飞机上

收笔于首都国际机场上空

# 高效管理董事会

⮞ 导语：高效管理董事会的基础是董事会成员"理念趋同"

高效管理董事会是改造董事会的第二个阶段。高效管理董事会的基础是董事会成员"理念趋同"。董事会成员为着同一个目标，从五湖四海走到一起，克服成长背景、学业、专长、经验等各方面的差异而一起工作。所以说，在解决了"选择正确的人"之后，理念趋同过程就始终贯穿于董事会的决策过程。

董事会的决策过程可以分为"非委员会制"和"委员会制"。"非委员会制"是初级阶段的低级形式，一般适用于人数少于七人的董事会；"委员会制"是高级阶段的高级形式，一般适用于人数多于七人的董事会。

## （1）非委员会制

"非委员会制"是指董事会决策某一方面的事务（如投资、预算、人力资源）时，不是委托专门的由董事会内部人员组成的小委员会研讨决定，而是由每个董事都参与决策的决策机制。

"非委员会制"的决策又可分为四种：一致通过、从众通过、从贤通过和从权通过。

① 一致通过

一致通过是理念趋同过程最好的保证，但只对于一些关乎企业生死存亡和重大战略的事情，才是必要的。在其他事情上，过多采用一致通过过于僵硬，缺乏弹性，事实上也难以做到。通常情况下，一致通过适用于三人（含三人）以下的董事会的决策。

对于三人以上的董事会（也是我们最常见的董事会），理念趋同过程难以保证完全一致，因此，可以在"从众通过""从贤通过"和"从权通过"中选择一个模式。

②从众通过

从众通过就是通常所指的少数服从多数，这是在一人一票、大家平等的前提下采用最多的办法。对熟悉的事务和在正常的环境下，从众通过经常会是正确的，但对以下这两种情况而言，从众通过却是有风险的：第一，在进入或投资于一个新领域、新技术、新管理体系时，由于大家对新生事物有与生俱来的陌生感和人们心理上趋于规避风险的本能的潜意识，从众通过有非系统风险；第二，当经营环境发生剧变时，过去有效的方法可能不再那么有效甚至根本无效，这时，从众通过有系统风险。

③从贤通过

从贤通过就是"谁正确就听谁的"。采用"从贤通过"有两个前提条件。一是大部分董事能同意，让不同的观点有充分的时间和机会去证明其正确性，所以，如果时间紧迫（如合资双方谈判，对方提出了最后答复日期），从贤通过就难以实现。二是董事会成员都是高度职业化、理性的人，董事会成员之间的关系没有"你死我活"之类的激化矛盾，决策的氛围是平和的。所以，在很多董事会中，如果有那么一个水平太低或明显低于其他人视野的成员的话，从贤通过就不是最佳选择。我所认识的大部分本土创业民营企业，绝大多数是不能采用从贤通过的，因为在大多数这样的民企中，创业者的视野和水平不是一般齐，甚至在有的企业中，所有的董事会成员都不会遵守从贤通过的原则。

从贤通过还有一个难题，即谁来判定谁在一个具体问题上是贤者。对此需要有一个"权"重之音来定乾坤，或者说，从众表决还是要的。这时，从众通过或从权通过成了从贤通过的基础和保证。所以说，从贤通过是个中间模式，介于从众通过和从权通过二者之间。

④从权通过

从权通过有三种模式，即从"股权"通过、从"权威"通过和从"特权"通过。

从"股权"通过是指谁拥有大股、谁控股，谁说了算。如果是双方合资，那么就是合起来后谁有大股、谁控股，谁说了算。对大多数合资企业和民营企业而言，其天生就是这种模式。在企业创业阶段，从"股权"通过的正面作用多于负面作用，积极意义大于消极意义。但对过了创业阶段的企业和上市公司而言，从"股权"通过，很多时候需要防范其不积极的一面，如一股独大带来的关联交易，从而损害其他股东的利益。

从"权威"通过是在股权大致同等的情况下，或者董事会决策根本不考虑股权多少的情况下，由在企业发展和管理中自然树立起人际威信的主要董事（如董事长、执行董事）来拿最后主意的模式。从"权威"通过需要有组织制度保障和法律保障，这种权威性的岗位，应在企业章程或企业管理的基础性规定和决议中体现出来。对于股权结构比较分散的企业，职业经理人在股权处于弱势的情况下，应当更多地采用这种模式。

从"特权"通过是指在企业章程中做出明确规定，对某些股东或董事的权力做出和他的股权不对应的特别的授权。优先股股东派出的董事可以如此，上市企业中证监会规定的独立董事更可以如此。从"特权"通过是一种最高级的"从权通过"，也是最难实现的一种"从权通过"，这是理性决策的具体保证，是在众多的成熟经验和教训基础上总结出来的一种理念趋同过程的保证，因此也是成熟企业的标志之一。

从"从股权通过"到"从权威通过"，再到"从特权通过"，"从权通过"的这三个阶段，是从初级到中级再到高级阶段的进步和演化，是从三十而立（活下来）到四十不惑（知规律，求发展）再到五十知天命（服从自然规律，进入自由王国），是企业家从知道企业董事会管理到熟悉董事会管理最终到深谙董事会管理的三个阶段，是企业家成长、成熟、成功的三个阶段。

对于"非委员会制"的董事会，"从众通过"是基础，"从权通过"是方向，"从贤通过"是补充。在中国，"从众通过"的董事会最多，"从权通过"的企业正在多起来，"从贤通过"过去不是、今后也不会是主流。

### （2）委员会制

"委员会制"是就一些专题，从董事会成员中挑选一部分人，成立一个专门的小委员会，经董事长授权，专门处理某一方面的问题。委员会的人数一般应在3~5人，常见的专门委员会有投资委员会、预算委员会、技术委员会、战略委员会、高管人员评估（人力资源）委员会等。委员会制，说白了，就是某些问题上、某些事务上、某些权力上的"董事会里的董事会"。

什么时候用"委员会制"呢？在董事会人数多于七人的时候，就可以考虑用"委员会制"，除此之外，还有三种情况可以用。第一种情况是董事长权力由企业章程规定得很大，董事长在某些事务上又失误多多，但碍于某些原因不能更换董事长（如股民对企业充满信心等），此时，可就某一具体事务委派专门委员会来决策。这个时候，委员会起到的是"消防救火队"的作用。

第二种情况是董事会需要分权时。不管何种原因，企业如果发展到了董事会决策能力跟不上企业发展要求，但董事会成员还不到换届也不能变动时，作为一种过渡办法，采用委员会制来分权，以解决实际问题。这时，委员会起到的是"迎亲队"的作用。

第三种情况是企业发生危机时。此时董事会对处理企业目前遇到的危机已经反应迟缓、决策拖沓、难以胜任了，因此组成人数更少、权力更加集中的委员会是良好的对策之一。这时，委员会起到的是"医疗急救队"的作用。

采用委员会制好处多多。一是化大为小，决策更易做出；二是化外行为专业，使更多的董事只参与自己擅长领域的事务决策；三是化独裁为制衡，在每个董事不可能参加全部委员会时，将会有些功效；四是化对立为合作，当董事会成员中已有公开严重对立时，委员会制可以缓冲正面直接冲突。

采用委员会制也不是十全十美的。首先，是否有那么多睿智的理性董事可以分别授权？其次，大家是否真的会遵守游戏规则？最后，委员会和董事会的其他非委员之间会不会形成新的沟通障碍，从而影响理念趋同过程？

虽然很多委员会可以是董事会里的董事会，但也有相当多的企业家并不愿意一步跨得那么大，从而采取了一种更为现实的折中模式：设立只具有咨询和研究功能的委员会制度，亦可称之为"咨询委员会制"。

目前在中国，"咨询委员会制"通常比"委员会制"更受欢迎，它是介于"非委员会制"和"委员会制"之间的一种模糊的过渡形式。通常这种"咨询委员会制"是不明确的、不固定的，因此也是没有基本制度保障的。所以，我不把它列为单独的一项进行研究。

"委员会制"和"非委员会制"只是解决了董事会理念趋同问题的一个方面，即组织决策问题。问题的另一面则是什么时候理念趋同最难。这就涉及执行问题。

高效管理董事会的理念趋同过程有助于化解董事会分歧。

董事会的高效管理，不仅依赖于董事会内部决策体系的优化，也取决于董事会议事和决策过程中的理念趋同。高效管理董事会理念趋同过程的执行环节通常包括三个方面。

① 发展战略上的分歧

发展战略上的分歧通常是董事会不能高效决策的主要原因。发展战略上的分歧一般发生在三点上。

第一是以单一业务为主还是以多元业务为主。对大多数大型国有控股企业而言，由于历史原因，绝大多数都存在产品多元化，需要将产业调整到某一个或某几个主业上来的问题；对大多数刚创办的个人控股创业企业而言，则是在什么样的市场竞争环境下，可以恪守创业时发家的技术（或产品或服务），抑或在惨烈的市场价格大战之前先行一步，尽快转入未来主导行业或开发新的利润来源。多元化转型又可分为是以相关多元化转型为主，还是迈开大步，彻底进入一个完全陌生的行业。

第二个可能产生分歧的战略问题是以利润导向为主，还是市场份额导向为主。产业有其不同的成熟阶段，如果过于强调利润，投入不够，未来市场地位下降，将会面临生存危机；如果过于强调市场份额，那么当今的利润回报应以多大幅度为宜。对企业来说，这始终是个两难的问题。具体而言，在同一个产品中，不同型号的产品、不同省份的战略分目标均是不同的，需要董事会和最高管理层有个基准判断。

第三个影响董事会理念趋同的焦点问题是发展速度问题。多快的发展速度才是合适的？通常情况下，非执行董事和执行董事在这个问题上的争议最大，因为个人的感受不同。而且这还牵涉董事会对市场竞争发展程度、市场潜力和本公司员工队伍竞争力的判断。目标定低了，会影响未来的发展；目标定高了，又会带来种种管理危机，甚至出现现金流危机。

董事会发展战略上的理念趋同过程，通常需要多次讨论，只有在有了充分的市场分析和战略规划后，才能停止争吵，达成共识。此时有可能引发理念趋同执行过程中面临的第二个方面的问题——绩效考评上的分歧。

② 绩效考评上的分歧

董事会在绩效考评上的分歧，常常发生在以下三方面。

一是关于销售收入的增长而产生的成本相对下降幅度的评估：当营业收入增长50%的时候，成本相应上升了多少？到底可以产生多少新增的利润？通常情况下，大家都会认为成本不会按同样的比例上升，但上升多少是合理的？有哪些成本不应上升？在这种时候，分歧还会发生在细节诸如"软成本"上，如为培训、研发、营销、IT服务等长期竞争力而做出的投入要上升多少？要保持多少比例？根据新华信管理顾问公司的经验，分歧的双方都很少考虑市场竞争这样的外界因素。而公司在长期竞争力要素上的投入，不仅要考虑本公司过去的历史情况，更要考虑横向比照。

二是关于中高级管理人员的薪酬水平和激励水平的评估：给多少工资和奖金才是合理的？董事长和总经理的收入相差多少才是合适的？在大型国有控股公司中，经常出现的一个令人深思和尴尬的现象是：整个公司的一把手（不管职务名义如何）自己可以制定有竞争力的奖励计划给处于经营一线的副手，而自己的薪酬和奖励，由于有赖于大股东——地方政府的决定，所以通常的结果是，最高管理者的奖励和全部收入可能不如其助手。在快速发展的个人控股公司中，容易出现的问题是激励单纯化和没有完整严谨的书面协议。其中，激励单纯化存在的问题表现为，一是只有考评指标总数，没有细分项目，特别是一些关于战略性调整的产品的销售和市场开发；二是激励手段只有现金方式，缺少股权或其他福利方式。

三是绩效考评的指标范围：到底该有哪些指标以及有多少指标才比较合适？其

中，第一类问题是，经营性指标该有哪几个？财务性指标该有哪几个？管理性指标要不要？第二类问题是，如果这些指标提出来了，可不可以量化？该怎样量化？第三类问题是，如果量化了，那么在什么范围算好，在什么范围算差？应该同什么数字进行比较？对此，通常看到的情况是，要么没有想过这些问题，从而没有相应的指标体系；要么就是有很多的指标却难以执行和考核。

③ 投资决策上的分歧

在解决了发展战略和绩效考评上的分歧后，通常还有第三个方面的问题——投资决策上的分歧，需要董事会尽快达成共识。在投资决策上的讨论，有三个方面是比较耽误时间的。

一是对于一个项目的市场前景的判断。通常情况下，这是在对于某一个特定行业本身前景的看好已经没有分歧的情况下，最容易出现分歧的地方。中国人口众多、地域广阔、发展迅速，这常常是一个项目良好市场前景的大背景，但这对很多行业和项目而言，恰恰是最大的误区。这里决定一个项目成败的关键是"某一阶段的有效购买需求"。要在潜在购买需求中区分出在某一年里真正会花钱购买的用户或消费者，就必须进行以定量研究为基础的市场研究，而不能简单地推算。过去，有很多企业的"可行性报告"实际上是"可批性报告"，从而导致项目失败，其关键就在于此。所以，作为一个对公司负责任的董事，在讨论投资决策时，一定会对这部分内容做详尽的分析研究。

二是对于一个产品项目的成熟速度与投资回报周期的交互判断。我对很多投资失败的项目做了一个仔细分析，发现其中让股东失望的一个主要症结，要么是由于投资回报周期期望时间过长，还没有等到收回投资，该产品的技术成熟期就已经过了；要么是由于投资回报期望时间过短，该技术和产品的盈利期还没到来，就期望收回投资（大多数 .com 公司就属这一类）。所以，老话"不熟不做"是有一定的道理的。在这一点上，实际上必须深刻了解中国市场的特殊性。在西方发达国家，普通制造业令人满意的回报周期通常为四年。但在中国，有些行业必须在两年内收回投资。所以，作为掏钱投资的股东的代表，董事的一个重大职责就是深刻了解所投资行业在中国市场环境的变化。

　　三是对于一项技术（产品、项目）在未来三年内形成市场竞争综合优势的基本面的判断。要想在一个项目上获得令人满意的回报，就需要对这个项目的所有资源进行综合分析以形成最终判断：一年后，在我们这个技术下，在这些管理者的管理下，能否产生企业自我生存所必需的经营现金流入？两年后，我们的市场是否可以形成一定的份额，在相当数量的特定客户群中有一定的品牌影响力？三年后，这项技术是否仍然够用，市场是否足够成熟以支撑所期望的利润，竞争对手会有怎样的反应手段，我们的应对措施又如何？

　　对董事会而言，发展战略、绩效考核和投资决策是最重要的三个决策，也是最容易发生分歧的主要议题，同时也是导致很多公司失误的关键方面。

赵民

2001 年 7 月 24 日上午 11 点 34 分

于北京望京家中

# 科学管理董事会

● 导语：要想科学地管理董事会，首先要做好战略监控。

科学管理董事会，是为了提高董事会治理结构的先进性。治理结构包括四个方面：战略监控、财务监控、人才监控和风险监控。其中，财务监控、人才监控和风险监控都服从于战略监控，是战略监控的具体措施和实施保障。要想科学地管理董事会，首先要做好战略监控。

董事会的战略监控可以分为两种类型："单业务"战略监控、"多业务"战略监控。

"单业务"战略监控的核心是认真分辨清楚公司的发展战略是处于和应当处于什么样的战略导向阶段，以及公司是否在实施这种战略。从战略目标的角度来看，"单业务"战略监控可以分为四个阶段："谋求开发客户导向"的战略阶段、"扩大市场份额导向"的战略阶段、"获得高额利润导向"的战略阶段和"保持核心竞争力"的战略阶段。"多业务"战略监控的核心是认真分辨清楚公司是否进入了一个应该进入的领域，进入的方式是否在新业务上能达到战略目标。从战略目标的实施角度来看，"多业务"战略监控可以分为四种类型，即"自主发展"型、"合资发展"型、"并购发展"型和"联盟发展"型。

## （1）"单业务"战略监控

### ① 谋求开发客户导向战略阶段

"单业务"战略监控在四个阶段中是不同的。当一个公司刚进入一个新行业时，此时的战略通常是"谋求开发客户"战略。此时董事会讨论的重点有两个方面：谁是我们真正有价值的客户（Who），如何才能打开这些客户（How）。对于第一个方面，问题的关键是区分清楚客户是否"有长远价值"。

有些客户"远水不解近渴"，而有些客户虽然从表面上看不是大客户，但却是

"有目前价值"的客户。借用财务上净现值（Net Present Value，NPV）的概念来做一个比喻：有些客户虽"大"，但目前实现不了合作，也就成了纸面上的"大"了。有些中国的 B2C 网络公司，就是落入了这个陷阱，空有成千上万的有未来价值的客户而没有现金收入，最后关门大吉。

对于第二个问题，关键在于分析客户的"购买决策流程"（Purchase Decision Process，PDP）。在我所见过的中国企业中，绝大多数董事会在决策进入一个新行业时，没有深入地分析过 PDP。如果一个董事，没有清楚地对公司新进入的这个行业里的客户的 PDP 进行了解，他就很难判断公司管理层对"谋求开发客户战略"的实施是否到位，也就难以对公司的战略进行负责任的监控。

② 扩大市场份额导向战略阶段

当一个公司进入一个新行业 1 ~ 2 年（或 6 ~ 12 个月）后，公司的战略通常就到了"扩大市场份额"的阶段。此时，董事会监控的重点在于两个方面："在增长最快的细分市场，我们做得如何"和"目前达到多大的市场份额是可能的"。对于第一个问题的监控虽然比第二个问题相对容易，但在实际情况下，数据收集的完整性和准确性的不足，常常会误导董事会。第二个问题是综合性的，因此比第一个问题难，这其中重要的是你对自己管理的团队的综合能力的信心。

③ 获得高额利润导向战略阶段

公司在获得一定市场份额后，就会自动进入"获得高额利润导向"的战略阶段。此时，董事会的监控就前移到了这两个重点：高额利润的增长和高利润率的下降是否健康？高利润是否伴随着高应收账款？对大多数产品而言，高利润的增长必然伴随着利润率的下降。此时，要监控的重点是高利润率的下降是主动的，还是被动的？是自己可以控制的，还是难控制或根本无法控制的？另外，第二个重点是个很重要的问题，它是一个公司管理层操作能力和公司综合竞争力最显性的反映，当一个公司利润的高增长是通过更高的应收账款或坏账换来的时候，管理上一定存在可以进一步改进之处。

④ 保持核心竞争力战略阶段

在监控"高利润导向"战略阶段的同时，就要着手准备调整，迅速转入"保持核心竞争力"战略阶段。对于核心竞争力战略的监控，重点是两个问题：核心竞争力的优势是否能够保持足够长的时间？有什么致命的环境变化因素可能会导致现在这种优势丧失？对于第一个问题，"足够长时间"有两个基本指标：公司在此业务上的投资需要多长时间才能全部收回，同时还能有令股东满意的回报？在中国，在这个问题上的一个普遍的陷阱是追求1992—1995年那段时期的高增长和长期回报。现今中国市场的不确定性大，行业过去的缓慢变化对今日的CEO来说，是再也企求不到的了。第二个问题可以表述为，最强的一个对手通过某种方式要多快才能拥有同样的优势？对此需要对同行业对手有较多的了解。此时，独立董事、外部董事、专家董事就有信息不对称的劣势了。要弥补这种劣势，就必须要求管理层提供专门的报告资料。

"单业务"战略监控通常发生在两种情况下：一是一家公司从零开始到成立五年左右，通常就走过了上述全部四个阶段，此种类型一般是比较容易、比较简单的；二是一个集团公司投资于一个新行业或新业务，成立了一个新的子公司，在子公司的董事会上，这种"单业务"战略监控就比较复杂、比较难，对公司董事的个人能力要求也比较高。所以，如果内部人员的能力、资金等条件不成熟，就先不要注册独立的子公司、成立单独的董事会，可以先用事业部制的方式平缓过渡一下，当条件成熟后，再转为子公司。

### （2）"多业务"战略监控

"多业务"战略监控是一项难度更高的工作，它建立在"单业务"战略监控的基础上，是包括了"单业务"战略监控全部内容在内的更高层次的战略监控。

从战略目标实施的角度看，"多业务"战略监控可以分为四种类型，即对内部资源依赖最大的"自主发展型"；对外部资源依赖最大的"联盟发展型"；"合资发展型"；"并购发展型"。"合资发展型"和"并购发展型"对内部和外部资源的依赖程度介于"自主发展型"和"联盟发展型"之间。

① 自主发展型

当一个新业务的发展所依赖的主要资源或模式的关键环节可以自我解决，同时市场的发展机会也留下了足够的时间和空间时，"自主发展"型是可以优选的方案。"自主发展"型又可以分为两种类型：一是外部引进新业务的总经理；二是从传统老业务中选拔优秀者转任新业务总经理。"自主发展"型的风险在于前者转变为对新引进的总经理能力的判断上，而后者作变为老业务中的优秀者是否具有良好的适应性。"自主发展"型最大的不足是起步低了一点——毕竟一切要从零开始，相对的好处则是可以保持企业文化的一致性及延续性。

② 合资发展型

"合资发展"是发展新业务时进入一个新行业的方式，是值得各位董事优先考虑的模式。这种模式起步相对快，起点相对高，从而减轻了原来董事会的责任和压力，从股东层面及董事会层面引进了新业务的专业管理经验，有利于优化董事会的决策效果。

"合资发展"可以分为两种类型：一是占控股地位的合资；二是不占控股地位的合资。对董事会而言，占控股地位时要问的一个问题是：这种控股是否有足够的内部资源来保障你控股后合作方不会担心公司的发展？不占控股地位时要问的一个问题是：要求合资对方拿出什么样的资源来确保合资公司的顺利发展？对于"合资发展型"的战略监控，不管是哪一种类型，都要关注合资公司、股东方和关联企业的利益转移及利益冲突，对于大多数"合资发展型"企业，这是一种阶段性的方式，或早或迟企业都将最终属于其中一个股东。所以，在进行合资决策及监控时，就要从心理上早早做好收购余下的股份或退出的准备。

③ 并购发展型

"并购发展"对董事会来说监控的压力减轻了很多，只是阶段性地在谈判并购时期负有监控责任，一旦并购成功，所有的责任就卸至被并购的董事会身上。所以，"并购发展型"对董事会而言，决策主要在三个方面：谁是合适的目标企业？核心并购交易的基本底线有哪几条？如何管理并购后的企业？对大多数上市公司而言，由

71

于有业绩回报的压力和资金充裕的优势,采用并购发展是较好的方法。但从现实操作的角度来看,并购发展的风险是相当高的,问题大多出现在第三个问题上:如何管理并购后的企业?所以对董事会而言,关键的决策是找出一个并购后双赢的整合方案。

④ 联盟发展型

在现代企业竞争中,"联盟发展型"正变得越来越重要。由于所有行业的竞争都越来越激烈,迫使每一个企业都往专业化方向发展,去做深做透某一个细分产品。这样就导致企业选择同自己产品具有上下游价值链关系的企业来建立联盟。联盟发展既不同于自主发展,也不同于合资或并购,它自控能力强但投入及风险相对有限和可控,因而对于董事会而言,是一种上策。此时,董事会的职责是判断三点:首先是对自己战略性的发展目标和现有的核心能力的定位;其次是构建什么样的战略联盟体,与谁合作;最后是战略联盟体运营的基本框架方案的确定。对董事会而言,进行"联盟发展型"的战略监控要控制两个风险。一是联盟体一旦出现问题,公司如何保证自己依然可以生存和发展。也就是说,有哪些核心价值对公司而言,即使在联盟体中工作,也要保持相对的独立性。二是如何保证联盟体的运作从战略方向上是符合公司的战略规划的。也就是说,在这种联盟体中,有哪些关键驱动点是要充分把握住的,以保证公司不会因联盟体中其他公司的影响而耽误自己战略的实现。

在实际的董事会决策中,还有一个重要的事实应当弄清楚:"单业务"战略监控和"多业务"战略监控通常是交叉的,在"单业务"战略监控中,经常要对合资、并购、战略联盟做出判断和决策。在"多业务"战略监控中,也经常要分析客户、市场、利润和核心优势的取舍。"单业务"战略监控的四种类型代表了经营的阶段性目标,"多业务"战略监控的四种类型代表了经营的阶段性方法,这是从两种不同角度去研究科学管理董事会的真谛。

赵民

2002 年 4 月 30 日上午 8 点 50 分

于内蒙古呼和浩特至北京的飞机上

# 成功管理董事会

在成功管理董事会阶段，起决定作用的是战略管理改造。

作为改造董事会的第四个阶段，成功管理董事会是基于第三个阶段，即科学管理董事会之上的，是科学管理董事会的自然发展结果，也是在新的起点和平台上有效管理董事会的开始。

在科学管理董事会阶段，董事会管理的精细化程度达到了一个顶峰，相当于书由薄读到厚。这样的一个体系建立后，书又由厚变薄，董事会的改造由关注操作性转为关注战略性核心竞争力的形成和保护，也就是"战略管理改造"。

## （1）战略管理改造

战略管理改造的目标与前面三个阶段的最大不同是首先关注每个子系统运营的效率和竞争力，并与其他竞争对手或其他行业里的非竞争对手的同一个子系统的运营做比较，其次才是关注自身的现在和过去相比提高了多少。企业战略管理改造的目标是追求超越自我，是更高层次的科学管理。此时，"标杆比较法"（Benchmarking）是经常采用的一种好的方法。

使用标杆比较法来保证战略管理改造目标的实现时，要注意四个问题。

一是标杆企业的选定。选定标杆企业，就是确定战略管理改造的实际目标，这样的标杆企业，要从世界或全国范围来选，可以是同行业的，也可以是不同行业的领先企业，要兼顾各种因素，包括外部环境因素和标杆企业的盈利模式。

二是战略管理改造目标参照指标体系的选择和建立。建立这样的指标体系，应当遵循指标体系的全面性、代表性和可操作性。这样的一个指标体系，还应当是有层次的，一级、二级、三级指标之间的逻辑关系应当十分明确。需要说明的是，每一个指标均应当是可以量化或准确描述的。

三是确定重点指标。对于不同的企业，重点指标的确立是不同的；对于同一个行业中的两个不同企业，重点指标的确立也是不同的；对于同一个企业，在不同阶段的重点指标也可能是不同的。重点指标的确定，事实上是战略管理改造的侧重点的确定。

四是制定具体的行动计划的努力目标值：6个月、12个月、18个月、24个月后的标杆体系值应分别达到什么数字和程度。

在很多时候，战略管理改造还意味着企业经营战略的重大调整，意味着企业盈利模式的转变。对互联网高峰时期的很多互联网公司而言，战略管理的改造太快太频繁，公司常常陷于自身盈利模式及经营战略的不确定中，而急于模仿和学习领先公司，并没有形成自己的核心竞争力。

### （2）资本经营改造

战略管理改造向前延伸，就是资本经营改造。资本经营改造是战略管理改造的一个实现工具：通过资本运作的方式，快速形成自己新的核心能力，实现自身利润的最大化和最优化。此时可以结合使用标杆比较法，以判断资本运营改造的效果。

作为战略管理改造的一种延伸，资本经营改造的极致就是从战略上彻底摒弃行业、产品的好恶，一切围绕着现金流及利润，彻底不关注产品经营，只关心企业经营。此时，公司彻底迈向了以财务管理为核心的资本经营改造，资本经营本身就是战略管理的全部，资本经营替代了战略管理。

由此可见，成功管理董事会，起决定作用的是战略管理改造，它是成功管理董事会阶段的主要目标和主要任务。但有相当多的企业，一旦将经营企业确定为改造目标后，资本经营改造就成为该阶段的核心和主要驱动力。

对于中国的绝大多数上市公司而言，存在的一个错误观点是，在战略目标不甚明确之前，在战略管理改造完成甚至启动和发挥之前，就把资本经营视为主要目标。而一旦通过资本经营进入一个新业务平台，又忽视对新业务平台的董事会的改造，从而使公司的战略实施达不到理想的效果。

### （3）制度创新

制度创新是随着战略管理和资本运营而定的，或者依附于战略管理，或者由资本运营决定。制度创新包括全局性创新和局部性创新。对中国大多数企业而言，局部性创新是一直需要的，而且在多数情况下效果是不会差的。相对于局部性创新，全局性制度创新的风险要大很多，同时也难以一下子完善到完全适应战略管理的改造。我们见过的很多中国企业，指望请管理咨询公司来系统地拿出一套全新的制度和方案，然后在短时间内全面实施，其实这是一种盲目的理想主义的表现。

### （4）文化再造

如果说制度创新是"硬"的方面的话，那么，文化再造则是"软"的方面。对于董事会和企业的文化再造，两者同样是需要时间的。文化再造难就难在它并不是落在纸上的，而是顽固地体现在每件事和每个行为上的。文化再造有两种：一种是"选择合适的人"重组董事会，再从"有效管理董事会"开始，走一个轮回；另外一种是通过变换"硬"的制度（制度创新改造），从而变换人的思想、观念，最终变换人的行为。

作为管理董事会的一个新阶段，成功管理董事会事实上和企业战略的改造，包括从一元化到多元化的转变、从产品经营到上市的转变，都是与生俱来、一同转变的。由于企业的发展是一个永无止境的生而复死、死而复生的循环，要做到成功管理董事会也就必须"努力到永远"了。

赵民

2002 年 5 月 8 日凌晨 4 点 36 分

于北京望京陋室中

# 【主题五　关注国企】

## 孤独的国企董事长

➲　导语：国企董事长，可以说是中国社会中心理压力最大和孤独感最强的人了。

有首流行歌曲叫《孤独的我》，这首歌恐怕最适合中国国有企业的董事长们低吟了。

在我所接触的国企中，一把手的孤独，令人吃惊地广泛存在于各行各业中。这种孤独跨越了企业法人治理结构的差异性，成为中国国企法人治理结构中共同的底色。

这种孤独，通常表现在四个方面。

第一个方面是"战略孤独"。在领导体系上，大中型国企的董事长不乏直接的上级（股东），从国资管理代表机构、组织部、财政部门、计划委、经贸委、证监部门，一直到行业主管部门，却没有一家对其发展战略有"整体"构想和要求：股东好几个，相互是平等的；或者有一个股东代表，但不能真正管全部的事。如果有董事会的话，就董事会内部而言，执行董事占多数的国企，在战略方向问题上会有很大的分歧；执行董事占少数的国企，在战略发展速度上又会有"鞭打快牛"的倾向。那些没有董事会的国企，就管理层内部而言，从战略发展方向、发展速度到年度战略目标，不仅意见大多不同，更糟糕的是，容易"站得不高，看得不远"，在战略上很重要的一点——"前瞻性"上容易犯"经验主义"的错误。结合新华信管理顾问公司对大中型国企做战略咨询的切身体验，我认为，大多数大中型国企请知名战略管理咨询公司的动机一般有两个：一是对内通过"共同认可的程序"，就战略发展目标和方向达成共识；二是对股东（上级）和股民这"二股"有个说法和交代。

第二个方面是由于法人治理结构中的责、权、利三者不对称而造成的"法人治理孤独"。"法人治理孤独"表现有三。一是内部的责、权、利不对称。在大中型国企中常常可以见到一个奇怪但确有其事的现象，即董事长（一把手）可以大奖二级子公司或经营单位的负责人（通常是主营业务经营的实际直接管理者），但难以实现其本人收入的剧增，这和跨国大公司 CEO 常常是其公司的最高收入者，而且比其公司中的其他高管人员收入高出许多形成了明显反差。二是对外部的责、权、利不对称。众多与大中型国企有业务合作往来的民营企业或外资企业，其所管辖资产及效益可能远不如这些国企董事长，但其个人收入（包括民营企业家的工资收入和企业股东权益）则可能远高于国企董事长。三是管理体系上的责、权、利不对称。很多本不属于董事长直接管理范围内的具体事务，诸如安全生产等，在"一把手工程"的要求下，为保持社会稳定，成为越职、越岗、越权管理的原因，这也成为很多国企内部改革滞后的原因。对于大中型国企董事长应对"法人治理孤独"的策略，借用某位知名国企老总的话便是："我们只能考虑力所能及的部分，其他的要听从安排。"斯言哀哉！

第三个方面是接班人的安排和自己退路上的"人事孤独"。规模越大的国企，在这一点上越是"独上高楼"。从中国企业的历史和现状看，就整体范围而言，这种孤独就不仅是个人的事，而是涉及社会。新华信管理顾问公司的经验表明，中国企业，特别是大中型国有企业的一把手，相对于跨国公司而言，平均掌权周期更长和更稳定。这对于管理变革和权力正常交接是弊大于利的，特别是在近几年来宏观经济、政府政策、行业结构、市场需求都变动甚大的情况下。我们从这个角度去看待一些大中型国企的董事长的进退和命运，不禁更多了一些同情和叹息。

第四个方面是最少被人公开提及，但却是最常见和最有危害性的董事长的"心理孤独"。由于大中型国企董事长一只脚踩在"官场"上，另一只脚踩在"商场"上，一重标准是"政治家"标准，另一重标准是"企业家"标准；一把尺子是"好人"尺子，另一把尺子是"能人"尺子。因此，这些标准其实对国企董事长的心理健康以及生理健康是有极大危害的。新华信管理顾问公司的一个客户——某大型交通运输工具制造企业的老总，才 40 多岁就满头银发，他在"六一儿童节"慰问本企业幼儿园时，被幼儿园儿童称呼为"爷爷"。新华信管理顾问公司的另外一个客户——上市国企集团公司的一把手，用明显超出必要的大量时间，研究地方有关政府领导的言行，唯恐说错话。有媒体朋友也告诉我，采访大中型国企领导，一向是想被批准都很难，采访完后，稿子还要层层看，反复审，需谨小慎微。现在一年两次的体检，大多数企业已经有了，但对国企老总的"心理健康检查"，大多数企业却一次也没有安排过。根据新华信管理顾问公司所了解到的实际情况，国企老总，尤其是作为一把手的国企董事长，可以说是中国社会中心理压力非常大和孤独感非常强的人了。

当我们都在关心国企"三年脱困"和"打造具有国际竞争力的国企"之时，有谁探究过国企董事长的孤独？对目前中国大多数国企的董事长而言，他们最喜欢的一首歌曲可能就是《明明白白我的心》了。

赵民

2002 年 5 月 25 日凌晨零点 15 分

静夜于望京家中

# 大型国企要不要董事会

> ○ 导语：大型国企缺少董事会，从治理结构上看，风险大于优势。设立董事会是现阶段大型国企保证决策科学性的需要，其所处的发展阶段存在设置董事会的内部要求。

对于"有效管理董事会"这一管理议题，就中国目前的实际情况而言，有一个问题不能回避：对于那些大型和特大型的国有独资企业，要不要设董事会？

## （1）大型国有企业要不要董事会

首先，我们从企业治理结构来看。董事会是干什么用的？说穿了，是几个人（十几个人或更多的人）组成一个责、权、利到位的机构，取名为"董事会"，去操心一个企业的全部问题；代表股东利益，从根本上有利于从企业长远、可持续发展的角度做决策和创造价值；作为法律责任承担人；保证企业合法经营，控制风险。这些作用，监事会是起不到的，几个身份是政府公务员的特派人员是不够的，也是几个政府高级官员不能替代的。

为什么？理由有三。一是必要性。董事会是一个企业必要的基本组成部分，有天然的基本责权利，是专门的由固定人员组成的机构，融决策、监控、赏罚于一体，其效率高、权威性高，体现了决策的程序性和规范性，是依法治理企业的一个具体表现。二是长期稳定性。董事会是有任期的，有规律性的例会，有时间上的可预期性。三是范围完整性。董事会不仅要管理资产的保值和增值，人员的考评、奖罚、任免，而且要对大笔投资做出决策并承担责任，要对企业的发展战略操心，要对企业的综合竞争力负责，要对重要业务的管理进程进行监控。其他各种名义的任何一个机构，都不能在以上三个方面同时发挥和董事会一样的作用，不管你以什么名义和赋予其什么样的权力。我们应当承认这样一个事实：大型和特大型企业，无论是上市的还是不上市的，董事会模式是最广泛和普遍的。对于在一个国家或一个地区，在某个特定行业中举足轻重甚至影响到国计民生的前10位大企业，缺少一个董事会，从治理结构上看，风险大于优势。

其次，从竞争环境来看。加入世界贸易组织后，对大型国有企业而言，面临着更加严峻的战略决策风险。这些大型国有企业基本上是两种情况：一是从前处于一个行业的绝对垄断地位，面对加入世界贸易组织后对外资的开放准入，将面临增长放缓、市场份额下降、价格下降、利润率下降的管理挑战；二是本来就已经亏损累累的企业，过去依靠政策强心针勉强维持，加入世界贸易组织后将不再有"政策大餐"可指望。面对加入世界贸易组织后的新环境，这些大型国有企业靠什么来提高决策的科学性，从而保持领先优势或维持综合竞争力？靠决策程序的完善。决策程序的完善，一个重要的方面是决策过程中有力量说"不"（参见《有效管理董事会——国企篇》），而说"不"正是董事会的作用。对于一个诸如收购兼并这样的重大决策，指望管理层说"不"的可能性远低于董事会层说"不"。

所以说，从竞争环境看，设立董事会是现阶段大型国有企业保证决策科学性的需要。

最后，从企业发展阶段来看。目前大多数大型国有企业正经历"管理转型期"：从各种社会职能无所不包的"小社会"型企业转为"纯经营"型企业；从"全国一盘散沙"型企业转变为"适度集权分权"型企业；从不上市的企业转为部分在国内或国外上市的企业；从规模型企业转为效益型企业；从多元化（或单一型）企业转变为主业突出（或多元化）的企业；从没有战略的企业转为战略思路比较清晰的企业……这一系列的转型，要求大型国有企业在最高层能把战略发展和日常经营适度分离，将战略决策和日常管理适度分开，从而同时解决好战略和经营、决策和执行之间的相互依存和相互矛盾的关系。为实现这个目标，设置有非执行董事的董事会和有非董事的管理委员会（有的企业称之为"总经理办公会议"或"党政联席会议"）是一种比较好的制度安排。还有一个原因是，很多大型国有企业有时不仅有企业的一面，很多时候其决策还有对中国产业政策影响的一面，此时，有一个独立于企业管理层之外的董事会更是必要的。

所以说，中国大型国有企业所处的发展阶段存在企业需要设置董事会的内部要求。

### （2）大型国企设置董事会要注意的两个问题

一是要注意区分股东会和董事会的权限范围。大型国有独资企业董事会的权限和一般的有限责任公司董事会的权限应是不同的，有些具体的批准权限，可能要视具体企业的行业特点和企业本身的实际情况有所放宽或收紧，股东会的构成中也应当包括和国有企业相关的各方机构代表（管资产的机构代表、管人的机构代表、管业务的机构代表等）。区分股东会和董事会的这种职责范围的原则是：让董事会能够代表股东，真正行使职权。

二是要注意董事会的人员构成。大型或特大型国有企业如果设立董事会，一定要有非股东方派出的独立董事（或专家董事），而且要有一定的比例，以保证董事会内部不同声音的可能性。

三是要在董事会内部成立专业委员会并发挥其作用。正如前文所述，大型国有企业正处于各个方面的转型阶段，在不同的方面都要做重大决策。为了从制度上提高决策的科学性，把不同类型的决策细分到不同董事身上是一个可行的选择方案。从某种现实意义上说，目前需要强制性地设立独立董事的，最迫切的不是上市企业，恰恰是作为大多数上市企业母公司的大型和特大型国有企业。对大多数必须由国家控股的大型企业而言，设立董事会并通过有效管理董事会提高科学管理的水平，是一个可行的办法。

赵民

2002 年 5 月 7 日早上 8 点 10 分

于新加坡机场转机途中

# 大型国企要不要独立董事

➲ 导语：上市公司董事会治理结构的改造，在某种意义上，不仅依赖于上市公司独立董事的设置，同时也依赖于上市公司母公司——大型国有集团公司董事会独立董事的设置。

在《大型国企要不要董事会》一文里，我们从公司治理结构、外部竞争环境和企业发展阶段几个方面，分析了大型国有企业为什么要有董事会。在本文中，我们来看一看大型国有企业要不要设置独立董事。

由于大型国有企业经常拿出其资产的一部分（常常是优质资产）来上市，虽然对上市公司的董事会中的独立董事的设置有明确的要求，但对于上市公司的母公司（第一大股东）的董事会，并没有明确要求必须设立独立董事。因而，通常见到的大型国有企业即使有董事会，也都是由三部分人组成：上市公司的执行董事（即有董事身份的高级管理者）；没有进入上市公司董事会、分管非上市公司业务的原来集团公司的党、政、工领导；国有资产出资人代表，即上级控股母公司（诸如更大的集团公司或国有投资控股公司）的高级管理人员。其中，有非执行董事，但没有真正意义上的独立董事。

这种现状形成的原因有三个：一是老的集团领导在公司机制转换后要有个安排和交代，这是实际操作中不可避免的具体问题；二是上级领导（控股公司）并没有要求有外部的独立董事，而且法律法规上对国有集团公司的董事会也没有硬性要求；三是"多一事不如少一事"，引进外人不见得有什么好处，而且还可能引起不必要的反对意见，这是理念和文化上的实际情况。

这样做的实际效果，可以从很多企业的下列问题中看到一斑：一是在集团公司对上市公司的关联交易上，这种短视行为导致无长期信用可言，从集团公司层面就存在积极违规的内在动力，而无内部制约力量；二是集团公司非上市部分的业务发展不快，发展不起来，发展出问题，逐渐落到没有后劲和没有配股资格的窘境。

　　在国有集团母公司的董事会设立独立董事，并不一定能完全解决上述问题，但为解决集团公司机制问题，从而解决由机制问题带出来的上述问题创造了可能。

　　大型国有企业在优质资产上市后，在经过了买断工龄、提前内退等中国式的减人增效（减负）后，未来的发展方向只能是两个：成为新业务投资的主体，逐渐培育新的业务收入来源和利润中心，向多元化方向发展或实现彻底转型；或者把没有上市的相关业务在处理不良资产后，逐步改变成优质资产，再装入上市公司中，从而实现整体上市。在这两个可能的发展方向中，董事会的决策都起着重要的作用。要保证在这种决策过程中，董事会能做正确决定的可能性更大些，就有必要按有效管理董事会的结构来设计大型国有集团公司的董事会：引进独立董事，形成三元结构（参阅《有效管理董事会》）。

　　对于大型国有集团公司的董事会三元结构，其中存在两个实际问题。一是股东董事（上级控股公司派出的出资人代表）的身份稳定性问题。由于这种股东董事本人常常被任命为上级控股公司的主管老总或相关部门负责人，然后因为其分工分管这一块业务，从而被派来担任董事，因此，一旦上级控股公司的组织结构调整或发生人事变动，这样的股东董事就会随之变更，稳定性存在问题。怎么办？上策是采用董事任期制，即股东董事的身份并不随上级控股公司的各种调整而调整。但这个时候的问题是，这个股东董事不应是白干的，应当是有年薪的。而这个问题又牵涉深层次的上级控股公司的内部激励机制。此时，独立董事的作用就突显出来了。由于大型国有集团公司的独立董事来自外部，而且独立董事本人又是有酬劳的，就董事会而言，可以有人提出股东董事的稳定性及其激励机制的问题。如果全部是内部人，从目前国企的文化看，谁好意思开口？

　　二是独立董事的身份问题。由于大型国有集团公司下属的上市公司已要求设立独立董事，因此，集团公司董事会的独立董事，上策是和下属上市公司用同一个（批）人。这样做的好处是：一是内部交流沟通成本低，同样的事，效率更高些；二是有利于从根本上规范上市公司的行为；三是有利于集团公司的整体发展。对于这一点，作者查阅了有关上市公司监管部门的文件，法律上是否允许是模糊的，虽没有明确说可以，但至少没有明令禁止，所以是可以实践的。但这样做也还是有弊端的，即大型国有独资企业对独立董事的规定很不完备，但上市公司对独立董事的规定是相当明确而清晰的，如果一个大型国有集团公司的董事会管理也在相当程度上规范的话，这种对策实际操作起来还是可行的。但如果情况不是如此，那么，对集团公司董事会其他成员和独立董事本人，这种安排则是相当痛苦的。所以说，为了解决这个弊端，最好的办法只有加快国有集团公司董事会的改造，跟上上市公司的发展步伐。

在某种意义上，上市公司董事会治理结构的改造不仅依赖于上市公司独立董事的设置，同时也依赖于上市公司母公司——大型国有集团公司董事会独立董事的设置。所以说，大型国有企业设独立董事，是从根本上解决上市公司诚信问题和公司治理结构的一剂良药。

赵民

2002 年 5 月 7 日上午 11 点 40 分

于新加坡至北京的飞机上

# 大型国企的"人才割据"

○ 导语：大型国企和上市公司的"一把手"队伍事实上存在的"人才割据"问题，
将在体制层面对中国一大批上市公司和大型国企的长远竞争力产生深远的负面
影响。

大型国企目前在中国沪深两地股市及香港等海外证券市场的上市公司中，仍
占据着"主流群体"的地位，尤其是在沪深股市的约1100家上市公司中，占
80% ~ 90% 的比例。在利润高、收入稳定增长、发展潜力大的行业里，仍然是大型
国企占主导地位。因此可以说，年销售收入5亿元人民币以上的大型国企的发展，
决定了加入世界贸易组织以后中国经济的竞争力，决定着中国产业的竞争力，决定
着中国一流企业在国际同行中的竞争力。从这个意义上看，中国大型国企的一把手
（董事长/CEO/总裁/总经理）在某种程度上决定着未来5 ~ 10年中国产业和中国经
济的竞争力。

但是，正是中国大型国企的一把手队伍存在着严重的、甚至可能致命的"人才
割据"问题。

我们看一下这个案例：四川长虹的赵勇在不再担任长虹的高管以后，出任了四
川绵阳的副市长。凭赵勇的博士学历、三四十岁的年龄、在家电产业的丰富管理经
验，为什么不可以去广东珠江三角洲或山东渤海湾的家电企业族中的任何一家，继
续其少壮派企业家的职业生涯？还有，为什么中国那么多的上市公司没有人主动伸
出橄榄枝，聘请其出任CEO呢？这个事件只是一个突出的例子。其实，举目望去，
中国上市公司的一把手（董事长 CEO/总裁）相互之间有几个是流动的？

为什么？因为有非流通股中占控股地位的国有股。这些国有股，背后大多是三
类老板：当地市政府、当地省政府和中央大工委。按照现行的管理体制，由这些政
府机构真正做主的国有控股上市公司的一把手，是由政府部门的组织机构提名决定
的。而市政府、省政府管辖的企业管理干部和经济干部都是"块块"的，有区域性
的；中央大工委所管辖的企业管理干部大多是后来中央各部委"条条"的，有行业

性的。所以这就出现了一个奇特的现象：中国上市公司的一把手（董事长/CEO/总裁）多是企业所在地（城市、省份）的当地人，即使换人换届，也仍是当地人，这就是中国的上市公司、大型国企的一把手队伍的"人才割据"：一个行业里的各地的领先企业，其最高层人才是互不流动的。

与之相应的美国等发达国家的上市公司的企业高管人才，尤其是最高层管理者（董事长/CEO），是充分流动的。通用电气公司始终在做的宣传是，通用电气在过去的企业管理中，培养出了170多位《财富》杂志500强大企业的CEO。这170多位CEO首先是在通用电气这个成功的企业受到了良好的培养，然后"流动"到其他大公司去的。

正如大多数人都知道的，企业的管理变革是从高层开始的，尤其是企业的最高决策者。当一个企业的高层尤其是最高决策者发生变动时，一个新的管理变革的阶段也就随之而来。在中国现阶段加入世界贸易组织这样的大背景下，大型国企和上市公司的一把手队伍事实上存在的"人才割据"问题，将在体制层面对中国一大批上市公司和大型国企的长远竞争力产生深远的负面影响。

赵民

2002 年 6 月 5 日

于北京至杭州的飞机上

# 【主题六 选拔接班人】

## 董事长兼不兼总经理

➲ 导语：交班、多元化和效益下滑，是董事长不兼总经理的三个理由。

随着证监会出台上市公司和其集团母公司在人员、财务等方面彻底分开的要求及实施力度的不断加大，"董事长不兼总经理"的观点近来日益流行。很多民营企业在二次创业和融资改制中，也越来越多地被要求董事长和总经理分开设置。

这个流行的观点真的正确吗？

从董事会治理结构看，证监会为了保护小股东的利益，要求两个完全不同的公司——上市公司和集团母公司在总经理和董事长上分开设置，是可以理解的，是在中国目前上市公司普遍被集团公司当作"提款机"的特殊阶段，必须采取的监管措施。但在同一个公司，不管是上市公司还是非上市的集团公司，并无董事长不可担任总经理的规定。

我的观点是，对于目前中国大多数上市公司和非上市公司，在三种情况下，董事长不应兼总经理。

第一种情况是董事长年纪大了，精力、体力达不到参与日益激烈的市场竞争的要求，想交班了，出于培养接班人的需要，可以拟定一个两年计划，把总经理位置交给新的经理，实现权力、责任的逐步过渡，从而最终从经营层退出。

在这种情况下，要注意的是，此时，总经理其实并非"经营管理决策第一人"，总经理是第二号甚至第三号经营责任人，董事长才是第一号经营责任人。由于这种关系，通常会犯的一个错误是，董事长和总经理的职责、权力没有明确清晰地区分在纸面上，双方大多是凭着信任和自觉来沟通和合作。合作好了，没有问题；沟通不好，就出问题。

第二种情况是业务发展了，多元化了，从实业转向投资了，此时，出于把每一个业务做好的需要，董事长把总经理的位子让出来，自己把精力转到新的业务或投资领域，以便把公司发展成一个中国人通常所说的"集团公司"。

在这种情况下，应当明确的是，对于老的这块业务（公司），新上任的总经理就是第一经营责任人，董事长不应该再介入具体的日常管理，更不应在潜意识下"越位"去介入对中层管理人员的评价和任用。此时，更应当避免的"陷阱"是监控不到位、信息不对称。

第三种情况是，公司业务出现了大的波折，经营状况日益下降，老的创业者或企业领导在 1～3 年内努力挽回颓势，但在不见效的情况下，原来的董事长如果兼任总经理的，此时，对于民营企业而言，由于股东、创业者本身不能完全退出，因此，董事长还是董事长，总经理位置则应"让贤"；对国有控股企业而言，不仅是总经理位置让贤，甚至连董事长也换掉；对于国际大公司，这种情况更常见。

当企业业务下降，出现衰退甚至是生存问题的时候，最简明、最"硬"的办法，是立即更换企业经营责任第一人。此时应当十分强调董事长和总经理责权利的明确问题，应当十分注意决策流程，这种情况下董事长和总经理的矛盾、新班子和老班子、新人和老人、空降部队和创业老功臣之间的矛盾是最容易出现的！

如果出现以上三种情况，董事长和总经理的分设于企业经营管理是有益的，因此是对的。在其他情况下，必须具体情况具体分析。

从中国大多数企业的实际情况看，从中国的人文传统和观点看，在一个业务单一并不断发展的公司中，就普遍意义而言，董事长兼任总经理是内部管理效率较高的一种模式。

交班、多元化和效益下滑，是董事长不兼总经理的三个理由。

赵民
2001 年 12 月 18 日
于北京

# 正确选择总经理

➲ 导语：对于上市公司董事会而言，学习正确选择总经理之道将是一项无法回避的任务。

青岛啤酒总经理彭作义的意外去世，引发了股民及利益相关者对其接班人、对企业未来发展走势的种种担心和猜测。2001 年 8 月 29 日，青岛啤酒董事长李桂荣正式对外宣布，原西安青岛啤酒总经理金志国接任"彭大将军"的总经理一职。

李桂荣没有在媒体上公开说明他为什么选择金志国，我们无法知道其中的选择标准。从公开的资料上也难寻金志国担任西安青岛啤酒总经理的业绩。当然，有关上市法规也未要求披露这些情况。

如何正确选择总经理？从董事会管理的角度而言，这是一个董事长如何选择总经理的命题，也是中国上市公司普遍面临的紧迫而关键的一个重大任务。

看一家上市公司总经理的更替，可以从"4P"来判断。

第一个是"程序化"（Procedural）。

作为一个上市公司，处于管理第一线的总经理的更换会直接影响到股东、投资银行、基金经理对其股票的信心，因此，董事长必须把选择合适的总经理作为一项经常性的任务来准备和落实。董事会是否有每年一次的对现任管理层每位高级管理人员业绩的综合考评？董事会是否每年都和现任总经理交流候任总经理的可能人选？董事会是否每年都派代表和相关候选人进行直接交流和沟通，以拥有第一手的印象和资料？比照一下美国 GE 公司杰克·韦尔奇选择接班人的进程，我国的上市公司在这方面有太多的东西要学。

第二个是"透明化"（Public）。

现任总经理何时退休？本人对连任是否谋求？大股东对现任高管层是否满意？选择新的高管人员（包括总经理）的标准有哪些？董事会是否恰当地向投行人士、

基金经理及有关研究人员、媒体透露相关信息？这些问题对于那些总经理已年过55岁的上市公司而言，显得尤其重要。

我的一个上市公司客户，其一把手已年近60岁，公司事业正处在快速发展期，股市和股东对此有目共睹、有口皆碑。但对于他的去留，成了他本人、公司员工和股民们关注的焦点。直到大股东的决策者——地方政府的重要领导人公开表态，希望他继续留任，公司员工内部的暗潮涌动方才平静。但这一消息，也并未见诸报端。

从横向上来说，监管机构对所有的上市公司都有一个统一的信息披露要求标准，但每个公司在这个统一的要求下，都有和自己的文化及历史相关的个性。在面对股民大众时，一家上市公司在选拔总经理这样一件大事上所表现出来的行为方式，应和本公司其他方面表现出来的公众形象一致。从纵向上来说，一家公司对前后几任总经理的选择，都要有一个基本原则上的一贯性（比如家族控股企业的CEO均从家人中选出，这就是一种一贯性）。

第三个是"业绩衡量定量化"（Performance-based）。

选拔新的总经理接班人，都是从几个人中选择一个。这时，是否有科学、系统、定量化的业绩衡量指标，是一个重要的依据和关键。通常情况下，董事会对于经营性的指标都会定量化，其中通常包括营业收入、利润、税后利润、收入和利润增长率等，有的还包括市场份额、产量等，这都不错，但是，从我们的咨询经历看，中国上市公司董事会最容易忽视管理性指标的定量化。按照新华信管理顾问公司的模型方法，董事会对总经理层的高管人员的考核指标分为两大类：经营性指标和管理性指标。经营性指标可分为公司规模业绩、股价业绩、内在价值提升、财务能力等15个二级指标。管理性指标也可分为客户服务、创新能力、核心竞争力、管理流程等15个二级指标，这30个定量指标构成了选拔优秀高管人员的标准。

从青岛啤酒过去的公开资料看，青岛啤酒在彭作义的任期内，似乎没有建立起一个科学的体系，如果这是真的，那么我们完全有理由怀疑和担心这次金志国的任命是否真的是选择了"Best of Best"（优中选优）。反之则没有问题，而是做到了下一个"P"。

第四个是"前瞻性"（Perspective）。

中国上市公司的老总们是很幸运的，他们的任职绝大多数是由第一大股东——地方政府来任命的。虽然也有压力，但比起美国上市公司 CEO 每年约 1/3 被"炒鱿鱼"的比例，可以说是处在"平静的港湾"里。为什么国际上那么多经历近乎完美、在成长台阶上业绩骄人的企业家精英们，在出任 CEO 后反而有那么多的失误呢？原因在于，这些年市场环境的变化太快了。作为经营一把手，在战略决策上是否有前瞻性，能否在中国快速变化的市场竞争中抓住最宝贵的"时机"，已成为很多上市公司兴旺或衰落的根本原因，这也可以说是上市公司老总本人的核心竞争力之一。前瞻性和一个人的性格、年轻时的经历以及学习能力有关，定量化衡量业绩，可以看出一些前瞻性，但前瞻性难以从根本上定量化评价，并且难以在当年的业绩中立即反映出来。

如果我们分析一下这几年青岛啤酒的发展变化，可以看出，彭作义在世时制定的发展战略无疑具有相当的前瞻性，而这也正是一个上市公司一把手最有价值的地方。

在过去 10 年中，中国上市公司总经理的更替，除了重组原因外，基本上都只实行了一次更替。但在未来五年内，这种更替会随着中国加入世界贸易组织、市场竞争的加剧和第一代创业者（正是他们把公司带大，使之成了上市公司）的年龄到线而变得越来越频繁。因此，对上市公司董事会而言，学习正确选择总经理之道将是一项无法逃避的任务。

赵民

2001 年 10 月 2 日早上 6 点 25 分

于北京望京家中

# 如何引进"空降兵"

◯ 　导语：从外部引进高层管理人员，是企业最高管理层不可或缺的组成形式之一。

随着加入世界贸易组织，中国企业家们的紧迫感普遍增强了。无论国有控股的企业，还是民营主导的企业，引进具有工商管理（MBA）教育背景和国际公司工作经验的高层管理人员即通常所说的"空降"高层人员（包括 CEO、总裁、执行总裁、副总裁等），在已越来越成为中国企业董事会上，且是具备争议的话题。

其中的分歧和争论主要体现在以下几个方面。

第一，是否只有引进"空降兵"，才能解决未来企业面临的生存和发展问题？

第二，什么时候应该引进高层"空降兵"？

第三，是否引进了高层"空降兵"就能够解决问题，他们真的有价值吗？

第四，引进什么样的"空降兵"？

## （1）是否应该引进高层"空降兵"。

新华信管理顾问公司的第一个观点是，对大多数发展到一定阶段的中国本土企业来说，引进外部高层管理人员，推动企业的管理创新和技术创新乃至制度创新，是一个根本性的战略问题，是"生或死"的问题，而不是要不要空降的问题。

为什么这么说？这是由中国企业的内部问题和外部挑战所决定的。从内部来看，原因主要有两种情况。第一种情况是，一个企业发展到一定阶段，传统业务的市场潜力基本挖掘殆尽，利润率越来越低，整个企业需要寻求新的增长点，甚至企业发展战略要进行根本性调整。这时，企业现有领导班子或管理层可以通过各种渠道、资源，形成自己的基本趋势和方向判断，有些企业还可能聘请专业公司进行专门性的分析和论证，从而得出"我们下一步做什么产业"的结论。但是，接下来的重要问题是，企业现有的领导班子和管理高层，几乎没有人在这些新产业上有实际管理和经营的经验，甚至连专门性的知识都很有限，这时，摆在董事会面前的问题就是，要不要引进外部的高层管理人员。

董事会内部常见的一个相反观点是，为什么我们不能像企业创业时那样，自己动手去干呢？更激进的观点则是，企业发展大了，发展好了，在企业高层，现在有些人满足了，不思进取了，不想再自己动手了，只想指挥别人做，所以要引进高层管理人员。提出这种观点的人，其想法的出发点、动机是好的，有老骥伏枥、志在千里之作风，但却是片面的。根本的错误在于对产业形势和市场竞争形势的判断。大多数企业起家和发展壮大是在 20 世纪 80 年代或 90 年代，中国所有的产业都在从计划经济向市场经济转型，基本的市场环境允许每个企业从无到有、从小到大不断地在"犯小错而不犯大错"中积累经验教训，从而能比较从容地发展起来。那时候，除了国家重点投资项目，一般的企业都是从几十万元、几万元甚至几千元起家的。哪里像现在很多企业做项目，动辄几百万、几千万乃至几个亿投进去？从人才角度讲，大多数民营企业在创业时的高级专业技术人才和有经验的高层管理人才，加在一起不过一两个人，全社会的主要高级人才都积压在国有大型企业中。虽然国有企业那个时候的机制存在相当多的问题，但由于创业时大多数新办企业属于非主流技术企业，同时也囿于新创办企业的规模和条件，就算想挖人家过来，也挖不过来。内外因素和条件结合在一起，只能自己动手创业，并且是唯一可行的办法。

现在情况不同了。1998 年以后，海外留学生纷纷回国创业，形成了高级人才群体——"海归派"；国际经济形势严峻，大量跨国企业裁员或鼓励离职，形成了第二个高级人才群体即具有五年以上跨国企业在华市场和管理经验的外企中的高级白领群——"外企派"；部分原来比较领先的国有企业，由于制度创新相对滞后，薪酬激励机制缺乏市场竞争力，而造成部分 30 多岁的中高层骨干流失，这形成了第三个高级人才群体——"国企派"；中国几十所高等院校商学院，培养了以万为单位的掌握现代市场经济条件下企业管理基本理论知识框架的 MBA 学生，构成了第四个高级人才群体——"MBA 派"。除此之外，除非是全新的技术，绝大部分产业都进入了"供相对大于求"的产业相对过剩、产业结构迫切需要升级和优化的新阶段，基本的市场竞争手段包括降价等都已招招亮相，没有一个正确的战略已难于脱颖而出了。所以说，董事会内部的这种反对意见，从管理哲学和思想方法论的角度分析，其错误在于用静止的观点来看待和分析动态的市场环境和产业环境。

第二种情况是，企业唯一主要依赖的核心业务发展到一定阶段后，出现了停滞，或者是营业收入好几年徘徊不前，或者是经营利润持续走低，或者是出现亏损或严重亏损。通常情况下，企业出现一年亏损，大多数董事会成员还会给高管层一个机会，但当第二年出现亏损时，大多数董事会对主要管理者会投以怀疑的目光，接下来的问题便是考虑要不要引进外部的高层管理人员。

此时，董事会内部另一个常见的相反观点是，提拔企业内部的其他人员来管理。这种观点在出发点上是正确的，在相当多的情况下也是正确的，但问题在可行性上，理由有三。第一个理由是，对于大多数董事长本人兼任总经理的企业而言（有相当多的国企和民企是这种情况），从内部提拔人员，多是改变操作层面的问题。如果企业的问题出在战略层面，那么，内部提拔人员接总经理的班，是难以改变的。如果硬要改变，在具体操作上，在沟通时，一旦董事长的思想没有彻底转变过来，就会出现人事反复和战略摇摆。所以从操作性出发，如果企业问题出在战略上，要换的是总经理，那么，从外部引进高管人员，可以形成天然的相对独立性，有利于调整战略。

第二个理由是，从外部引进高管人员，往往同时引进了新的不同于以往的机制和运营体系。因市场竞争出现的企业管理问题，通常要改进的方面不是单独的某一个方面，不是修修补补就可以使企业"旧貌换新颜"，而是需要系统性的思维和变革措施。除非企业内部现在的高管人员中有"学习型"的成员（这种情况对大多数中国本土企业来说少之又少），否则，只有从外部引进合适的管理者，企业的成功率才会相对更高。所以从可操作性出发，如果企业问题需要新的机制和体系，而不是通过局部修修补补来解决，那么从外部引进高管人员的成功率相对更高。

第三个理由是，这事关企业第二代领导集体接班的大局。对于一部分主要管理者年龄不大的企业而言，这个问题不是那么重要，但对于相当多的中国本土企业，必须有这点"远忧"，要提前做打算。问题的关键在于，在企业的现任高管人员中，从年龄、综合管理水平到业务素质和个人品行上，有无可以撑起公司未来之人？如果没有理想的，就应该在解决企业危机和现存问题的同时，提前做好打算。从中国目前情况看，年销售额五亿以上的大型企业的接班人，在接班前，要至少曾负责过一个区域市场或子公司的全面经营管理工作（即做过一把手），至少有过在最高管理层负责过两个功能（财务、技术、营销、生产等）和大型项目的经历，最好有五年企业最高管理层的工作经验，最起码也要有三年，只有这样，才能做到制度化的最高管理权力的过渡、移交和继承。

所以，就中国企业的整体层面而言，企业家和最高管理层的更新换代，在未来三年内，将是一个不可阻挡的潮流，而从外部引进高层管理人员，是企业最高管理层不可或缺的组成形式之一。正所谓"江山代有才人出，各领风骚数百年"。

接下来便是第二个问题：什么时候应该引进高层"空降兵"？

### （2）何时引进高层"空降兵"

高层"空降兵"的引进，确有时机的问题，时机不到，引进高层"空降兵"反而有诸多负面影响。

负面影响之一是，现任高管人员的心态认同。从正常的管理秩序讲，现在已经各就各位的高管人员，对于陌生的外部管理者的加入，会有天然的疑虑和担心；从不正常的管理秩序讲，会有强烈的不信任心理和暗中抵触的行为或言论。由于管理有相关性及同步性，加上中国传统文化中的"一荣俱荣，一损俱损"的集体行为，因此，当一个公司董事会决定从外面引进高管人员时，首先要解决的不是出成绩，而是不要出动荡，少出动荡；首先要解决的不是中层管理层的思想问题，而是最高管理层的思想问题。这个时候，一个"开放型"的董事会（指有外部董事、独立董事以及大股东，可以依据市场规律变更的董事会）的优越性就充分表现出来了。所以说企业一定要建立健全股东会、董事会、管理层这种清晰的三权治理结构，因为在这种情况下，其作用是根本性的。

负面影响之二是，企业现在的战略思路可能不清晰，战略目标可能转移。由于战略的制定首先是董事长和董事会的事，所以，"高层空降兵"无法对其进入时的战略负责任，他也不应成为企业新战略的主要制定者和倡导者。这个角色仍应由负责引他落地的董事长来承担。所以，一个董事会如果没有明确自己的战略规划，就可能出现企业战略的模糊和摇摆，从而影响企业的发展。因此，新华信管理顾问公司的观点是，在引进"高层空降兵"之前，一个企业的战略规划应当先期完成。在明确了战略目标的前提下，再回答应该请什么样的总经理来帮忙。

负面影响之三是，新引进的高管人员会冲击现行的薪酬激励考核体系。中国的企业家从市场上请高管人员，不像国际大公司那样主要让猎头公司找，而更多地是以自己物色及"碰"为主。所以，大多数企业在物色到心目中理想的人选之前，并没有书面严谨的供猎头公司使用的"加盟备忘录"（Letter of Invitation，LOI）。对于一些具体的薪酬发放方式、奖金构成、期权兑现形式等没有系统成型的方案，而是视具体的人而变动。除了少数完全个人所有的企业，绝大多数中国企业请外部高管的薪酬，是一定要让董事会成员知道的，不少企业的董事又同时是管理人员，这就在客观上形成了对现行薪酬激励考核体系的冲击。所以，引进高管"空降兵"，应是在对企业高层薪酬激励体系进行反思、修订和调整之后，作为一个完整的体系的一部分来提出。这样，可以把可能出现的不平衡心理的消极影响降到最低。

所以，引进空降高层，首先要防止三个负面影响，解决好三个前提：一是董事会和高管层的心态认同；二是企业的战略是否清晰；三是高管薪酬激励体系的调整。

通常情况下，引进高层"空降兵"有两种模式："危机模式"和"发展模式"。"危机模式"是更常见和更容易让人接受的模式。企业经营管理出问题了，亏损了，排名落后了，要引进高管人员。新华信管理顾问公司认为这种模式其实风险更大、失败的概率更高，因为企业处于危险境地，没有太多资本和回旋的余地，需要用"强心针"来迅速扭转局面，重振员工信心。对于绝大多数"海归派"高管"空降兵"，由于他们长期在国外生活和工作，几乎不可能要求他们在短期内深谙本土企业管理的脉络，更谈不上要求他们在中国不规则的市场环境中在泥泞小道上将企业之车开得飞快。对于大多数"外企派"高管"空降兵"，如果不让他们按国际企业的管理模式，梳理和清洗决策管理运营的流程，选对合适的人到合适的位子上，施行有效的员工考核激励体系，他们将寸步难行、心有余而力不足。而这种管理措施的到位，起码要有 1 ~ 2 年的时间方可见效。对于很多"国企派"高管"空降兵"，他们处理企业危机的管理经验几乎是零。你愿意聘请的"国企派"高管，一定是诸如海尔这样的优秀国企出来的人，可他们从来没有经历过力挽狂澜的阵势，鲜有把握获得成功。最后一类"MBA 派"高管"空降兵"的整体知识还可以，但大多数人入学前基本上只具有中层或基层管理经验，毕业时仅有知识，主政过企业，尤其是五亿元型企业的经验拥有者极其罕见。数遍"海归派""外企派""国企派""MBA派"这四类可能的高管加盟人员，在每一类人员中，寻求"危机模式"的合适人选，难度均较大。从这几年中国企业的实践来看，真正成功率最高的管理者，大多还是"国企派"出身。

新华信管理顾问公司提倡和推崇的是"发展模式"。这是居安思危、目光长远、顺风扬舟的主动调整：在企业业绩较好或尚可的阶段，利用当时的企业凝聚力及企业领导人如日中天的领导声望，积极推进对高管人才的开放性的引进，有计划地从优秀企业引进少数最高管理层人员和大量中级管理人员，在任用 1 ~ 2 年后，一步步把他们推上企业的最高管理层。

发展模式的第一个好处是可以组合使用一批人，海归派、外企派、MBA 派和国企派高管都可以有足够的时间去熟悉情况和调整自己。第二个好处是可以在发展中来判断每个加盟人员的管理潜力和长短处，从而更好地使每个人的定位和自己的长处相吻合。发展模式的第三个好处是，可以让新加盟者有足够的时间来证明自己的能力并树立威信，同时也使公司在输入的这批"新鲜血液"发挥才干的过程中获得发展。

接下来便是第三个值得深思的问题：高层"空降兵"是否能够解决问题？他们真的有价值吗？这一直是一个正例多、反例也多的问题。

### （3）高层"空降兵"的价值何在

首先，这是一个涉及模式突破的问题。中国企业家的个性，尤其是成功企业家的个性，普遍非常强，因此在他们指挥下成功的中国企业有着十分倔强的"企业个性"，这种被实践证明成功的"企业个性"，却可能是企业在新环境下发展的障碍。

突破过去成功的模式，由自身内部来做是可能的，但这通常是缓慢的、不彻底的。"不识庐山真面目，只缘身在此山中。"如果空降的是总经理，是 CEO，那么，改革模式、调整战略是必然的。在追求不断完善、不断超越自我、不断超越极限的征程中，"空降兵"式高管人员起着主导的作用。从另外一个角度讲，一旦董事会做出聘请外界空降高管的决定，董事会全体成员心中就要做好接受模式变革、调整战略的思想准备。

其次，这涉及战略变革下全企业范围内考核激励体系的调整。这个调整牵涉一些最重要岗位的管理人员的调整：升或降、进或出。一个规范的考核激励体系，首先是建立了符合岗位要求的任职标准，然后是按照此标准去对照衡量现职人员的素质，从而确定需要调整多少人、什么岗位用什么素质的人员。这是一个从上到下的心理震荡过程：公司真的开始变了。

最后，空降高管的价值衡量是和董事会的期望值密切相关的。董事会的期望值是长期的还是短期的？是以一年为目标还是以三年为期限？是要利润还是要竞争力？虽然归根结底是要利润从而要股价（如果是上市公司的话），但第一年要保平还是立即就要利润？第二年要多少利润，还是要销售收入的增长抑或市场地位的改善？这些问题将迫使董事会对企业的战略即企业价值做深层次的、根本性的思考。

所以，空降高管的最大意义在于，它是企业真正意义上走出"人治"、迈向"法治"的开始。由于有了市场化流动的职业经理人，企业的决策层和执行层的分离需要更加到位，企业的财务制度要国际化、标准化，富有市场公信力；人才的进步和升降也要更加商业化、市场化和职业化，企业原来的地方色彩、行业色彩和由历史原因造成的个人色彩要被标准化、规范化逐步中和。

判断高管"空降兵"的价值，要避免两个误区。

首先是在价值伦理上苛求一致性。大多数企业的第一代创业者，其企业领导人通常是吃苦在先、享受在后，卧薪尝胆，无时无刻不在为公司操劳。而对于大多数"空降兵"高管人员，尤其是"海归派"和"外企派"，他们除了要求职业生涯外，也不会放弃生活质量。无论他们如何重视这个公司，也不会在心理上与创业者达到完全一致的认同，他们不会把这个企业当作自己的孩子，而只是将其视为自己职业生涯中的一个重要驿站。他们可能会长期干下去，但他们未必一定要一直干到退休。这种伦理价值上的差异性，是与生俱来的，作为创业者的企业家、董事会成员，千万不要苛求一致，这只会平添伤心和叹息；也不要听信周围人对这方面的议论，这只会干扰你对人才职业管理才能的判断。只要空降高层是勤奋的、敬业的、先公后私的，就是在职业伦理和职业道德上优秀的了。如果把创业者作为 100 分的标杆，那么空降高管能打 90 分就应该满意。

其次是在对贡献的衡量上。新华信管理顾问公司的观点是，既不要用销售收入的增加来衡量，也不要用当期利润的多少来衡量；这些可能都对，但都不全对。我们推荐的是用"平衡积分卡"的方法来综合衡量，如果可能，也可以用经济附加值（Economic Value Added，EVA）的办法来衡量对股东价值的创造。如果把一线经营管理权、战略执行权交付给空降高管，那么评估标准就成了董事会最重要的指挥棒了。

高层"空降兵"的价值何在？从"模式突破"到"激励体系调整"，从"董事会期望"到"法治体系的建立和完善"，这四大价值的实现，对于每一个做出要引进"高层空降兵"决策的董事会都应当认识到，不是通过别的途径实现不了这四大价值，而是"空降高管"，这种方式可以代价最小、时间最快、实施最彻底、成功把握最大。

启用"空降高管"这个决定本身所产生的对董事会和最高管理层的冲击，就存在着不可抹杀的价值。

### （4）引进什么样的"空降兵"

引进什么样的"空降兵"？这是一个操作性问题，但却是在引进高层"空降兵"这一决策中，决定成败与否最关键的一步。

正如前面所述，目前中国的高层空降人员基本上来自四个群体："海归派""外企派""国企派"和"MBA 派"。需要特别说明的是，"海归派"特指出国学习、生活三年以上，回国不到一年的留学归国人员群体，出国读完 MBA 或硕士、博士立即就回国发展的不涵盖在其中。"外企派"特指曾工作于在我国发展业务的外国企业，有五年以上工作经验的中国人。"国企派"特指管理有一定水平和特色，企业业绩相当不俗的、优秀的国有控股企业中的管理人员，那些传统机制下的国企不在此列。"MBA派"特指刚刚从学校毕业不到一年的全脱产学生，那些已经走上高层管理岗位，利用业余时间读MBA的所谓"EMBA班"的学员不属此列。

在这样明确的界限下，按"对中国企业和社会的了解程度"及"操作中国现代企业的能力和经验"这两个指标，可以看到这四个群体的对此分析，得出各群体的总体态势，如图2-1所示。

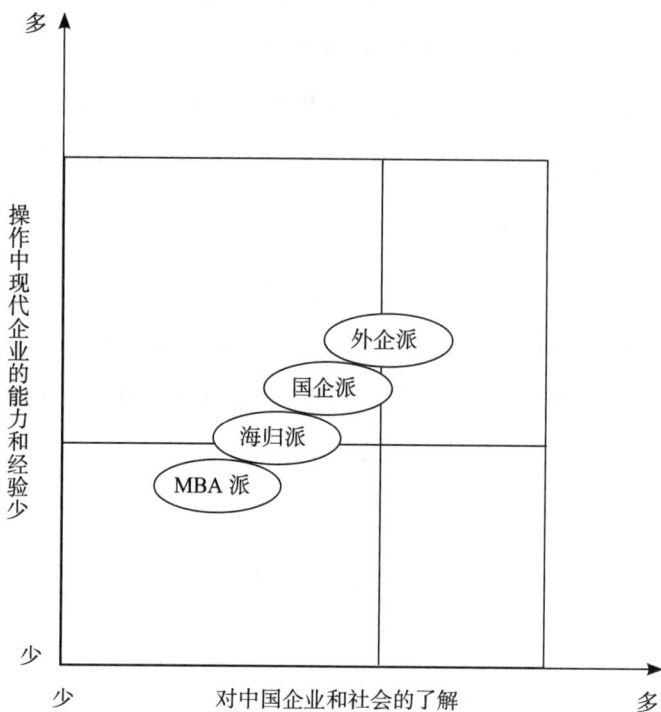

图2-1 四个群的对比分析

相对而言，最实用、切入快又最受欢迎的是"外企派"。目前这一群体也是人数最多的群体。由于大多数跨国制造业在中国的业务均有10年以上历史，因此，已经有相当多的各个层次的人被充分培训出来了。从接受企业的类型上讲，国企乐意请"外企派"。

有真才实学的人，在国企里是相当多的，而且，从这种背景里出来的人，到其他企业里去完成一家企业的转型，成功率也相对较高。可惜的是，市场上来自优秀国企里的人数量还太少。从接受公司的类型上讲，民企更乐意请"国企派"。

"海归派"在一些特定的行业里（如金融保险、律师、会计师等服务业），在一些特定的企业（如发展国际业务较多的企业），在一些特定的模式下（如有风险投资介入的高科技行业）是比较有价值的；但对于相当多的制造业企业，除了纯技术领头人外，大多不太必要；对于大多数内部管理相当幼稚的民营企业和家族企业，则基本上是难以融合的。从接受企业类型上来看，初创企业、技术型企业和中国大型国有企业（尤其是加入世界贸易组织后的开放产业）是最欢迎"海归派"的地方。

鉴于中国目前 MBA 的教学水平及入学学生的构成，"MBA"派刚出校门，就出任主持一方江山大计的企业主要负责人，风险是相当高的。问题不在于其对中国的了解，也不在于其知识结构和观念意识，而在于其处理实际管理问题的能力。打个比喻就明白了，如果假设 MBA 是如同机械、土木、计算机一样的一门科学，那么，一个刚刚硕士毕业的人到一个企业中去，有多大概率能立即出任总工程师呢？所以，从学校毕业的 MBA 目前最适合的是到一家企业中去做一个基本管理单位（如一个科、一个处、一个部门、一个办事处）的负责人，在内部磨炼一段时间，通过优秀业绩逐步走向最高管理层。

相反，在另外一个利用业余时间攻读 EMBA 的群体中，倒是有相当多不错的人选可以直接挖来做主管。这主要是因为他们在原有的企业中已经达到相当高的管理层次了，有丰富的实际操作经验。这里的人员构成，除了"外企派"占相当大的一部分外，也有不少"国企派"和政府机关背景的人员。

就引进模式而言，"危机模式"下引进人的难度相当大，一般只宜引进已经有CEO、COO 或相当于这种经验的人，因此可选择的范围相对很小。而且，在这种情况下，最好找知根知底的同行业或同地区及相关企业的人。"发展模式"下引进人的难度则视所需人才的行业特性而定。我们可以把行业分为"全球竞争型""全国竞争型"和"区域竞争型"三大类。

对于诸如电信、IT、金融等行业，人才的流动非常大，人才市场的竞争是跨洲越洋的，属于"全球竞争型"行业，此时，"发展模式"下的高管人才可以立足于世界来甄选。

有些行业，无论在加入世界贸易组织还是前后，国家壁垒始终存在，如教育、传媒等行业，带有相当程度的民族性、文化习俗性，属于"全国竞争型"行业，此时，"发展模式"下的高管人才选拔应以国家为区域界限。

总是有些行业，如餐饮业等，是与中国的几大行政区域乃至一个省份相呼应的，属于"区域竞争型"。这时候，"发展模式"下的高管人才则要从相应区域内引进。

就董事会来讲，引进什么样的高管人才，还与董事会本身的想法有关。你是想找一个"战略规划者"呢，还是只想找一个实施既定战略的"战略实施者"？这两者是有很大差别的。当然，新进来的高管也会参与到战略的制定过程中，同时也会负责战略的实施，但出发点不同，期望值及人才业绩评估就不同。

如果一个集团公司的原有核心产业出现问题，老的管理者由于管理水平不高而被更换的话，通常此时董事会的战略是相对明确清晰的，更多的是需要一个"战略实施者"（当然不能排除他入阁后调整战略），其时，对操作能力的需求更为重要。

如果是一个集团公司开发新的利润增长点，此时，引入的高管不仅要有操作能力，而且其也应该具有较强的战略规划能力。

赵民

2003 年 5 月 26 日

于北京

# 如何选择接班人

➲ 导语：中国企业要在加入世界贸易组织之后与跨国公司竞争，就要了解跨国公司培养接班人的规则。

中国企业要在加入世界贸易组织之后与跨国公司竞争，就要了解跨国公司培养接班人的规则。跨国公司培养接班人的规则，如果用一句诗来形容，就是"清泉石上流"。

"清泉石上流"，意指十分透明。

"清泉石上流"式接班人培养制度的特征之一是从制度上保证有专门的机构和专门的经费。跨国公司机构庞大，某些公司（如微软公司）的年销售收入可以超过一些国家的国内生产总值（Gross Domestic Product，GDP）。所以，为了保证公司的长治久安，一般在董事会里都有类似"高管人员聘用委员会"这样的机构，有三至四名董事专门负责对高管人员的甄别和培养。为了使这个小组有效地开展工作，董事会都有专门的预算来实施这项工作。

特征之二是与外部专业的人力资源公司、猎头公司结成长期战略同盟，让它们全程参与接班人的培养工作。这通常包括三个方面：首先是确定培养对象应具备的素质和能力，确定相应的培养路径；其次是参与每年一至两次的业绩考评和公司中高层民意测验（如采用360度测评），不断遴选出合适的人员；最后是物色外部候选人，作为补充或比较标杆。

特征之三是首先有规划，然后才实施。公司培养接班人的制度相对于高层成员是公开透明的，整个工作的进程也是有计划和阶段目标的。相比较而言，中国的企业又有多少是在年度董事会上专门议及接班人计划的呢？

特征之四是对于危机中的公司，通常是空降董事和CEO；而对于持续发展的公司，通常是自内部产生接班人。从IBM公司选用郭士纳，到HP公司选用女强人费奥瑞纳，这些都是在危机时聘用外部人才的例子；而GE公司，接替韦尔奇的人选则是从内部选拔的。

特征之五是利用董事长、CEO、总裁三个职位之间的关系来培养接班人。这与中国企业中设"常务副总"有异曲同工之处，但这三个职位中均没有"副"职，都是正职。一般公司董事长和 CEO 由同一人兼任，总裁由另外一个人担任。也有董事长和 CEO 分设的，此时，CEO 通常就是接班人。如果看一下国际大公司的董事长和 CEO 的年龄就会发现，一般 50 多岁的人居多，而像韦尔奇这种 40 几岁的，比较鲜见。这说明一个大公司的管理主要依赖的是经验，所以要沿一定的路径培养人才，这样，培养出来后，其年纪也不小了。

也有特例。

一是在一些家族色彩浓厚，在某种意义上仍可称为家族企业的公司（如福特汽车）中，血缘也成为选择接班人的标准之一。不过血缘的作用是有限的。

二是个别公司设立"联合董事会"或"联合 CEO"。这种形式首先在著名的投资公司高盛公司出现，然后像思爱普（SAP）这样的软件服务公司也开始跟进。为什么会出现"联合执政"的奇怪局面呢？这主要是公司内部文化所致，公司要求两个人要彼此了解，配合默契，这样，即使一个人休假，公司还有一个领导在。

有不少选不好接班人而使企业经营失败的例子。在 20 世纪 80 年代我们所熟悉的美国西屋电器公司，就是因为连续几个 CEO 都没有选对，而终于日落西山。

中国企业选接班人，相当一部分不是"清泉石上流"，而是"桃花潭水深千尺"。

赵民

2003 年 5 月 13 日上午 11 点 56 分

于哈尔滨市新加坡酒店

第三章

决战于管理中

# 【主题七　公司战略】

## 从青海到上海

⮞　导语：师法长江，遵守"品牌营销八条黄金准则"，公司品牌就能从默默无闻到举世闻名。

万里长江，从默默无闻的青海发源，汇聚涓涓细流，沽沽东行，挟青藏高原之雪山，顺马玛拉雅之横岭，卷云贵高原之蓝天，润成都平原之天府，破三峡要门之铁锁，展荆楚湖湘之画卷，从此一路高歌，于举世闻名的上海汇入大洋，完成了从小到大、从无到有、从无名到闻名的一生。

一个公司的品牌营销，就是这样一个"从青海到上海"的过程。

如同万里长江，公司品牌营销的第一点是起点要高。长江之所以成为长江，就是因为它发源于号称"世界第三极"的青藏高原，这样的一个高起点，使它先天具备了穷尽千里的战略高度。很多企业家都有这个体会，品牌营销一出手，就要有"霸气"，此即起点要高。

公司品牌营销的第二点是方向要对。长江不是唯一一条发源于青藏高原的河流，但它之所以成为长江，就是因为它没有向北或向南流，而是冲破重重阻挠，坚定不移地向东、向东、再向东，一江春水向东流。而如果长江像湄公河那样最终选择了向南而去，那它也就不会有三峡，也就不会有举世闻名的三峡大坝工程。很多企业中从事品牌营销的经理都认同这种说法：品牌营销定位错了，就全白做了，此即方向要对。

公司品牌营销的第三点是区域要广。长江自青海始发，沿途何止九曲十八弯，依次历经川、贵、鄂、湘等中国十多个省市，泽被滋润，区域之广阔，无河可出其右。区域广的一个好处，就是具有了使众多政府官员兴致勃勃地讨论"长江中上游经济一体化"和"长江下游经济协作区"的可能性和可行性；就是能够使说着不同方言、穿着不同民族服装的人们同饮一江水，有着对长江的共同感情。同样，我们可以看到知名公司品牌的营销传播，不仅在全国性媒体如中央电视台上留下了身影，而且在各种区域性传媒上也常常显露峥嵘。

公司品牌营销的第四点是时间要长。长江的时间长，有两个层面的含义，首先是流水季节时间长，一年四季不断流，不像黄河，在下游流到山东的某个城市，经常水就断流了，水一断，就造成了用水困难，形成了负面影响，产生了危机；其次是这条河被称为"长江"的历史时间长。虽然直到今天，长江在不同的省份、不同的区域，仍有不同的名称，但是，长江作为整个河流的统一名称、统一品牌，历史悠久，深入人心，并没有因为不同河段的"子品牌"名称而受到影响。对于成功塑造了企业品牌的企业而言，它们长期投资于公司品牌的宣传和传播，没有间断，细水长流，虽然对于不同的产品和服务，有不同的子品牌同时存在，但始终抓住作为龙头的公司品牌，纲举目张。

公司品牌营销的第五点是名字要短，要易写、易记、易上口。中文"长江"，英文"Long River"，字少、音短，写起来简单，读起来朗朗上口。在文学作品和电影电视里描写解放军首长用无线电台联络侦察兵时用的代号，通常也是"长江，长江，我是黄河，我是黄河"、这类简洁、好记的词语。如果把长江替换为"雅鲁藏布江"，黄河替换为"乌苏里江"，那么，军队首长用电台联络时就要喊"雅鲁藏布江，雅鲁藏布江，我是乌苏里江，我是乌苏里江"，这说起来不仅别扭，也让人怀疑作品的真实性。所以，品牌在被营销传播前，一定要先取一个好听、易记、易上口的名字。在农村，尤其是偏僻落后的农村，农民给自己的孩子取名叫"阿狗""阿猫"等名字，但如果查一下各级政府领导人的名字，一般都看不到这样的名字。这个现实好像很难用规范的理论去解释。我则可以用上面这个理由去解释的，一个需要被很多人记住的名字，不仅要易记、易写、易上口，而且不要让人产生不愉快的联想。在这一点上，我发现现在中国的有些服装企业的品牌名字有些问题，读起来美感不够。这样的服装品牌，拂逆了中国消费大众的民俗文化，虽然起初有哗众取宠的作用，但是会像"兔子尾巴长不了",而不可能会像长江那样举世闻名、源远流长。

公司品牌营销的第六点是声势要大。长江为什么有名?声势大也是原因之一。其所以声势大原因之一是吸纳河流多,从青海默默无闻的一条小溪到上海令人仰止的入海口,一路上汇聚了多少河流,还没有人准确地统计过,只知道多得数不清,而这叫"合并同类,众望所归"。声势大之的原因二是穿过的湖泊多,如果说长江是一条飞闪的白练,那么,湖泊就是挂在这条白练之上的众多"宝葫芦"。湖泊多,物产就丰富,声势随之就大了,这叫"吸引异性,众星捧月"。声势大的原因之三是落差大。长江发源地海拔有多高?上海海拔有多高?这4000多米的海拔落差,造就了多少雄奇伟险?"三江并流"算一个,三峡算一个,凡是现在建了水库的地方,基本上都可以算。这么多的大落差之地,不仅天然风景秀丽,而且引来人们修建水库,这叫"风景如画,人气如虹"。长江声势大的这三招转化到公司品牌营销上,便是有基本规律可循的三个实用原则:第一,通过同行业其他品牌来衬托;第二,通过其他行业同等品牌的衬托;第三,通过"雄奇伟险""风景如画"成为事件中心,吸引人群关注。

公司品牌营销的第七点是人文内涵要丰富。长江的人文内涵丰富表现在两个方面。其一是出名酒。古代的泸州老窖、今日的五粮液,无不出自于长江之左右,引来无数英雄为杯中美酒而折三尺腰。吃了嘴软,拿了手短,长江他因为名人喝名酒而留下了"万里长江流,流的都是酒"这样的民间俗语。其二是出名楼。但凡中学毕业的人都知道范仲淹的《岳阳楼记》,也知道崔颢笔下"黄鹤一去不复返"的千古情思。长江上的亭台楼阁,犹如镶嵌在挂着宝葫芦的白练上的金光灿灿的纽扣,平添了长江的妩媚和豪情。对于公司品牌营销,可以从长江的丰富人文内涵中学到什么?细细分析一下可以发现,这"名酒和名楼"的背后,都是名人在起作用。所以,品牌人文内涵的丰富要从名人入手。

公司品牌营销的第八点,也是最后一点,是要有的周期性规律化的提醒。长江什么都好,就是年年发洪水不好。但年年发洪水,从另外一个角度看,不就像小孩儿要脾气,一到时候就发作,提醒你不要忘了他的存在吗?中国自进入君主体制的农业社会以来,历代君王的一个心病和治国大事就是治水。但古往今来,还没有哪朝哪代彻底治理好长江的洪水，水库越建越多，越建越大，洪水却没见哪年不来。从这个意义上讲，长江不像"母亲河"，倒有点像"孩子河"，小性子使个不断。对于做公司品牌营销来说，这种周期性规律化的提醒，是要学习和遵循的一大法则。师法长江能通古今。

长江，从青海到上海，这条"母亲河"和"黄金河"在公司品牌营销上给予我们的谆谆教诲便是，要遵守"品牌营销八条黄金准则"：起点要高，方向要对，区域要广，时间要长，名字要短，声势要大，人文内涵要丰富，要有周期性规律化的提醒。只要师法长江，结合自己公司的实际情况，遵守"品牌营销八条黄金准则，公司品牌就能从默默无闻到举世闻名。

赵民

2003 年 10 月 2 日上午 10 点 33 分

于美国华盛顿州西雅图 昔日大学同窗好友之家

静悄悄的城市，静悄悄的别墅

# 从平房到楼房

○ 导语：中国媒体报道的著名企业家，三年一拔，五年一茬，十年基本换光。这种现象的发生，罪魁祸首就是"企业战略管理的狭隘经验主义"。

在为企业做战略咨询的时候，企业的老总经常会悄悄问我一个问题："企业的战略难道真的一定要专门去规划吗？我开始创业的时候，没有人帮我规划战略，不是也成功了吗？很多企业家请人做了战略规划，亏损的不也照样亏损？"

这是一个企业家如何管理战略的话题。

中国的广大农民，在国家的宅基地上建自家住的房子，有一个渐进的过程。在20世纪70年代末，刚刚开始改革开放，农民大多住的是平房，此时，如果农民要盖房子，不管是土坯房，还是砖瓦房，大多不会请专业的建筑公司来建房，而是请来本村或邻村的青壮劳力或亲朋好友利用农闲时间，招待他们吃喝，自己凭经验挖平房地基，铺上石块、砌砖盖瓦，很快就把房子盖好了。这种房子不管它有没有考虑到主人家的美学观，大多简单实用，略显粗糙但不失乡土气息，工期短，见效快，很有本村本地特色。

到了20世纪80年代中后期，由于国家大包干政策的积极成效，大多数农民开始逐渐富裕起来，手头有了闲钱便开始琢磨把平房改为楼房，憧憬着过"楼上楼下，汽车电话"的幸福生活。这时的楼房大多为两三层，钱多一点的人家，会请方圆百里以内的砖瓦匠、木匠等专业人士以个人身份来帮工，工钱当然是要付的；再富裕一点的人家，则会请县里的建筑施工队或公司来承建新楼。此时的楼房，不管是上述第一种情况还是第二种情况，房子的款式和功能基本一样，大同小异，优点一样，缺点也一样。到了20世纪90年代中期以后，那些富裕起来的农村地区开始建别墅和楼房。这些房子分两类：一类是自用的；另一类是请人来住，即出租——所有权和使用权分离，典型的有北京、上海、广州等大城市周围的农村村庄。此时，由于有了更多的资金，为了追求更多的回报、家庭环境和文化的个性化，所以一部分人开始请专业的设计师或省里、市里的设计院进行专业的前期规划。此时便要研究如何适应周围环境的变化，以求实现和外部环境的协调、和谐；要充分考虑主人的资金资源和建房土地面积的大小，以求充分利用内部资源；要从本省、本城市区域的人文文化特点出发，同时兼顾主人个人的兴趣爱好，以求楼房有特色、有个性；不仅要考虑功能的实用性，而且要跟上时代潮流，与时俱进，采用新工艺、新材料，不断创新，站在使用者的角度考虑问题，以追求品位和档次等。此时还有一部分人，仍会沿着"节省成本"和"过去我这样做不也一样挺好"的老思路，自己设计规划或请大学里的老师带着研究生设计。但这部分人在其思路和操作中建成的别墅和楼房，与前一部分人建起来的楼房的差距越来越大，水平相差得也越来越远。

进入 21 世纪，尤其在加入了世界贸易组织以后，有越来越多的中国企业完成了原始积累。企业发展如同建楼，从小到大，从简单到复杂，从平房到楼房，从只有两三层的楼房到六层以上的楼房，并一直往上蹿，直到 10 层、20 层，等等。

早期创业的企业，相当于建造的平房，它很简单，取决于创业者个人的水平能力和努力程度。此时的确不太需要花钱请专业的人员给做企业规划设计，因为就这么几个人，就这么点客户和业务，自己闭着眼睛也数得过来。而但凡有一点本事的人，建的房子都不会塌，这也就相当于企业成功活下来了。所以，中国的中小企业数量巨大。

创业五年以上的企业，会开始经历一个平房变楼房的过程——企业的可持续发展和业绩不断增长。此时，由于企业规模依然有限，就如同要建的是几层的矮楼，所以，有些天资聪颖的企业家，自己就顺利实现翻建。而有些基础一般、水平有限、能力不高的企业家，则会一直处于徘徊不前的阶段，如同烂尾楼，一直不能实现顺利完工的目标。更有些基础差、心胸窄、视野短、眼高手低的企业家，徒有雄心壮志，企业不是一分为二了，就是不死不活，陷入泥潭，直到最终消失在沼泽地里。第一种企业家成功了，成长了，但属于少数，而第二种企业家和第三种企业家没有成功，但属于多数。大量书籍和媒体报道的都是第一种企业家。这样的结果，给了想创业的人和年轻一代一种误导：企业从平房到楼房的持续发展，可以自己去设计完成。媒体抓读者眼球的"注意力竞争"，从本质上决定了它们报道的人和事一定是少数的，是突出的人和事。媒体相互间的这种注意力竞争，把多数创办五年左右、正在力求从平房变楼房的企业的思维引向了一个错误的定式。作为企业的创办人和企业家，如果看不到这一点，就是缺乏"企业家的洞察力"。

创业 10 年以上的企业，就等于经历了一个建造摩天大楼的过程——把小企业做成大企业。摩天大楼不仅需要专业的规划设计院做整体设计，而且强电、弱电、电梯、消防等子系统还要有专业的机构来帮忙，一起参与设计。这些充分说明摩天大楼的建造过程是一个复杂的过程，不是随便哪一个业主凭个人能力就能建成、建好的。这样的比喻，几乎每个企业家都接受。但是，如果把建摩天大楼的例子沿用到大企业的战略管理上，就不是每个企业家都会认可的了，而是仁者见仁，智者见智。这就是中国的企业家很少能延续 10 年、15 年的一个原因，这些企业家常常以"中国国情特殊"为理由、为借口、为情结，不愿正视和承认世界 500 强企业普遍请专业外脑的事实，不愿正视和承认大企业管理中与众不同的复杂性，迷信个人能力，沉溺于过去取得成功的经验。这样的"狭隘经验主义者"，注定是昙花一现的企业家。

中国媒体报道的著名企业家，三年一拨，五年一茬，十年基本换光。这种现象最大的罪魁祸首就是"企业战略管理的经验主义"。

从平房到楼房，生活越来越好了，但怎么才能生活得更好，是值得每个人好好琢磨的。

赵民

2003 年 11 月 2 日　德国当地时间早上 5 点 43 分

于德国第四名城科隆的 Mercure Hotel 一楼酒吧

一只洋毛狗摇头踱步，神情安然在酒吧闲庭信步

# 从先驱到先烈

● 导语：如果做先驱最后做成了先烈，便成为"企业战略管理盲动主义"的标志，这也是"企业战略管理盲动主义"的结果。

中国企业家队伍中受人尊敬的人，可分为三种类型：最早提出理念或最先行动的，即"先驱"；在早期即投入，对产业发展做出重要贡献，但"出师未捷身先死"的，成为"先烈"；最终成功的，即"成功企业家"。成名成家的自然受人尊敬，姑且不谈。本文谈谈先驱和先烈。

是做先驱，还是先烈，从本质上说是个战略问题。中国的企业家中成为先驱的，有三种类型。

第一种先驱是"逼上梁山型"。在 20 世纪 80 年代，中国的民营企业家和个体户中，有很多人从小受苦受穷，进不了国有企业、事业单位、政府机关，更不可能参军、入党、提干。但他们赶上了一个好时机，即国家政策允许他们自谋出路，自办企业，自己辛苦养活自己。这些人，由于秉承了中华民族传统文化中吃苦耐劳的敬业精神，秉承了中国传统文化中"宁为鸡头，不为凤尾"的创业精神，秉承了中国传统文化中"撑死胆大的，饿死胆小的"的开拓精神，毅然出手当创业者，成为自 1949 年新中国成立后的第一批民营企业家，他们在自己所在的行业中是当之无愧的先驱。

这样的先驱，经过 20 多年的风风雨雨，当年的"万元户"，已经鲜有继续在行业里很出名的了，很多人甚至成了先烈。这种"逼上梁山型"的先驱，之所以不幸成为先烈，主要是因为有两道"坎"他们没迈过。

一是"战略管理坎"，即企业盲目多元化，不顾自身能力所限，过度扩张。凭着占取市场先机，赚了一点辛苦钱，就不知道自己姓甚名谁了，头脑一发热，什么行业都想做。摊子铺得太大，手又太短，又没有管理方法和工具作拐杖，最终全线崩溃，销声匿迹。

二是"政府官员坎"。早期发达的很多人和一些政府官员成了朋友。遇到品质尚好的官员，朋友交了，也没犯下经济案件；但遇到品质和职业操守不好的官员，朋友是交了，案子也埋下了，哪一天，不知因为哪个原因，事情揭了出来，也就跟着倒了。

"逼上梁山型"的先驱，代表了中国的过去，而从先驱成为先烈，则是多数人的命运。

第二种先驱是"先知先觉型"。在一个产业还没有充分竞争的时候，在很多产业甚至政府还没有放开的时候，有人起了个大早看准了未来的方向，先下手为强，开始了成为中国产业先驱的生涯。他们中很多人顽强地活了下来，并成为这些产业中的领军人物。但是，在这些成功的企业家的脚下和身后，是其他更多的成为先烈的先驱们。

此时的先驱之所以成为先烈，在于有两种陷阱。

一是市场陷阱。有很多行业，在国外已经很成熟，但由于产业成长的外部环境要素在中国尚不存在或未成熟，因此，他们或者没有客户，或者没有愿意花钱的客户，或者没有足够多的愿意花钱的客户，最终，这些先驱撑不住了，倒下成了先烈。对于"没有客户"，典型的如1998年以前的本土管理咨询公司。那时的中国企业还只愿花钱请你吃饭而不愿付你咨询费。对于"没有愿意花钱的客户"，典型的如2000年以前的网络门户公司，那时的网民不愿为查询信息和发电子邮件而付钱，短信、网络游戏当时也没火起来。对于"没有足够多的愿意花钱的客户"，典型的如瀛海威，虽然有一些消费者，但是数量不够多，不足以维持企业的发展。这三种市场原因，概括来说也属于战略问题：在什么样的战略时机进入一个市场是最好的？所以，此时先驱成为先烈，问题也是出在战略管理上。

二是资金规模陷阱。有很多企业家，在小有成就后，拥有一定的资金，一心想做大，于是错误地进入了一个资金规模需求巨大的行业，当银行信贷资金供应还比较宽松时，在决策上冒险点，还可以周转过来；而一旦外部融资断档，就无法回旋，从而把自己有限的资金套死在里面，最终成为先烈。这方面的典型例子就是1993年、

1994 年的海南房地产业。海南房地产的十年兴衰史，吞没了一大批中小民营企业家，从外部找借口，自然可以把罪过推给政策风险，哀叹自己运气不好。但对于企业家，这只是一剂宽心药，是没有用的，要从自己内部的角度去找原因：错误地进入了一个自身资金实力不足以满足相关需求的行业。这是什么问题？当然是战略问题，属于产业方向选错了。对于一个小有积蓄的成功创业者，战略管理的优先考虑问题，不是资金的巨额利润回报，而是资金投入的安全性！

"先知先觉型"的先驱是中国市场上每个产业目前的领先者中的主要类型，也是这些中国产业领先者成功的主要原因——如果他们在战略管理上成功地避免了陷阱的话。

第三种先驱可以称之为"风险投资型"。就是通过风险投资基金的方式，理性地选择新技术进入新产业。如果说"逼上梁山型"是外部推动创业者创业，"先知先觉型"是创业者凭借眼光而领先半步，那么"风险投资型"就是从个人眼光转为体系化制度性领先。只有"风险投资型"先驱才能成批地"生产"出来，才能系统地积累和总结产业先驱成功的要素并提高成功率。所以，也只有通过风险投资才能更系统地避免"从先驱到先烈"。如果从这个角度和意义上去理解，风险投资就是一个成功企业家进入新行业的战略管理工具和方式，风险投资是为战略管理服务的。

"风险投资型"的先驱成为先烈，主要是因为有两片沼泽地没有越过。

第一片沼泽地是选错人。选错人一般不会是在学历、技术、从业经验这三个基本条件上选错，因为这是从简历上就可以立刻判断出来的，新华信管理咨询公司称之为"显性三条件"。通常选错人是错在新华信管理咨询公司总结归纳的"隐性三条件"上，即职业道德、战略眼光和合作精神。这三个方面的素质，不是几次谈话就可以了解出来的，而是需要从他涉及具体事务时处理问题的表现中才能看出来的。所以，这需要一段时间才能分辨。

第二片沼泽地是执行力不行。执行力不行有两种情况：一种是照搬书本教条教义，书生气太重，可以称之为"书生型"；一种是你说什么，他干什么，你不点到，他不想到，缺乏创新和进取精神，可以称之为"书记型"（记录的意思）。

"风险投资型"先驱的选人和用人，已经日益成为中国当今成功企业家的一个主要议题，也是在新的产业下考验一个企业家真功夫的一块试金石。

从这个意义上说，战略管理就是一块试金石。

进一步推而广之，从某种意义上说，做不做先驱，是中国企业家战略管理视野的一块试金石；做不做先烈，是中国企业家战略实施能力的一块试金石。做先驱，可以是闭着眼的，非理性的；也可以是睁着眼的，理性的。如果做先驱最后做成了先烈，便成了"企业战略管理盲动主义"的标志和结果。

> 赵民
>
> 2003 年 11 月 3 日当地时间早上 7 点 39 分
>
> 于"风车之国"荷兰首都阿姆斯特丹郊外的
>
> 金色郁金香宾馆（ Golden Tulip De Nachtegaal ）
>
> 一楼茶座，中式藤椅上，轻音乐温柔地飘荡在昏黄的灯光下

# 从思路到出路

⊃ 导语：当企业进入一个新市场的时候，如果技术和市场的发育有先有后、不同步，那么应该如何进入？

这是一个有关企业战略管理中新行业的进入方式的议题。

第一种情况是行业、产品技术和市场的发展是同步、迅速的：产品技术发展很快，市场也同样令人欣喜地高歌猛进，典型的如 2002 年的手机行业，我们称之为"技术和市场同步型"行业。对于这样的行业，正确的思路是：一要整体收购技术领先的创业小公司，二要将一个技术领先的团队集体招聘录用（俗称"挖一个团队"）。

先谈整体收购。微软为了保持技术上的持续领先，除了自建庞大的研发队伍外，整体收购是其常用的招式，也可以说，这是大多数技术发展迅速的行业中领先企业常用的一个战略措施。整体收购的好处是迅速获得技术，为迅速占领市场提供了时间优势；不足是有时会看错了方向，选错了时机，多花了成本。这方面最突出的一个例子是加拿大北方电讯公司（NORTEL）在网络高潮时误购的众多互联网技术公司。

再谈团队录用。摩托罗拉在推出手写型中文手机系列（如 6288）时，为了抓住市场机会，录用了一批懂手写技术的专业人员，从而短短几个月就成功推出了领先于竞争对手的中文手写型手机。团队录用的好处是操作相对简单，成本较合算；问题在于你能否按自己的想法做到这一点，市场上这类人员通常是十分稀缺的。所以，这种方法通常只是一个补充手段。从我所了解的很多中国企业家来看，他们更偏好这种办法。团队录用的坏处是可能存在法律纠纷和职业操守的问题，而一旦出现此类纠纷，恐怕就要"没吃上羊肉，反惹了一身骚"。

第二种情况是，有的行业的产品技术发展很快，但市场却迟迟不兴奋，处于从业企业热而用户冷的尴尬局面，典型的如移动互联网和移动位置服务等增值电信业务市场。对于这样的行业，新华信管理咨询公司给大家的思路是，守株待兔，以静制动。

企业进入一个新的行业，主要的战略决策依据是什么？是市场的发展，而不是是否拥有技术。拥有了市场，虽然做不大做不强，但也能生存。有技术而没有市场，这个技术如果最终不能转化为市场，还需要去开辟新的市场和应用场景

第三种情况是，有的行业的产品技术很成熟、发展很平稳，市场在一个相对稳定的技术状态下持续扩大，如同水塘里的涟漪一圈一圈地往外荡漾，覆盖的面积越来越大。此时，战略决策的思路是，通过技术合作，解决技术来源和竞争力问题，迅速进入市场。

在这方面，大家可以看一下 TCL 在进入电话、电视、电脑和手机行业时的模式。TCL 每进入一个新行业，都是在这个行业的市场刚刚兴起、技术相对成熟稳定的时候切入。而在切入新行业时，技术上都是通过和别人合作来解决的：电话和电视行业是和我国香港公司合作，电脑行业是和我国台湾公司合作，手机行业则是和法国公司合作。这在 TCL 已经成为一个成型的新业务发展模式，TCL 在此模式下形成了自己的核心竞争力：一能看准行业，二能占领市场，三能管好渠道，四能后来居上。

只有在第四种情况下，即有的行业技术发展慢，市场发展也慢，才能采用独立自主研发新产品、新技术的决战策略，典型的如通信 3G 市场。而且，这也只适用于大企业，对于成长中的中小企业，要问这样一个问题：你能撑到市场兴旺的那一天吗？

在中国的企业家中，有的人很明白以上四种不同情况下战略管理的不同对策；有的人没有这么清晰地认真想过这个战略议题，但凭直觉就做对了；另外，还有不少企业家没有想过这个问题，也没有做对，从而由于错误的思路，导致悲剧性的结局。

对中国企业家而言，战略管理的现实作用就是不同的思路决定不同的出路。

赵民

2003 年 11 月 4 日当地时间早上 7 点 53 分

于布鲁塞尔 Chaochow Hotel

坐在大厅地上，趴在冰冷的茶几上

# 北斗星

➲ 导语：战略就是一颗北斗星。

战略就是一颗北斗星。

北斗星为人指明方向。行人在苍茫的大地上行走，四周是一片空旷的郊野，道路时隐时现，让人似曾相识。夜渐渐深了，大地愈加黑暗，当你伸出手来，只有点点星光和让人几乎难以察觉的浅淡的月光可以让你看清手的轮廓。风渐渐大了，吹在身上，寒从心底起，恐惧也随寒起，行人更加急于找到通向目标的方向。这时，北斗星从浓浓的云层中闪亮登场，让行人借此看清自己的位置和未来的方向。

战略如同北斗星，让企业管理者在创业和发展的茫茫平原上，在月黑风高的夜里，看到方向，看到定位，看到前途，看到希望。

北斗星不是任何时候都有用的，白天她隐于市，没有人发现她的重要，甚至没有人发现她的存在。她在众人豪情如虹的进军途中，不争功，不争名，不争利，悄然隐身幕后，在九天之外默默地祈祷行人一切顺利，一切平安。但当夜深人静，行人陷于茫茫然而不知道迈向何方时，她如约而至，顽强地穿过大块大块的乌云，照耀着迷茫的行人，让行人反思：我前进的方向对吗？我该朝哪个方向去？

战略如同北斗星，不是任何时候都有用的。她在企业管理者最需要她的时候，无约而至，让人深省，让人反思，让人成为智者。

北斗星不是对任何人都有用的，对于年幼无知的孩童，当他在夜晚迷失方向的时候，他不知道抬头仰望北斗星，因为他没有受过类似的教育，不知道世界上有北斗星的存在。在阳光灿烂的白天，人们昂首阔步，骄傲自满地认为没有北斗星也活得挺好。但这个世界上不仅有白天，还有那伸手不见五指的黑夜。

战略如同北斗星，一个成立时间短、处于发育阶段的创业小企业可能不知道有战略存在。创业者和企业管理者常常自问道：在我创业成功的时候，没有什么战略也活下来了，这些年我不是活得很好吗？作为孩童，年幼无知是可以谅解的，但对于企业，知道战略而拒不承认它的作用和价值，是可气又可叹的。

北斗星不是对每个人都有一样的作用。如果一行人走在旷野中，走在第一名的领路人就必须有抬头望北斗的习惯，只有依赖北斗星才不会误入歧途。对大多数走在后面的人来说，跟随是最简单的办法，即沿着第一名走过的道路往前走。稍微有点悟性的人则不会满足于跟随先行者，他想学会自己看北斗星，自己看方向，然后选择自己的道路，走得更快，也走得更好。

战略如同北斗星，对于不同的企业，发挥着不同的作用。对于同一个行业的企业而言，最难的是行业排名第一的企业，它必须学会看战略，必须时时用战略检验自己的方向，以避免自己迷失方向，走进沼泽泥潭。同行业中的其他企业要想走适合自己的道路，赶超第一名，就必须不能只低头走夜路，还要抬头望北斗。

并不是每个人都一定要学会观望北斗星才能前行。如果你们四个人坐在一辆车上前行，司机就要低头看路、抬头望北斗，其他三个人既可以辨北斗也可以搭顺风车。有一些顺利到达目的地从车上走下来的人还会振振有词或窃窃私语地告诉你："北斗星？北斗星有什么用？我不是不会看北斗也成功到达目的地了吗？我不是也没学会看北斗星吗？"

北斗星虽然是一个客观存在，但她有时也会被乌云遮住。所以，当北斗星隐身乌云背后，使很多行人迷失方向的时候，北斗星就会被广泛质疑："有北斗星吗""北斗星能帮你成功达到目的吗""为什么这么多行人有了北斗星还会迷失方向""这个世界上，根本就没有北斗星"……

北斗星常常被很多陷入泥潭的行人指责为罪魁祸首，成为他们落后和失败的替罪羊："正是仰望北斗星，让我选择了这条路，但却是一条充满陷阱的道路，北斗星害了我。为什么我按照北斗星的指引也迷失了方向，成为一个失败者？北斗星对行人一点用也没有""我看北斗星，别人也看北 星，所有的人都看北斗星。为什么走对路的人总是少数？北斗星败多胜少，所以北斗星害人不浅，是个害人精""条条道路通罗马，为什么大家都要看一颗北斗星呢？一颗北斗星能满足这么多人的需要吗"……

　　自从人类建造了城市，建设了高速公路，安装了明亮的路灯，北斗星日益从人们的日常生活中淡出。有了城市的地图，有了驾车指引图，有了更加明亮、更加绚丽灿烂的霓虹灯，北斗星似乎已不再被人们所需要。于是，有人认为："现在都 21 世纪了，大家都开汽车，速度越来越快，速度成了关键，北斗星没有用了""有了路灯，有了网络，谁走得快，取决于网络技术了，看北斗星太慢，太落后了"。

　　我们常常能看到这样的人：他们乘坐"大汽车"第一个到达目的地，成为行业的领先者，但他们本身并不是"驾驶员"，并不负责引领方向，他们可能是随车负责修理轮胎的"工人"。但他们在成功之后，被其他小"车主"高薪聘请，坐在了"驾驶员"的位置上，成了掌握方向的人。于是，几家欢乐几家愁，有人高兴有人哭。

　　这就是北斗星效应：同样一颗北斗星，有人懂，有人装懂，有人似懂非懂。真正学会了看北斗，也不见得多有用，但如果没有学会看北斗，踏入歧途是必然的，选择到直路才是偶然的。同样是坐在一辆汽车里的人，所有人都可以不会看北斗或不看北斗，有一个人必须要看并且会看北斗，那就是把握前进方向的驾驶员。

　　北斗星时隐时现，若有若无。大智者若愚，大愚者乃是不善看北斗者，智者是看得懂北斗者。

赵民

2003 年 10 月 4 日当地时间上午 9 点 48 分

美国西雅图天高云淡，不禁遐想翩跹

# 【主题八　人力资源】

# 企业人才危机周期

⊃　导语：中国的很多企业，没有走完第一轮的企业人才危机周期就已寿终正寝。

企业兴衰的背后是企业管理水平的兴衰，企业管理水平兴衰的背后是企业人才危机的周期性变化。

中国企业人才危机周期可以分为四个阶段，即"低—高—高—低"，也就是高级人才低位使用期、低级人才高位使用期、高级人才高位使用期、低级人才低位使用期，如图 3-1 所示。

企业创业初期，为"高级人才低位使用期"。创业者虽然是董事长、总经理，但都为了生存而必须亲自上第一线：争客户订单、参与产品研发和生产制造。此时是处于高级职位的优秀人才从事低职位的工作，俗话称为"高低配置"。在这个阶段，对于传统产业，时间一般为三年；对于新兴产业，则一般为两年。对于优秀创业团队所成立的企业，在"高低配置"阶段，企业能获得迅速发展；对于平庸创业团队所成立的企业，则是企业艰难徘徊。企业经过了早期 2～3 年的初创阶段，就进入了"低级人才高位使用期"阶段：企业发展迅速，需要大批中高级管理人才，创业初期一起辛苦打天下的老功臣逐一被提升到中高级管理岗位。这一阶段俗称为"低高配置"阶段。由于很多被提拔到高级职位的老员工并不一定具备团队管理能力，因此，这种"低高配置"就孕育了企业人才危机，潜藏着企业的管理危机。低级人员高位使用对一个成长中的企业的危害是十分巨大的。其表现形式为表面上营业收入增长缓慢，利润率不断下降，实质上企业管理的基础开始松懈，企业发展战略的实施开始变得越来越缓慢，从而导致企业的竞争力开始下降。这一阶段持续的时间，一般传统产业为三年左右，新兴产业则超不过两年，期间便会出现严重问题。由此，

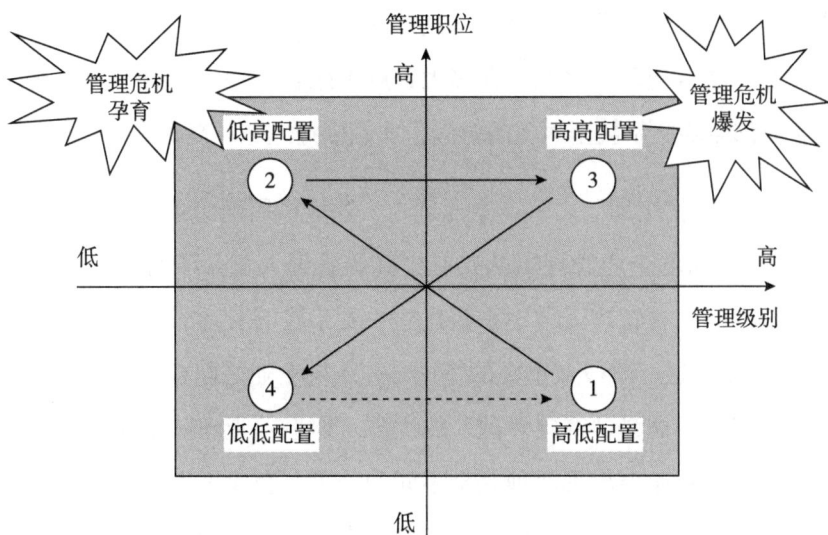

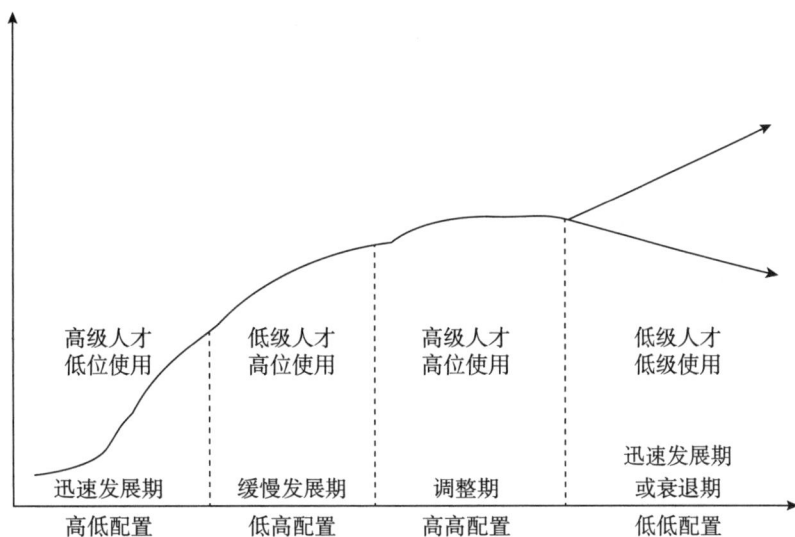

图 3-1　中国企业人才危机周期

企业不得不进入第三个阶段——"高级人才高位使用期"。

　　"高级人才高位使用期"的一个主要特征是空降企业外部高层管理人员，甚至是主要领导者。由于大部分企业无法从内部找到满意的、可以信赖的改革领袖，董事会更倾向于从原有的管理体系外物色相应的人选。由此，企业进入了"高高配置"阶段。这种新的高配置带来的是企业大刀阔斧的调整。大部分原来被高位使用的低级人才会被调整岗位或者流出企业。新的一批外来高管进入了企业，也带来了新的理念和管理运作体系，企业在震荡中前进。这一阶段的主要风险是外来高管人员能否与企业融合，融合速度有多快，在多大程度上融合。一般来讲，无论是传统企业还是新兴企业都需要一年甚至两年的时间，才能度过这一"高级人才高位使用期"。

"高级人才高位使用期"之后，企业进入人才危机周期的第四阶段——"低级人才低级使用期"。新的企业管理团队仅有中高级管理人员是不行的，必须从管理一线，即从各部门的主要管理人员中重新建立一支年轻的有活力的管理队伍，即进入"低低配置"阶段。这一阶段最重要的特征是，不同企业之间核心竞争力的差异不再是企业战略的优劣，而是"基础管理"的优劣，即基层管理队伍在水平、能力上的差异。这一阶段的企业会出现两种完全不同的结果：企业进入新一轮的迅速发展期或者进入衰退期。产生这两种不同结果的企业在"力度"和"速度"上相差越来越大。企业人才危机周期此时从根本上影响了企业发展的生命周期。

中国的很多企业，没有走完第一轮的企业人才危机周期，就已寿终正寝，这些企业的寿命往往在 5 ~ 8 年。从人才角度看，很多优秀民营企业的迅速陨落都是企业人才危机周期作用的结果。认识和总结出这一企业发展生命周期背后蕴含着的人才危机周期规律，是我近 10 年来为企业提供管理咨询的一个重要成果。

赵民

2003 年 8 月 26 日早上 6 点 55 分

于北京

# 员工价值生命周期

⟳ 导语：对大多数企业老总而言，用 24 个月的时间就足以看清楚一个人。

有些企业的管理者持有这样的观点：让下属员工干，还不如自己干。与其花时间精力教他们，教了还干不好，不如不要让他们干。这话只说对了一小部分。

按照新华信管理咨询公司的观点，只有当一个员工在一个企业刚开始工作的前 6个月里，这种情况才会出现、才有可能出现。根据 10 年来为中国企业做咨询的经验，我们提炼总结了这样一种模型理论：员工价值生命周期。

一个新员工在企业里某一个岗位上的价值，可以按照 6 个月为一个周期来分为四个阶段，如图 3-2 所示。

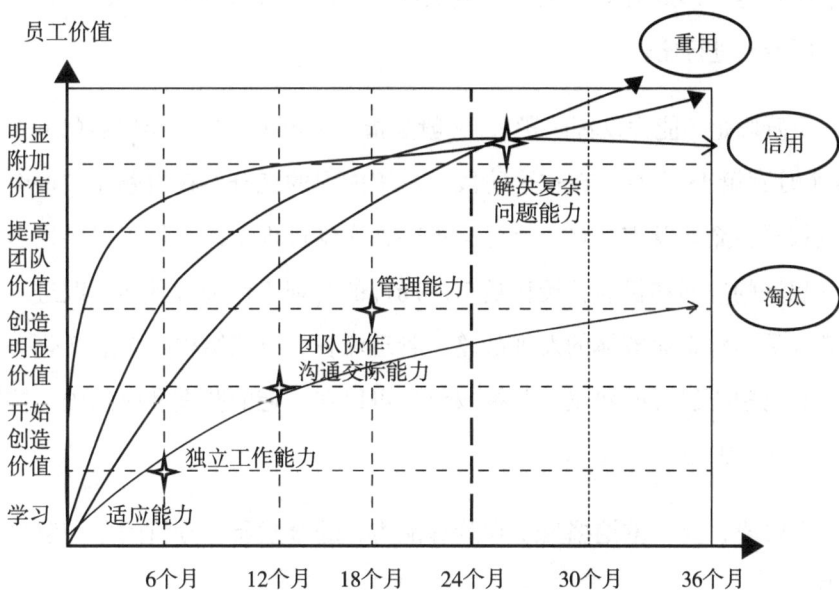

图 3-2　中国企业的员工价生命周期

第一阶段是"学习投入阶段"，是指一个新员工到企业工作的头 6 个月。在这一阶段，员工的希望主要是能找到"两个定位"。一是这个企业在个人职业生涯发展中的定位：我在这个企业里会有发展吗？这份工作我将做多久？这份工作是否可以帮助我培养个人今后的职业生涯所需要的技能等。另外一个定位是个人在团队里的定位：企业对我这个岗位的期望值是什么？一个部门（或项目小组）里的团队成员对我有什么要求？这个企业部门的文化是怎样的？在学习阶段，员工对企业基本上不创造明显价值，相反，企业还要投入相应的管理人员花一定的时间和安排一定的费用来对他们进行培养。对员工而言，这个时期是"学习期"。对企业而言，对该员工的第一个阶段是"投入期"。很多企业的试用期为 3～6 个月是有道理的。

第二个阶段是"价值形成阶段"，是指工作后的第 7 个月到第 12 个月。这阶段员工最关心的是寻求"两个肯定"。一是对自己在企业中的作用、地位和价值的肯定：由于我现在从事这个岗位，工作方法、技术流程得到了明显的提高和改进，管理效率有了明显提升，我拿这份工资是理所当然的。二是对自己在周围亲朋好友、同学、同行业中的地位的肯定：我们这家企业在某些方面还是做得不错的。这时候，员工已经开始有了企业荣誉感，此时对员工最好的激励就是认可他的工作成绩。这里有一点要注意，即此时对员工的价值认可，一定要与和他本人年龄相仿、工作时间相仿的同龄人进行比较。

第三个阶段是"能力发挥阶段"，一般是指一个员工工作一年以后的 6 个月，即从第 13 个月到第 18 个月。在这个阶段，员工能力的充分发挥有赖于"两个授权"。第一个授权是在企业既定战略、目标、策略在实施过程中，为员工提供提出自己工作思路和想法的空间和机会，授权员工对局部的管理工作进行具体的改进。第二个授权是鼓励员工对企业整体的发展战略、管理流程、组织结构、企业文化等方面的问题提出自己独立思考的建议，并授权员工可以在一定的范围和时间内，按照自己的思路去尝试其想法。

在这一阶段，要着重挖掘员工在管理能力、综合素质、分析问题和解决问题方面的潜力。

第四个阶段是"价值提升阶段"，是指工作后的第 19 个月到第 24 个月。在很多情况下，这一阶段是第三个阶段的延续和结果。在这个阶段，重要的是"两个评估"。第一个评估是评估员工是否有一定的管理目光、良好的沟通技巧、成熟的工作方法、进取的工作态度；是否善于管理团队，协调人际关系，总之，是否具有管理潜能。第二个评估是评估员工的实施能力，即把想法变成现实的操作能力。企业管理实践与管理教学和研究的很大不同就是要求见效果。要当心的是"眼高手低"的人，"用心是好的，结果是差的"的人，"理论上是可行的，操作中是不可行的"的人。

对大多数有经验的企业老总来说，对一名新员工的认识障碍，主要是由于管理范围、管理层级的限制，而不能直接对一个新员工有所了解和判断。如果排除这个因素，其实用不了 24 个月就可以看出一个人来。对大多数企业老总而言，用 24 个月的时间就足以看清楚一个人了。

需要说明的是，对于一个老员工从一家企业跳槽到另一家企业的这一种情况，这个员工的价值生命周期会较短；如果是同一性质的岗位和工作，那么这个员工会直接进入第二个阶段"价值形成阶段"，甚至是第三个阶段"能力发挥阶段"。

对一个老总来说，如果一个下属任职一个岗位两年了，还不能胜任工作，不能做出让你满意的业绩，那么在通常情况下，这个员工是不会再在此岗位上创造出应有的价值了。这个时候，新华信管理咨询公司的观点是早点换人。如果一个员工在一个岗位上工作两年业绩明显，这时，如果你要留住他，或者说让他发挥更大的价值，就要早点赋予他更大的责任，同时也赋予其更大的权力，让他开始新的价值生命周期。

赵民

2001 年 10 月 26 日早上 7 点 55 分

于北京办公室

# 地核、地壳和地表

⊃ 导语：企业人才的构成和地球的构成其实并无区别，可分为三个层次。

绝大多数企业都经历过一段从"人才留不住"到"人才要留住"，到"留住何种人才"再到"人才留得住"的历史。

企业人才的构成和地球的构成其实并无区别，都分为三个层次。

第一个层次是企业发展必需的管理团队，我们称之为"地核人才"。地核人才通常包括企业的董事会和高层管理人员，在有些企业，地核人才还包括部分中高层管理人员。

第二个层次是在企业发展中应当有一定稳定性的，但也必须有一定岗位流动率（注意，不是员工的流动率）的管理人员和业务人员，我们称之为"地壳人才"。地壳人才包括企业的中层和基层管理人员，有些企业的地壳人才还包括部分重要岗位的基层员工，如会计。

最后一个层次是企业中经过试用，证明其能胜任工作岗位的、个人能力具有发展潜力的、可以融入企业文化的普通员工，我们称之为"地表人才"。地表人才相对供大于求，人员流动对企业的影响基本可以忽略不计。

从个人角度讲，在某种情况下，上述三个层次的员工都可以说是人才；但对企业的具体工作岗位而言，就不一定每个人都是人才了。这有两种情况。第一种情况是，本人不喜欢或不适合某种行业、某个阶段或某种类型的企业，那么这个员工对该企业而言就不是人才，我们称之为"非典型企业人才"，简称"非典企人才"。第二种情况是，有些人由于个性、经历或专业背景等原因，不适合企业的某一个或某一类岗位，但个人坚持要从事这一类岗位工作，那么这个员工对该企业而言也不是人才，我们称之为"非典型岗位人才"，简称"非典位人才"。"非典企人才"只能重新选择适合本人的企业；"非典位人才"则可以在企业内部其他种类的岗位上进行调整，如果合适，就可以成为"地表人才"，如果一至两次调整后仍不合适，就可能成为"非典企人才"，最终流出企业。

对于不同的行业和不同阶段的企业而言，"地核人才""地壳人才"和"地表人才"的比例各不相同。对成熟的制造业企业来说，"地核人才"的比例约为 3%，"地壳人才"的比例约为 5%；对成熟的从事服务业的企业来说，"地核人才"的比例一般为5% 左右，"地壳人才"的比例为 10% 左右。

一般来说，每个企业都有 10% 左右的员工是"非典企人才"和"非典位人才"，所以末位淘汰法不仅在管理理论上可行，在实际操作中也是充分必要的。不同企业在人才竞争力方面的总体差距，就在于"地表人才"和"非典位人才"的比例、上升可能性以及上升速度上。一家擅于管理人才的企业通常在三个方面有优势：第一是有一套结合企业实际情况、切实可行、行之有效、与时俱进的培养"地壳人才"和"地表人才"的管理制度和实施办法；第二是有一支优秀的人力资源管理队伍；第三是"地核人才"队伍和"地壳人才"队伍从理念到操作上都被这种文化同化，具有较高的一致性。我们将这三个方面的优势称之为"人力资源的三个竞争力"。

用什么判断一个总裁的人力资源管理水平呢？这要看其是否能识别、组建、吸收优秀的"地核人才"，指导高管团队搭建"地壳人才"队伍。用什么判断一个分管人力资源事务的副总的管理水平呢？这要看其是否实现"人力资源的三个竞争力"。用什么判断一个人力资源经理的管理水平呢？ 这要看其是否不招聘、少招聘"非典企人才"；是否能尽快、准确地辨别出"非典企人才"，尽快将"非典位人才"转化为"地表人才"；是否更多地将"地表人才"培养为"地壳人才"。

一家受到社会尊敬的优秀企业，可以是让"非典企人才"尽快流出本企业，在其他企业找到适合位子的企业（"非典企输出"）；可以是不断地向其他企业输出经过良好培训的可以成为"地壳人才"的"地表人才"的企业（"地表输出"）；可以是不断地向其他企业输出可以成为不可替代的"地核人才"的"地壳人才"的企业（"地壳输出"）；可以是向社会输入能自己去创业的"地表人才""地壳人才"和"地核人才"的企业（"创业输出"）。所以，从这个意义上看，培养了 100 多个世界 500 强企业 CEO 的通用电气公司当然值得尊敬，但绝大多数企业可以通过"非典企输出""地表输出""地壳输出"和"创业输出"而跻身于人力资源管理优秀企业之列。

处于筹备期的创业企业要搭建一个"地核人才"团队。如果是股东本人出任管理岗位，那么他的一个任务是要物色一个有共同理念的人力资源副总。如果股东本人不出任管理岗位，他就要物色一个有共同理念的总裁。双方要在早期谈股份，谈营业收入计划，谈绩效、激励和薪酬，同时就企业的人才观与管理模式达成共识。

对于一个风险投资企业的投资经理，或个人出钱想要收购、兼并国有企业的民营企业家，除了要掌握教科书上谈的那些基本投资、并购原则和步骤外，还要花些时间和候任管理者对企业人才观进行充分的交流，并落实在文字上。企业的大股东或董事长有必要和管理层讨论并写下企业的管理基本法，尤其是那些创业成功后身份正在从总裁转换为董事长和投资人的民营企业家。

中国的投资人主要由以下三种人构成。第一种是通过炒股完成原始积累的。这类投资人作为股东进入实业，专长在资本市场而不在管理，如果没有长期经营理念则鲜有成功。第二种是自己创办实业成功后，想进入新行业的民营企业家。相对于第一种投资人，第二种投资人的成功率相对较高。但即使是有经验的民营企业家，对企业人才有深刻认识和理解的也为数不多。最后一种投资人，就是从学校毕业后，没有任何实业企业的经历，直接进入国有控股的投资企业或金融系统的专业投资企业。对于这样的投资者，如果不是投入有政府壁垒的行业，那么较好的办法就是投资即将上市的准上市公司（Pre-IPO）。

企业人才观，讲起来简单，听起来无味，看起来很虚，干起来无奈。到企业中走一走，生动、鲜活的经验和教训随处可见，它是投资人、企业董事和管理人员永恒的话题。

赵民

2003 年 5 月 2 日上午 10 点 18 分

于北京

# 母牛、公牛和金牛

○ 导语：在企业高层，"金牛"有多少，这个企业现在就有多好。

企业中的员工或者说是人才，按不同的角度有很多种分法。按工作性质分，有营销人才、研发人才、财务专家等；按入职时间长短分，有创业者、老员工、新员工，10 年以上历史的企业还有工作 3 ~ 5 年的"中老员工"等。这里谈谈新华信管理咨询公司的一种分法："母牛型员工""公牛型员工"和"金牛型员工"。

很多企业都有这样一种员工，他们对企业的价值和贡献与他的薪酬相比，贡献大于索取，我们称之为"母牛型员工"。这类员工最为突出的，就是那种"学历不高、职位不高、工资不高"，却"水平高、能力强、贡献大"的"三高三不高"员工。

与之相对的，每个企业还有一类员工，他们对企业开口要价高、对职位要求高，却工作能力低、水平差，我们称之为"公牛型员工"，即"只会哞哞叫、不能产奶"的员工。

与这类员工相交叉和关联的，是企业管理层最愿意招聘的"金牛型员工"，他们既有能力，又有学历；既有业绩，又有水平；既是从基层干起的，又有发展潜力；既能自己动手干，又能培训和带领团队；既能出得了大型报告会需要其滔滔不绝的"厅堂"，又能下得了生产线的满手机油的"厨房"；既有战略愿景的视野潜力，又有实际操作能力……

从某种意义上讲，企业就是要发现和培养更多更好的"金牛型员工"，要招聘、表彰和重用"母牛型员工"，要甄别和淘汰"公牛型员工"。周而复始，不断提高"母牛"和"金牛"的比例，不断降低"公牛"的比例，从而提高员工队伍的战斗力，提高企业对员工、对客户、对股东的价值。对企业的总裁来说，就是要不断多招聘有潜力成为"金牛"的"母牛型员工"，尽量少招"公牛型员工"，并且在日常管理中，采用末位淘汰等方法淘汰那些"公牛"。对于企业的员工而言，首先要"从现在做起，从现岗位做起"，成为本职岗位上的"母牛"，然后通过自己在业余时间的学习，通过企业组织的培训，通过在职 MBA 的提升，通过实践锻炼，成为有潜力的"金牛"。对在校的学生（大学本科生及研究生）来说，就是要在大学的几年里，学会看问题、找问题、解决问题的方法，学会不断自我提高的方法，学会在一个团队里发挥作用，并且以良好的就业心态，找到一个适合自己的基层工作岗位。从基层的"母牛"做起，尽量不要成为让人头痛的"公牛"，要成长为企业或非营利组织的高层。

"母牛—公牛—金牛"模型对于任何一家企业的人力资源管理都有作用和价值，尤其对两类企业有特别重要的意义：一类是以人才为主要成本和核心竞争力的企业，如软件公司、会计师事务所、大学、设计院、研究所、咨询公司、广告公司、媒体和文化公司等；另一类是产业环境好或成长性特别好的中小成长型企业，如各地创业园中的企业、各风险种子投资公司投资的企业等。

对以人才为主要成本和核心竞争力的企业而言，如果高层团队中有"公牛"，就比较难办了：这会影响到整个中层和基层员工对企业的信心，会影响到企业的日常管理。这就是风险投资公司在投资时会非常看重创业核心高管团队的学历、水平和能力的原因；这就是创业成功的企业，其核心高管团队中都没有太差的人，也就是没有"创业公牛"的原因。

我的一位新华信管理顾问公司的同事，辞职去另一个创业团队参与创业，我就问这名同事："这个创业团队的主要领头人有没有什么东西可以教你？你有没有可以从这个人身上学到的东西？"言下之意，就是帮助员工判断这个创业团队中——尤其是主要创业人员中——有没有"公牛"。

对于产业环境好、成长性特别好的中小型成长企业来说，如果早期在企业的老员工中有"公牛"，那么对后来的"母牛型员工"而言，不但会对其造成一种心理上和工作积极性上的打击，而且会使后者在开展工作时感到为难。尊重他吧，他不会干活；不管他自己干吧，又难以绕开这个拦路虎。我的另外一个新华信管理顾问公司的同事，也是被人挖去创业，不过这是一个已经成立五年多，原来没有做过咨询业务，但现在有心去做咨询新业务的创业公司（被近年来国内高速发展的咨询业所吸引）。到了新公司以后，这位同事就发现，这家公司的基层员工中存在着大量只说不干、说得多干得少、"成事不足败事有余"的"公牛型员工"，这些"公牛"还都是和老板关系密切的老员工，于是无法开展工作。痛苦之余最后选择了黄鹤远去。

有什么办法可以不招或少招"公牛"？

第一，要谨慎对待高学历的人，尤其是高学历"海归"中从事市场营销和管理工作（而不是从事研究开发这类工作）的人，这些人是"公牛"的"疑似病例人群"。就中国目前的发展速度而言，如果一个人离开祖国三年以上，那么他对中国很多事情的认识就已经落后了。三年前，有谁知道中国的主力经管媒体《经济观察报》？那时这份报纸还没出生呢。三年前，有谁知道"博鳌亚洲论坛"？三年前，管理咨询业市场有多难？面对这种人，应该让他们先回国适应一年半载，之后再招聘他们。

第二，应聘者以前的"工作单位证明"（Reference Check）。你可以要求新员工提供过去工作的单位的联系电话及联系人，要求对方提供书面推介信。但是，你要学会如何去了解，不要看如同教科书上常用的标准、优美、华丽的赞美词，你要问他的缺点，要问他的团队工作适应性，要问他的适应能力和创造能力，要问他在原企业的排名。

第三，让新员工从基层岗位做起。一个"追求事业空间和工作平台"的人，不管他年龄多大，有多高的学历，都是可以牺牲一段时间的个人收入和利益，以谋得在企业的发展机会的。好高骛远、手低眼高的"公牛"在这方面的意愿程度就低很多了。

企业高层中"金牛"越多，企业就越好；中层中"金牛"越多，企业未来就能走得越快；基层"金牛"越多，企业未来就能走得越远。

赵民

2003 年 4 月 26 日上午 11 点 55 分

于北京

## 【主题九 市场营销】

# 报春花

> ⮕ 导语：第一个企业客户，报告了市场春天的到来。

众所周知，按照客户是企业还是个人，我们可以把一家公司归入不同的序列：B2B 公司、B2B2C 公司和 B2C 公司。产品（或服务）卖给企业的公司，即客户是企业的公司，称为 B2B 公司，或称"企业客户公司"；产品（或服务）卖给个人的公司，即客户是个人的公司，称为 B2C 公司，或称"个人客户公司"；产品（或服务卖给企业也卖给个人的公司，即客户既有企业又有个人的公司，称为 B2B2C 公司，或称"企业和个人客户公司"。典型的"企业客户公司"，如远大公司，卖中央空调；如华为公司，卖电信设备。典型的"个人客户公司"，如海尔公司，卖家电；如宝洁公司，卖洗浴用品。典型的"企业和个人客户公司"，如联想公司，既卖企业用电脑，又卖家庭用电脑；如一汽轿车，既卖单位用轿车，又卖家庭用轿车。对于小公司、初创公司，客户越简单越好。所以这类公司一般都只有一类客户，或是只有企业客户，如早期的联想只卖电脑给单位，不卖给个人或家庭；或是只有个人或家庭客户，如宝洁公司，洗护用品给家庭消费者。对于大公司，产品相对丰富，客户就可能突破个人和企业的界限，同时拥有企业客户和个人客户，如现在的联想公司，不仅卖电脑给单位，而且越来越多地卖给家庭。一个企业做大后，就要想想，你能不能把客户从企业扩大到个人，或从个人与家庭延伸到企业。对于多元化的公司，一定要在多元化时注意，你的新行业（新产品）的客户群是不是依然还是老的企业（或个人）客户？如果不是，那么一定要在营销方面十分小心。

在企业客户群中，有一类客户，我们称之为"报春花客户"。它们是公司的某个产品在一个地区（国家）或一个行业里的第一个客户。第一个企业客户，报告了市场春天的到来，它带来一个地区、一个行业市场的春天气息。

### （1）"报春花客户"的三个特征

第一是观念领先性。凡是在一个地区或一个行业里先行一步的客户，一定有几个在这个地区或这个行业里有眼光、有见识有胆量、容易接受新事物、迅速吸收新知识、敢于尝试新技术的"三有三新"员工或经理，他们是这项产品的购买决策者，是"敢为天下先"的人。这种有领先性的经理，你可能以前没有见到过，甚至连想都没有想到过。

第二是要求苛刻性。正是由于这种"报春花客户"的观念的领先性，带来了他们对于产品性能和服务的种种苛刻的、比成熟地区和成熟行业更高的要求和标准。"报春花客户"的采购经办人员会担心冒过大的风险，担心一旦失败会遭到公司领导的批评，因此，无论是在提交的产品的质量、客户满意度上，还是付款条件上都会提出各种各样的额外条件，甚至是无理的条件。但是，正是这种苛刻，表明这个客户正一步一步走向签单。

第三是价格敏感性。总体而言，由于中国市场经济所处的发展阶段，中国客户总体上是"价格驱动"和"价格敏感"型客户，中国市场是一个"价格敏感"型市场。这一点，在"报春花客户"身上体现得更多一些。为了让一个自己以前从来没有尝试过的、在本地区和同行业也从来没有使用过的新产品能够被接受，企业客户的采购经办人员通常会更多地要求在价格上有更多的折让，以便在他向上级经理汇报时更有把握，更重要的是，他们本人觉得"风险收益和价格比"更高。这时，价格便成了签单的最后一道障碍。

### （2）"报春花客户"对公司的三大意义

首先是开发了新的市场，增加了同一产品的销售总额，在客户名单上增加了新的客户。对一个企业而言，在销售业务和客户管理上，这与新签一个老行业、老地区的客户不可同日而语。对企业的成长而言，这是一种主要方式。大家想一想，是不是我们的每一次进步，都和进入一个新行业、一个新地区有关呢？可以这么说，没有"报春花客户"，就没有公司的迅速成长。

其次是锻炼了新的员工，积累了同一产品的新经验，提高了公司员工队伍在不同行业和地区的作业经验。一个创业企业为什么能够成功？原因就在于它有一支不怕陌生、不怕困难的员工队伍。这支员工队伍在遇到新行业、新地区的新客户时，是海鸥而不是大雁（参阅《海鸥和大雁》一文）；不是责怪公司以前没有积累，埋怨公司没有足够的类似成功的案例的支持，而是要根据实际情况，把过去成功的原则灵活运用到新的行业和新的客户中去，设计出新的产品和新的方法，来满足客户的特殊需求。在这个过程中，公司的人才也得到了培养。

如果一个公司稍微做大了一点，它的员工就在喊"这种客户公司以前没有积累，我们不会做"这样的话，那么，这家公司的创新精神就在衰退，创业精神就在弱化，公司的竞争力很快就会下降，公司的前景也就令人担忧。

最后是提升了公司的研发能力、运作能力和知识管理体系能力，使公司自身的核心竞争力和创新能力得到了加强。由于"报春花客户"的要求苛刻，公司在产品性能和服务质量上必须精益求精，不但要提高"一对一服务"生产系统的柔性，针对特定客户群生产特定产品，而且精益化标准也要提高。由于"报春花客户"的价格敏感性，公司在实施准时制（Just In Time，JT）方法上，在系统降低公司综合生产成本上，在降低管理费用和营销成本上，更要挖足潜力，这样才能盈利或保持适当的利润率。这就使客户带来的市场竞争压力传递到了公司内部，从而加快了公司内部自身的改进。

### （3）如何获得"报春花客户"

第一，"报春花客户"是有规律可循的。对于同一产品进入不同行业这种类型，在进入了一个新行业后，你就可以逐步总结出新行业进入时"报春花客户"的规律了。你可以借过去一个行业的经验初步判断出下一个新行业"报春花客户"的基本范围和可能性，锁定有潜力的几个客户，有重点地推动销售；对于同一产品进入不同地区，这种模式比进入新行业更加简单，通常可直接复制进入老地区时的一些成熟做法。这里可以得出的结论有三点：一是在中国，进入新行业的难度比进入新地区要更大一些；二是进入和老行业属于同一大类行业的新行业（如同为制造业中的机械制造业和汽车制造业），要比两者属于不同大类行业的新行业（如分属于制造业中的机械制造业和金融服务业中的保险业）难度小；三是进入和旧地区属于同一大人文地理区域（如东北三省、渤海湾经济区、长江三角洲、珠江三角洲）的新地区的难度，比进入两者不属于同一人文地理区域的难度要更小，如表 3-1 所示。

表 3-1 "报春花客户"的"行业—地区"规律关联度示意

| | 关联度 | | |
| --- | --- | --- | --- |
| | 大 | 中 | 小 |
| 地区 | 如长江三角洲内的两个省份之间（珠江三角洲、环渤海地区亦同） | 如华东的两个省份之间（华南、华北地区亦同） | 东部的两个省份之间（西部地区亦同） |
| 行业 | 如面向个人用户的同一类制造业内（如电视制造业和电冰箱制造业） | 如面向企业用户的制造业与面向个人用户的制造业（如电信设备制造业与家电制造业） | 如制造业与服务业（如化肥业与保险业） |

第二，"报春花客户"可以被引导和被教育。在与客户的接触过程中，在内容及标准上，对由于行业性质不同而形成的生产特性和过程上的差异，应当予以尊重，但属于客户的误解或过分小心的，要充分沟通说明，予以引导和教育，即"有满足有拒绝"。但凡全盘接受客户特殊要求的，不一定结果都好。凡是和客户谈下来什么都接受的销售经理，在专业销售技能上水平就不是很高。大家想一想，我们是不是经常遇到这种情况：当我们和客户混熟了以后，客户可能在某一次酒足饭饱之后话出一两句"当初某个条件我也是试一试，看你们能不能答应，结果你们也就答应了"这样的话。事实上，在双方谈判的条件中，总有些条件是不可动摇的底线，有些条件是可以商榷的。

在价格上，"报春花客户"也未必就一定低。"报春花客户"有特殊性，当然作为战略性市场开拓措施，价格可以适当优惠些。但站在另一个角度上，它在一个地区和行业里是第一个，没有可参照的标准，所以也可能报出合理的价格甚至高价。报出高价的前提是，与你的竞争对手相比，你依然是低的。这里涉及一个价格策略：成本价格法还是市场价格法。对一个优秀的销售人员而言，毫无疑问，应该更多地遵从市场价格法。

很多大学毕业生刚到一个公司，看到公司报出的价格和它的实际成本以后，会产生一种错误的感觉：这种价格是暴利。其实，当这些大学毕业生成长为优秀的销售人员或合格的员工时，就会知道，在中国，现阶段从来都是优先市场价格法来定价。其实，客户也是如此，竞标就是一种典型的采用市场价格法的做法。

从拥有"报春花客户"的多少，可以看出一个公司成长性的大小；从开发"报春花客户"的成功率的高低，可以看出一个公司竞争力的大小；从给予"报春花客户"的价格的多少，可以看出一个公司销售人员水平的高低。

报春花是一个标志。

赵民

2003 年 10 月 2 日

西雅图不眠夜，小白猫不安分

# 腊梅花

> 🔾 导语：腊梅花客户就是在市场严冬中仍会采购的忠诚度很高的老客户。

从企业购买产品和服务的客户，不仅有"报春花客户"，即那种能带来一个地区和一个行业的市场春天的客户，也有"腊梅花客户"，即那种在市场的寒冬中仍傲然挺立的客户。

## （1）什么是"腊梅花客户"

广义的"腊梅花客户"有三种情况

第一种情况是全球性或全国性行业整个不景气。这时，企业客户会裁减预算，压缩开支，减少或取消采购订单，整个市场需求全面疲软。这时的"腊梅花客户"，就是那些少数依然有采购预算的企业。这些企业之所以还是花儿盛开，要么是企业本身逆市场而上，要么是企业的发展离不开采购，要么是这些企业在"逢低吸入"。这时候的"腊梅花客户"，并不专属于某一个企业，而是行业性的。

第二种情况是市场整体疲软，局部兴旺。典型的原因有：一是产业结构调整，比如这几年全球制造业低迷，唯独中国制造业一枝独秀；二是政策支持形成的采购需求，比如西部大开发和振兴东北工业基地而带来的采购需求，这时的"腊梅花客户"也属于整个行业。

以上两种"腊梅花客户"都不是本文重点讨论的对象。我们真正要关注、研究和培养的是第三种"腊梅花客户"：在公司平时的老客户群中，由于服务好而形成的忠诚的客户，同时，由于其规模及自身发展，即使在全局性产业市场低迷时仍有采购需求的客户。

所以，"腊梅花客户"就是在市场严冬中仍会采购的忠诚度很高的老客户。

这种"腊梅花客户"的重要性，在 2003 年春季的"非典型性肺炎"危机中，已经充分地表现出来。当市场因突如其来的意外而陷入低谷时，大多数企业停止了采购，那些少数仍采购的企业，成了每家公司纷纷争抢的对象。此时，谁能拥有少数仍采购的企业的忠诚度，谁就可以安然度过危机。

### （2）"腊梅花客户"的三个特征

第一个特征是，"腊梅花客户"必须是自身发展良好、没有受到经济疲软和低迷冲击的企业。这些企业的财务状况和市场业务良好。这种企业可以是大企业，也可以是快速成长中的小企业。

第二个特征是，"腊梅花客户"的采购是它自身真正需要的，没有这种采购，它自身的发展就要受到影响。否则，它可以在经济不好的时候延缓采购，没有必要赶时间一定要在这种时候逆势采购。

谈到这一点，就必然要关注市场营销中的另一个方面—产品。我们把那些用于满足客户基本需求、即使经济不景气时客户也仍然需要的产品相应地称为"腊梅花产品"。一个产品系列中的"腊梅花产品"，一定是那些性价比最好的产品。例如，在广州本田雅阁轿车 2.0 型、2.4 型和 3.0 型中，"腊梅花产品"最有可能的是 2.0 型。

用"腊梅花产品"来满足"腊梅花客户"，叫投其所好。

"腊梅花客户"的第三个特征是，它的采购有时间要求，必须立即采购，不能拖。立即采购的原因有很多种，但无外乎内部原因或外部原因。内部原因的产生，或者是换人所引起的，或者是新的投资计划产生的，或者是并购后产生的，或者是由产品寿命决定的。外部原因的存在，或者是争办某个大型会议所要求的，或者是国家产业标准要求的，或者是流行病产生的，或者是它的客户要求的，等等。

### （3）怎样才能拥有"腊梅花客户"

首先，客户群体要大。基数大了，按一定比例产生满意度高的老客户的概率也就高了。所以，占有一定的市场规模、有一定的人员和生产能力规模是必不可少的基础。还是那句老话："发展才是硬道理"。

其次，客户的分布结构要相对合理。要有不同行业、不同地区、不同类型和不同发展阶段的客户，避免客户单一。所以，在平时的客户营销中，要注意覆盖空白的省份和空白的行业。

再次，公司自身的产品线要丰富。既要有贵的，以满足经济兴旺时客户对质量和虚荣心的要求，又要有性价比高的，从根本上挖掘大多数客户的采购需求；既要有一成不变的产品，又要有定期更新的新产品，如老口味的可口可乐和新包装的可口可乐；既要有一次性收费方式，又要尽可能考虑长期收费模式。在这样的基础上，设计自己的产品战略。

最后，要经常回访客户，增加与客户的亲密接触，提高对客户的了解程度，建立全面的信任关系，从而提高客户服务的质量和客户满意度。

有的公司建立了"以客户为导向"的销售流程，但是却减少了专门服务于客户的销售人员，这会导致客户的满意度降低、客户信息的遗漏，从而降低对客户的掌握程度。这会导致"腊梅花客户"的减少，因此潜伏着危机。

与"腊梅花客户"的存在相对应的是，在一个产业中，会有一些公司在市场低迷中依然业绩良好，业绩逆市场而动，我们称之为"腊梅花公司"。典型的"腊梅花公司"是深圳的中兴通讯。相对于同城的华为，在市场高涨的时候，中兴不如华为发展迅速，但当IT寒冬来临的时候，华为销售收入迅速下降，而中兴依然笑傲江湖。

"腊梅花公司"的业务一定是相对多元化的，有些业务之间的模式很不一致。这加大了管理的难度，但在市场不好的时候，降低了整体的风险。

处于中国这样一个具有各种各样发展机会和业务成长机会的市场，要做纯粹的单一业务是相当难的，所以，绝大多数中国企业目前都不是纯粹经营单一业务，其业务或产品多少有一点相对离散。

每年都有冬天，差别在于其时间是长还是短，是严冬还是暖冬。中国企业这十多年过惯了市场成长的好日子，因此不重视"腊梅花客户"，也鲜有企业思考自己能否成为大雪皑皑中的"腊梅花公司"。这样的好日子，让人留恋，但不会长久。

赵民

2003 年 10 月 3 日早上 9 点 9 分

于美国西雅图

早晨雾很大，很潮，很冷

# 台阶和台风

➲ 导语：适用于创业企业的两种营销模式。

企业品牌和产品营销一直是一个颇热门的话题，因为它们都具有"成也萧何，败也萧何"的特点。对一个创业企业而言，营销有什么样的基本方法呢？

## （1）台阶式营销和台水式营销

根据企业资源、实力的大小来划分，营销模式一般有两种：台阶式营销和台风式营销，它们分别适用于不同的创业企业。

顾名思义，台阶式营销就是一步一个台阶，从小客户做起，一点一点地争取往上走，直到拿下中型客户、大客户以及行业领先的企业客户。这种方式适用于技术领先、资金不雄厚、品牌无优势的赤手空拳从市场竞争中创业起来的初创型企业。这种营销模式虽然无可奈何、艰苦卓绝，但是却比较稳妥、有把握。采用这种方式的典型企业有很多，联想公司创业时如此，新华信管理顾问公司创业时也是如此。

台风式营销就是挟巨大品牌或领先技术，优先主打行业领先的大企业客户，从而产生灯塔效应，如台风般席卷某一地区或某一行业的重要客户群，从而在短期内成为市场颠覆力量。这种模式适用于资金多、技术好、品牌大、市场领先的大企业，当然也有部分初创企业用此模式，典型的如思爱普公司（SAP）、微软公司等。这种模式难度大、风险高，弄不好就会搞砸，如同空中走钢丝，需要胆魄，也需要运气。

## （2）台阶式营销的五个注意点

第一，要找到一个恰当起步的台阶：先从哪些类型的客户着手搭第一个台阶？要找的这个台阶一定要有坚实的地基，也就是要有自然的市场需求，而不是那种靠亲友、同学关照而产生的生意。

第二，还要有一定的市场空间规模，足以让自己立住脚，踏上一个新台阶，并且要积极稳步上台阶。当一个产品占领市场后，要否定老产品并推出新产品，从感情上来说会有点障碍，从眼光上来说会有点难度。这就要求创业者目光长远，抬头看路，抬脚上山。

第三，不要一步踏空。上台阶也有踩不准，一脚踩空的。就市场营销而言，这容易在以下三种情况下发生：一是开发外地市场时，由于不同省份、城市的消费者（用户）的购买能力、购买习惯不同，沿用老办法就不对路；二是开发新目标客户市场（如一个新行业的客户群）时，由于客户的采购流程或获得购买信息的渠道发生了变化，老办法不灵了；三是竞争对手用更低的价格控制市场的时候，因盲目跟进而无故丢城失地。

第四，上台阶的速度要快。登上泰山不仅要上999级台阶，还有一个速度问题。所以，中国企业要学会在快跑中调整，边登山、边擦汗、边喝水，要远比停下来喘口气再跑要快。

第五，要科学。"会当凌绝顶，一览众山小"，除了要有体力还要有战略。有了战略，不一定能爬上山，但没有战略是一定无法领先登上山的。

### （3）台风式营销的四种模式

第一种模式是"山雨欲来风满楼"，要对台风卷起前的造势倾注很大的精力。你看美国电影大片在上映前，都做足了广告，影片未播，已如雷贯耳。当然，这只适用于大企业、大制作、大手笔。

第二种模式是以小成本拿下灯塔客户。神不知鬼不觉，一单定天下，再凭借灯塔客户"照亮"市场。"待到对手反应时，我在客户丛中笑"，这种方法适用于初创企业。

第三种模式是给大客户做原始设备制造商（Original Equipment Manufacturer, OEM），把自己的生产和技术能力提高到国际一流水准，从而获得以后自立门户建品牌时高水准的产品生产能力、服务能力和技术水平。给大客户做事，企业要有一定的实力和资源。

第四种模式是高性价比的价格营销，俗称为"刺刀见红拼价格"。产品一登场，就价格大跳水，进行毁灭性的进攻，清扫市场门户，抬高市场准入门槛，从而迅速占领巨大的市场份额。这是中国企业营销大战的常见手法。

对于台阶模式和台风模式，很多企业家一定在用其中一种，只是自己没有意识到。但有一点很明显，你不能同时把两种模式在同一地区、同一产品上使用。

赵民

2003 年 5 月 13 日凌晨 2 点 28 分

于夜幕下的哈尔滨

"'非典'台风"外的桃花源

# 母鸡、金鸡和公鸡

⮕ 导语："母鸡—金鸡—公鸡"规律提供了区分"成功创业者—成功企业家—优秀企业家"的标志。

中国企业的多元化一般是从产品的多元化开始的。这时，陷阱就悄悄地出现了：有的产品是赚钱的，有的产品是不赚钱的；有的产品是可以为企业获得市场规模和市场份额的，有的产品是不能为企业获得市场名声的。正确认识这一点，就是一个"糊里糊涂地成功的企业家"和一个"明明白白地成功的企业家"之间的主要差别。

新华信管理咨询公司在实践中总结了这种产品多元化的陷阱，并称之为"母鸡—金鸡—公鸡"规律。

任何企业，只要它的产品不只有一个，那么它就可以根据产品的营利情况和市场份额，将产品区分为以下四种。

"母鸡产品"：只为企业赚取利润，但对企业的市场份额没有明显贡献的产品——只下"利润蛋"，不会在市场上大声叫嚷。

"公鸡产品"：虽然大规模地生产和销售，但对企业利润的贡献实在有限——只会在市场上大声叫嚷，并不下"利润蛋"。

"金鸡产品"：不但实实在在地为企业贡献了利润，而且大量销售，为企业赢得了市场规模和份额——不仅会下"利润蛋"，而且是呱呱叫的产品。

这三种产品决定了一家企业是"只在今天风头正盛"，还是"明天也能昂首挺胸"。

与前三种产品不同的是最后一种"病鸡产品"：既不能给企业带来利润，又不给企业带来市场的淘汰产品。

一家企业的主力产品通常就是"金鸡产品"。由于市场对路，产品有领先性，因此具有较高的利润率，能产生良好的经济利益，从而带动大规模的批量生产，带动经销商的大量铺货和销售，最终确立起企业在市场中的领先地位，既给企业带来了利润，又帮助企业提高了知名度和美誉度。"金鸡产品"是企业多次研发的结晶。

接下来，已找到"金鸡产品"的成功创业者能否持续地找到新的"金鸡产品"，成为判断其是一个"成功创业者"还是"成功企业家"的主要标志。这个时候容易出现一个新的陷阱，即新产品很可能是"公鸡产品"。

由于初创成功，成功创业者便容易过于相信自己的市场判断能力。因此，新产品很容易被大量生产和迅速铺货，但盈利出现明显下降，新产品变成了"公鸡产品"。这个时候，创业者应该采用正确的市场调研流程，找出"母鸡产品"，因为通常的规律是先有"母鸡产品"，才有"金鸡产品"，只有从"母鸡产品"中才能诞生"金鸡产品"。从"公鸡产品"中是出不了"金鸡产品"的。"母鸡"是"金鸡"之母。

"母鸡产品"既依赖于市场需求，又受制于企业研发人员的水平。我们发现，一个成功的创业者通常不是有良好的市场感觉，就是有突出的研发能力。这也是为什么现在风险投资者寻找优秀创业团队时，十分注重创业团队营销人才和研发人才相结合的原因。

"母鸡产品"能否转化为"金鸡产品"，主要在于对市场切入点的把握。"母鸡产品"通常有特定的客户，但要成为"金鸡产品"，就必须突破这种特定用户群而走向更为广泛的消费群体，同时必须保持良好的盈利能力。

所以，创业者必须积极寻找市场切入点以实现这种转换。

一家企业的危机在于，当最初成功的"金鸡产品"由于新进入者的激烈竞争而利润率下降，最终成为"公鸡产品"的时候，却没有找到新的"母鸡产品"，或者"母鸡产品"没有及时转换升级成为"金鸡产品"，从而造成企业整体盈利下降，用于新产品研发的资金减少，企业最终走向衰落。

换句话说，一位企业总裁的职责是延长"金鸡产品"的寿命和找到更多的"母鸡产品"。

由于"金鸡产品"最终必然会衰落成"公鸡产品",因此,正确使用"金鸡产品"战略,延长"金鸡产品"的市场时间,正确利用"金鸡产品"打击新进入者和竞争对手,就是"战略型"企业家和"运营型"企业家的主要差别。这时,企业家关注的焦点就不应该是市场营销端的竞争力了,而是应该将目光向内转、向后移:猛抓库存和生产环节,狠抓供应成本和生产流程。

对于"病鸡产品",管理者应当看到它的两面性:一方面"病鸡"是由"公鸡"演变而来的;另一方面"病鸡"也可以在一定条件下成为"母鸡"。只要不是受到技术上的限制,一个或一类"病鸡"产品在一定程度上是存在着再利用和再开发的价值的。

"母鸡产品"通过市场营销手段上升为"金鸡产品",是企业成功的阶段;而"金鸡产品"逐步下降为"公鸡产品",是企业丧失竞争力、丧失资本市场和投资者追捧的过程;"公鸡产品"最终衰落为"病鸡产品",企业便面临着最大的风险——死亡。

从这个意义上看,一个创业者或企业总裁的命运就在这三只"鸡"的手中。"母鸡—金鸡—公鸡"规律提供了区分"成功创业者—成功企业家—优秀企业家"的标志。

赵民

2003 年 4 月 25 日下午 1 点 25 分

于骄阳当空

第四章

决战于细节处

# 【主题十　决战之道】

# 决战于高层

◐　导语：创业型企业、少而大发展期企业、大而单一型企业、技术快企业和无关多元化企业都需要高层参与竞争比拼。

决战于高层，即企业竞争主要在于高层管理人员眼光、水平和能力的相互比拼；决战于中层，即企业竞争主要在于中层管理人员管理能力和水平的相互比拼；决战于基层，即企业竞争主要在于管理体系、基础素质和企业文化的相互比拼。

决战于高层的企业有五种类型。

第一种是处于创业期的企业（创业期企业）。由于处于创业期的企业没有品牌，缺少作为争取其他客户基础的企业成功经验和优质客户，因此，创业企业的高层不得不亲自出面与客户洽谈，参与采购、研发、生产和质量控制过程，亲力亲为地保证客户满意。这时候，一个创业企业能否成功，主要依赖于企业高层的市场竞争力。

第二种是客户量少而单个合同金额大、处于发展期的企业（少而大发展期企业）。由于客户量少，因此每一个客户都至关重要；单个合同金额大，因此一个合同就可能决定企业盈亏。此时，虽然企业已经处于发展期，但对企业高层而言，依然要为拿下和留下大客户而忙前忙后、忙里忙外。此时，企业高层的总体素质及相对意志力就决定了企业的上升发展速度。

第三种是发展规模特别大的单一大类产品的企业（大而单一企业）。由于发展规模特别大，而且产品单一，因此，企业的市场风险特别大，企业处于一个需要战略转型的关键时期。这时，企业决战取决于高层：新的战略方向选择得对不对？在传统核心产品市场衰退之前，新产品的研发、生产和上市的操作力度能否保证时间上的衔接？

第四种是技术发展特别快的 IT 高科技企业（技术快企业）。正因技术发展特别快，所以就要有劳企业高层多辛苦，就有赖于企业高层对客户、市场和技术判断的准确性，这种时候尤为关键，因为一步错，步步错。尤其是对于行业第一名的企业，这就像在荒芜平原上第一个踩出一条生路的向导，不知道一踩下去，是踩进了一片沼泽还是踩进了深渊。这时候，企业高层决定了这个企业的生死。

最后一种是业务种类多，各个业务之间又没有关系的企业（无关多元化企业）。不管这个企业规模有多大，都取决于企业的高层。同样是挣 10 元钱，从 10 个业务中各挣一元钱，和从一个业务中挣 10 元钱，对企业高层素质的要求是完全不同的：前者的企业高层不仅要有财务水平，还要有战略眼光和识人用人的能力，业务高层不仅要有单兵作战的能力，而且要有集团合成军作战的眼界。所以说，管理一个只在一个城市有一个办公室的企业，是一个台阶；管理一个在几个城市有几个办公室的企业，又是一个台阶；而管理在几个国家、有几个业务的企业，更要上几个台阶。

需要说明的是，这五类企业被新华信管理咨询公司总结归纳为"决战于高层"的企业，并不是说其他因素就不重要了。这种归纳总结是我们从实践中感受到的，企业高层在这五类企业中的作用尤为关键。

从"决战于高层"的五种类型的企业对企业老总的素质要求来看，这些素质可以分为三大类。

第一类素质是获取客户的能力、直接服务客户的能力和提高客户忠诚度的能力。这类素质主要体现在第一种"创业期企业"和第二种"少而大发展期企业"中。我们称这类素质为"个体客户素质"。在 20 世纪 80 年代中国改革开放早期，深圳很多民营企业的创业者的这种素质主要表现在"跑市长""跑部门"和"跑批文"，所以，这类创业者到了 20 世纪 90 年代，随着真正的市场经济的出现，就逐渐从成功企业家队列之中消失了。

第二类素质是专业技术和市场判断的战略性眼光。这类素质主要体现在第三种"大而单一企业"和第四种"技术快企业"中。我们称这类素质为"战略素质"。大部分一炮走红的成功创业者之所以没有能持续高增长，不是运气不好，而主要是没有过"战略素质"这一关。当初创业一炮走红的幸运，成了其一生中唯一的一次成功。这样的成功人士，只能称之为"成功创业者"，而不能称之为"成功企业家"，因为他们不具备企业家最重要的战略素质。

第三类素质是跨业务、跨区域、跨国度进行管理的能力。这一类素质在第五种"无关多元化企业"中尤为突出，我们称之为"运营素质"。在企业家中，有的人具有战略眼光，可以称之为"战略型企业家"；有的人具有运营能力，可以称之为"运营型企业家"。很多技术出身的企业创业者，或者擅长作秀、演讲的创业者，其实是不具备"运营"一个企业的素质的。所以当企业长大成型后，这类创业者一定要退下来，请个职业经理人。这种创业者不乏战略眼光，缺少的正是这种"运营素质"，他可以成为"战略型企业家"，而成不了"运营型企业家"。

五种类型企业——创业型企业、少而大发展期企业、大而单一型企业、技术快企业、无关多元化企业，以及这五种类型企业对企业高层的三类素质的要求——个体客户素质、战略素质、运营素质，在一定程度上决定了一个企业的生与死、兴与衰。

赵民

2003 年 4 月 27 日上午 11 点 6 分

于北京

有感于里欧·郭士纳（IBM 公司首席执行官）

# 决战于中层

➲ 导语：流程型企业、多外部合作伙伴企业和快速地理扩张型企业的成功与否取决于中层的竞争力。

有一些企业，主要依靠中层的竞争力而制胜，即决战于中层的企业。

决战于中层的企业有个共同的特征，那就是它一定不会是小企业，即使不是大企业，至少在行业里也算得上中型企业。由于规模较大，才有大批中层管理人员，才谈得上中层的重要性。决战于中层的企业可以分为三类。

第一类是员工人数相对较多的"流程型企业"。流程型企业有两类：一类是依靠机器设备生产线而形成流程的企业，如家电生产企业；还有一类是不依靠机器设备，而是依靠人工流程的企业，如商业银行遍布全国的储蓄所。虽然每个企业都可以讲自己有流程、依靠流程，但像商业银行储蓄所这样的流程和一般企业的流程有着根本的不同，商业银行少不得其中任何一个环节，而多数企业并不是如此。流程型企业的中层之所以关键，是因为其产品质量和服务质量的每一个基本单位都依赖于中层管理人员。在这样的企业中，中层也可能分为上中、中中、下中三个细分层次。在这样的企业中，有的中层互换性较大（如储蓄所主任），有的中层由于专业技术的原因互换性较小，甚至属于资源稀缺型的中层。在这样的企业中，有的中层主要是执行，严格按规范流程来操作，而有的中层不仅要执行，还要自主决策甚至制定市场客户细分战略。所以，流程型企业不仅可以培育出优秀的执行者，也可以培育出创造性强的决策者。流程型企业的中层，就是要培养和挖掘更多的"创造性决策者"。

第二类是"多外部合作伙伴型企业"。这里的外部合作伙伴是指供应商、分销商和其他战略合作伙伴。对于采购成本占总成本比例大的产业（如汽车整车制造业），供应商的筛选和管理基本上决定了产品的质量。新华信管理咨询公司曾为一家名列国内前五名的汽车公司做过咨询，在咨询中我们发现，这个企业的产品质量事故或客户投诉有 70% 以上来自外购件，而本厂制造的部分，由于生产线技术水平高，工人劳动熟练程度高，质量很稳定。所以，我们的建议是从整合每个汽车的零部件供应商开始，但是，反对的阻力首先来自中层，种种理由、借口和特殊性被提出来维持老办法。此时，竞争力的关键难道不就在中层吗？

外部合作型企业的中层有三种情况：第一种是中层自己不用别人讲，就能发现问题和解决问题，中层是企业改革前进的推动力（"动力中层"）；第二种是中层自己由于能力和水平所限，发现不了问题，但一经外界人员指出问题，就能立即积极地去实施新方案，本身从原来的企业改革前进的阻力自动转化为前进的推动力（"摩擦中层"）；第三种是中层表面上由于能力和水平所限，发现不了问题，但实际上对问题一清二楚，就是不愿或没有动力去解决问题，而且经外界人员指出后，也不愿改正，想方设法地维持既得利益（个人利益、小单位团体利益或桌子底下的利益），因此成为企业改革前进的阻力（"阻力中层"）。所谓决战于中层，对企业高管人员和管理咨询公司的顾问而言，就是要找出第一类"动力中层"，予以重用和表彰；辨别出第三类"阻力中层"，予以清除和淘汰；从而争取使第二类"摩擦中层"少一点阻力，并积极润滑起来。对于企业的采购系统和销售系统，就是要不断提高"动力中层"的比例，至少达到 50%；不断降低"阻力中层"的比例，理想状态是低于 20%；不断将"摩擦中层"转化为"动力中层"，理想比例是低于 30%。

中层对于企业发展特别重要的第三类企业，就是发展速度快、地理区域跨度大的"快速地理扩张型企业"。第一类"流程型企业"和第二类"多外部合作伙伴的企业"，其中层都属于"眼皮底下的中层"，即通常概念中的中层。但对第三类"快速地理扩张型企业"的中层而言，已经不是一般的中层，里面有的人开始随着规模的扩张而升为上中层。在他下面还有中中层，可能还有下中层。从某种意义上讲，在某个特定的区域内，他就不是中层而是高层。这时，那些我在《决战于高层》中所言的五种类型和三种素质就都适用于此类中层了。这一类企业的典型例子就是跨国公司在华企业的老总。在跨国公司中，大中华区总裁或中国区总经理都是中层；但他们在中国大市场中是高层。因此，不同的跨国公司的中国区总经理是很不一样的。第一类充其量是个首席代表，只负责政府关系、品牌宣传、市场开拓，没有独立经营权，其中国事务决策者可能在中国香港，也可能在新加坡，我们称之为"首代型"。第二类是职能较全的生产型厂长，只管生产，不管销售，我们称之为"厂长型"。第三类是总经理，但没有新产品研发和产品战略权，主要是生产和销售产品，按总部既定的总体战略走，可以在市场营销上有自己独立的战略，我们称之为"营销总经理型"。第四类是总裁，有生产销售权，还有战略产品权，只是没有投资决策权，我们称之为"总裁型"。第五类是各种权力全都有，但投资权有一定限度的"董事长型"（详见《中国三代企业家之外资企业家》一文）。所以，如果去求职或职业经理人跳槽到跨国公司，应当从骨子里清楚这家跨国公司在华老总的真正权力。对于想从跨国公司挖老总的中国本土企业而言，在动手挖人前，要看清其原来职位的真正工作职权范围，因为这体现了他（她）的经验丰富与否、能力大小和水平高低。

决战于中层的企业，虽说可能不只有"流程型企业""多外部合作伙伴型企业"和"快速地理扩张型企业"这三大类，但我在这里强调的是，对当前中国企业而言，这三大类企业尤其倚重中层队伍的战斗力和竞争力。

对"流程型企业"来说，要解决培养创造性决策者的问题；对"多外部合作伙伴型企业"来说，要解决动力中层、摩擦中层和阻力中层的分布比例的问题；对"快速地理扩张型企业"来说，要认清是要首代型、厂长型、总经理型、总裁型、董事长型中的哪类中层，这是赢在中层的关键。

赵民

2003 年 5 月 1 日下午 5 点 9 分

*树影斑驳空气新*

# 决战于基层

⟡ 导语：个人用户销售企业、集团用户销售企业、个人用户服务企业、集团用户服务企业和远程服务企业的竞争力取决于基层。

"决战于基层"的企业之所以会存在，主要是因为这一类企业的最基层员工直接为用户提供一对一的服务，企业的知名度、美誉度和客户忠诚度均来自一线员工。"决战于基层"的企业主要有五类。

第一类是"个人用户销售企业"，即依赖企业销售人员面向个人消费者进行销售的企业，典型的包括保险公司和零售企业。客户原来不知道你这家保险公司，或不知道你的保险产品，存在信息不对称，所以要依靠保险推销员去介绍和引导。客户以前从来没有进过你的商店，要靠商店推销员提供热情周到的服务才能促成买卖。个人用户销售企业的特点是，员工的主要任务是销售产品，员工对产品本身的设计、生产和质量无法产生重要作用。个人用户销售企业提升竞争力的关键是对销售人员进行良好的销售技巧和服务技巧培训，同时建立有效的奖励制度。

第二类是"集团用户销售企业"，即依赖企业销售人员面向集团用户进行销售的企业，典型的包括中央空调生产企业、复印机生产企业、专业生产设备的生产企业等。对于这一类企业，集团用户的获取不仅依靠基层员工的个体销售能力，还依靠生产企业本身的支持管理体系。在第一类个人用户销售企业中，小企业和大企业是完全可以竞争的，因为有购买的方便性和信息的不对称性在起主要作用，但对于"集团用户销售企业"，小企业就很难和大企业竞争了，因为集体用户会为采购设置很多前提条件和必要的流程，因此可靠性、售后服务能力就会起到重要作用，信息不对称也将不复存在。集团用户企业的特点是，重在销售技巧的培训和销售渠道的建立。因此，集团用户销售企业的竞争力关键是双管齐下，不但要培养出好的销售人员，而且要建立起企业的支持管理体系。

对于以上前两类企业，决战在基层中的基层主要是指销售系统的基层人员，而后三类企业决战在基层中的基层主要是指运营系统的基层人员。

第三类是"决战于基层"的企业，如旅行社、饭店、医院、学校、民航、铁路、汽车客运、轮船客运、物业管理公司等，我们称之为"个人用户服务企业"，即依赖企业基层运营人员面向个人消费者提供服务的企业。在这类企业中，核心竞争力体现在抓住老客户上，而老客户则是由服务体验的愉快程度决定的。因此，这类企业要提高本企业运营服务人员的服务意识、水平和质量，从而提高客户的满意度和忠诚度。在这类企业中，充分体现了"魔鬼在细节中"（Devil is in Detail）的道理。

第四类是"决战于基层"的企业，如会计事务所、律师事务所、信息公司、咨询公司、IT 服务公司、公关公司、媒体公司等，我们称之为"集团用户服务企业"，这类企业依赖企业基层运营人员面向企业集团用户提供服务。在这类企业中，核心竞争力体现在老客户的回头率和灯塔客户（即行业或区域中的领先企业）上。因此，对这类企业而言，用 80% 的精力为 20% 的大客户提供优质服务是主要策略，对同一个客户提供多种产品是其发展策略，这样的策略有利于维持一定规模的客户总数，以保持企业收入来源的稳定性和降低经营风险。

第五类是"决战于基层"的企业，如互联网公司、邮购公司、电信运营商和电视购物公司等，我们称之为"远程服务企业"。这类企业的用户包括个人消费者和企业用户，服务是由基层员工通过语音、数据等方式来实现的。这类企业的核心竞争力体现在三个指标上：一是服务的效率，最好是"7×24"小时工作制；二是服务的准确性，不能出错，最好有 ERP 系统；三是服务的态度，最好规范服务标准。

对于"决战于基层"的企业，所有的核心竞争力体现在两个方面：体系的建立和实施的力度。

赵民

2003 年 5 月 3 日中午 12 点 24 分

于春天淡淡的花香中

# 决战于激励

○ 导语：对于整个公司，从总体和长期看，决战在企业员工激励周期中，决战在激励中。

对于公司的员工，如果从激发其潜力，使其全力以赴地投入到工作的最主要因素来区分，可以分为四种类型：学习型、事业型、金钱型和成功型。

学习型员工就是那些相对而言不以工资收入和职务等为重，但重视公司提供的学习成长平台的员工。

这样的员工通常有三类。刚毕业的应届生是第一类，也是最主要的一类。第二类是"人才市场竞争力恢复型"员工，典型的包括海外留学刚回国找工作的人、长期在家不工作后开始上班的人。第三类是"疲软产业转型"员工，如 1996 年之后，中国的外贸业急剧分化，外贸越来越难做，外贸行业过去 10 年里吸收的一大批优秀大学生开始谋求转型，有相当一批人在考取 MBA 后转到了管理咨询行业；又如1998 年以后，政府机关裁员并将之送去读书，后来重新择业的；再如 2001 年以后，在中国互联网行业疲软时期，大批转入各种制造业和服务业的 IT 人员。

这种类型的员工通常看重企业的三个因素。首先是口碑和声誉。这一般包括三个方面：是不是行业领头羊企业？是不是知名品牌？是不是上市公司？这是为什么呢？因为在家人、朋友、同学面前，他无法以职位和收入为骄傲，好的公司品牌就是他的面子。其次是企业文化。这包括五个方面：一是媒体报道的公司文化；二是公司网站所反映的理念；三是校园招聘会上公司领导者的素质；四是面试时考官的素质和印象；五是曾经或已经在该公司工作过的同学或朋友的口碑。为什么？因为一个希望学习成长的员工，一定会希望在这个公司至少有一个好朋友，所以他会看重企业文化。最后是出路。这包括三个方面：一是如果离开这家公司，是不是容易在同行业里找到一个更高收入的工作；二是如果离开这家公司，是不是容易在其他行业里找到一份同样的工作；三是如果留下来发展，这里有没有事业发展的上升空间。

如何留住学习型员工？需要从企业理念、公司领导人个人行为举止、公司组织机构发展、人力资源管理体系和企业文化建设各个方面，进行全面的而非局部的、根本的而非表面的、系统的而非零散的改进、变革和提升。而且，这种管理变革的效果并不是立马就能看到的，通常一年之后才能开始慢慢见效。留住学习型员工的方法，用一句话来讲就是"做好你的口碑"。

事业型员工就是已经具备了一定的行业经验或功能职位经验，相对收入而言，主要是看重公司所提供的发展空间的员工。

事业型员工通常有三类。第一类是来自同行业不同岗位的员工。这类员工可以细分为三类：一是海外同行公司回国追求事业成功的；二是出于某种需要，边远地区的人想到中心大城市来工作的；三是喜欢本行业但不喜欢原来岗位，而在本公司又不能换岗位的。事业型员工的第二类是喜欢自己所从事的职能，有职能经验但没有行业经验，希望通过换行业积累经验，以在今后谋求有更多收入的岗位的员工。事业型员工中的第三类是有一定行业经验和职能经验，但过去的职位不够高、业绩不够好，因为职务的发展空间而来的员工。

事业型员工看重的因素通常有三个。一是职位头衔。职位表明了他在公司组织结构中的层级和地位，表明了公司对他的初步判断和基本评估，是对他过去从业经验的认可，即承认他的历史。二是管理权限。给他权限的多少，表明了他今后工作舞台的大小和可能的业绩大小。同样一个职位，在不同的公司、在同一个公司的不同历史发展阶段，都会有不同的管理权限。三是直接上级。这决定了他的层级，也决定了他今后主要沟通和说服的对象。对于一个新入职的员工，对上级的初步认识只能来自他本人面试时和直接上级的有限沟通，此时，面试技巧和沟通技巧就是十分重要甚至是关键的。

如何留住事业型员工？有三件事要做：一是放手让这类员工干自己想干的事；二是在发展上给予充分的空间；三是通过良好的沟通，将今后公司和其本人的事业成长联系在一起。

虽然很多人还不太好意思承认自己是冲着钱去的，但在每个公司中，的确有相当部分的人是金钱型员工。他们之所以在这家公司工作，就是因为这里拿到的钱比其他公司多。这也是正常的——市场经济嘛。

金钱型员工可以分为四类。第一类是人们所共知的销售人员，销售人员一般都是一个公司里最辛苦的，没有上下班时限、没有节假日。这类员工脚要勤，手要快，嘴巴要甜，面皮要厚，脾气要好，眼观六路，耳听八方。第二类是有浮动收入机制的运营人员，包括生产线上计件收入的工人，信息公司里以录入字数统计收入的录入员，以飞行次数统计收入的飞机驾驶员和空姐，以上课课时领课时补贴的大学教授，报纸杂志以字数领收入的记者、编辑，投资银行里以 IPO 数量及并购规模发奖金的投资经理，以及管理咨询公司里以项目数量领取项目奖金的咨询顾问等。第三类是有浮动收入机制的研发人员，包括一般制造业公司里的新产品开发人员，专门从事设计外包的建筑设计师事务所的设计师，大学里争取国家自然科学基金等外部研究课题费用的大学教授等。第四类是有浮动收入激励机制的管理人员，包括保险公司里管理销售人员的主管、公司内部支持部门的主管和经理，以及部分公司的高级管理人员等。

如何才能留住金钱型员工呢？有三个原则。一是要体现出这种性质的岗位和公司内其他岗位的差异性和特殊性，做到不同体系之间存在差别。二是要在金钱型员工中保证奖金发放和级别提升的公开性和公平性。"不患不均，只患不公。"三是要确保每个考评周期都有淘汰，比如每年的末位淘汰法。若宽容低绩效的员工，将从整体上损害金钱型员工的积极性。

当然，还有一个底线，就是要兑现公司对员工个人的奖励承诺，哪怕原来定的方案有错误，也不管有多高的奖励额。

除了以上三种金钱型员工外，其实很多公司中还有不少暗藏着的金钱型员工：在公司里面可以吃到回扣的岗位的员工。这种人不是企业想激励的对象。要遏制这种现象有两个小招数：勤换职能和人员。

最后一类员工是既追求金钱又追求事业的成功型员工。成功是所有员工都追求的，但想做成功型员工，是要有一定积累的，不是每个人都能做到的。

成功型员工分为三种。第一种是"内部实干型"，即凭自己的真正本事，从一个企业的基层一步一步走上来，最终实现成功。第二种是"外部机遇型"，即由于行业形势好，新投资者纷纷进入，其通过猎头公司跳槽，先空降担任高职，然后再通过几年的努力实干，实现自己的职业理想和人才价值，实现真正的成功。最后一种是"自己创业型"，即以自己的勇气、眼光、胆识和辛勤，从无到有，从小到大，从弱到强，从默默无闻到举世闻名，完成自身价值的实现，走向成功。

如何留住成功型员工是一个更加高级、更加复杂的管理问题。首先，成功型员工不是天生锋芒毕露的，在某种程度上，是可遇而不可求的。其次，成功型员工是可以挑选的。通过公司积累和个人积累，对每个行业的成功型员工的具体标准，是可以形成共识并摸索出规律的。再次，成功型员工是可以培养的，只要公司给予系统的制度规划，通过淘汰选择，良中择优，优中选佳，是可以内生的。最后，一定要"批量生产"，才能真正留住成功型员工。为什么？因为优秀员工是"群居动物"。一个公司如果不能持续培养内生成功型员工，少数几个碰巧被选拔上来的成功型员工也会感到工作不够顺手，也是会离开的。

在现实中，落实到每个具体的员工，这四种因素并不是独立存在的，也不是一成不变的。从一个新毕业的大学生到一家公司开始工作起，激励的最主要因素基本上是沿着"学习—事业—金钱—成功"这个规律而演进的，员工也是沿着"学习—事业—金钱—成功"的周期而发展的。这样一个内在激励规律就是"企业员工激励周期"。

"企业员工激励周期"的每个阶段通常为2~4年，但不同的行业有不同的情况。在下列三种情况中，"企业员工激励周期"会缩短：一是竞争激烈的行业，二是技术进步快的行业，三是人才供不应求的行业。激烈的竞争、快速的技术进步和相对短缺的人才市场，都可以主动或被动地缩短"企业员工激励周期"各个阶段的时间。有些时候，在有些行业，每个阶段可以缩短至一年。

对于同一行业，在不同的行业周期，"企业员工激励周期"也会有不同的情况。在行业高速发展阶段，周期就会向压缩方向振荡；在行业衰退、疲软的阶段，周期就会向延长方向振荡。

对于同一家企业，在不同的发展阶段，"企业员工激励周期"也会有不同的情况。在企业发展的起步阶段，为了企业的发展，局限于企业的有限资源和经营能力，每个周期会变短；在企业高速发展的阶段，为了解决内部人才的问题，如果外部合格人才的供应相对贫乏，那么周期也会变短，但如果外部合格人才的供应相对充足，周期可能不变；在企业成熟平稳发展阶段，对大多数员工而言，这个周期应当是正常的幅度；在企业发展迟滞甚至衰退阶段，不仅周期可能延长，而且企业会裁员。

在一家企业中，在某个时间点，众多员工处于这个周期不同的阶段，员工也就分为不同的类型。要做好人力资源管理工作，就要对不同阶段的员工施以有针对性的不同激励，需要做到一人一策，量身定做，也就是所谓的"以人为本"。

在每个企业中，这四个阶段的员工的数量分布比例，都有一个基于经验数字的黄金分割点，如果这个比例因为人员流动或裁员而产生了不平衡，企业的运作实施就会出问题，企业的竞争力就会减弱，而此时也正是企业人力资源部最需要发挥战斗力的时候。可以说，此时，激战发生在人力资源部。

对于整个公司，从总体和长期看，决战在企业员工激励周期中，决战在激励中。

赵民

2004 年 1 月 27 日早上 8 点 22 分

于北京望京家中

室外寒冷，室内温暖

# 【主题十一　人才之术】

## 刘邦和刘备

> ➲ 导语：刘邦和刘备都因为成功地延揽、重用优秀人才而知名于天下。知古而通今，国家和企业，概莫如此。

10年来，在为企业做咨询的过程中，我见过两类创业型企业家，我把他们叫作"刘邦式创业者"和"刘备式创业者"。

有些企业的老总就像刘邦或朱元璋，雄才大略，英气盖世。我把这种老总称为"刘邦式创业者"。另一些企业的老总是优秀的但不能说是突出的。他们的成功，要感谢企业中那些能力很突出的高层和中层管理人员。我把这种创业者称为"刘备式创业者"。

"刘邦式创业者"和"刘备式创业者"都面临一个共同的挑战：人才无处觅，人才留不住。寻觅人才、留住人才的第一项工作是给待遇。入则为相，出则为将。刘邦给韩信的，刘备给诸葛亮的，都是当时一流的待遇。

对当今企业而言，这种待遇要给得有竞争力，就应注意以下三点。

第一是应当和企业内部的高管人员相比，而不是和其本人原来的收入相比。在一个企业内部，大家来自五湖四海，怀着一个共同的目标走到一起。因此，相互之间有一个"不患贫，只患不均"的问题。不管他们过去拿多少钱，只要进了同一家企业，就应当执行统一的标准。

第二是应当和整个行业相比，而不是和本地区相比。不同地区有不同的生活水平，但企业对人才的竞争是全国性的，因此人才是在全国范围内的同行业企业中循环流动的。高级人才的比较基准不分企业所处的地理位置、企业的性质，就如同地处偏僻地区的企业也有全国行业老大一样。

第三是设好位置，定好待遇标准，然后按图索骥，三顾茅庐。很多企业对这一点不以为然，没有专门的方案规划，老板在某次开会、出差时偶然遇到或听说了某个人才，就临时开价，却没有顾及原来的体系，待遇又设定得不完善。所以，觅人才也是一门学问。

寻觅人才、留住人才的第二项工作是给事业空间。对刘邦和刘备而言，目标都是一样的：平天下、坐天下。对企业老总而言，大目标是行业领先。在这样的大事业战略下，企业管理者在给人才留出事业空间时有三点要注意。

第一是给予全局性工作的战略制定参与权。全局性的战略，应该有一个规范的决策流程，而且是事先声明的。制定重大战略决策时应宁缓勿躁，宁求高度一致，勿求同存异。一般性的管理决策，宁求同存异，不求高度一致。

第二是给予局部工作（职能、产品或地区）的战略决策权。对于局部决策，一看结果，二看过程。过程正确而结果不佳，可能是水平问题，也可能是经验问题；过程错误而结果正确，可能是运气好，也可能是个体水平高；过程错误而结果也错误，才是需要介入之时。从理论上讲，局部决策存在着 50% 的错误率，只要是对的多、错的少，就是可以容忍的。

第三是不过问操作细节，但关注操作过程中体现出来的管理理念、文化和原则。很多老总认为只要业绩好就可以了，这种观念其实是有害的。"独立王国"问题不是在业务上，而是在管理上。所以，用统一的理念、文化和原则来保证组织的统一性和文化的一致性，是管理者在授权时必须关注的。

寻觅人才、留住人才的第三项工作是分清职责，健全业绩考核。这里有三点要注意。

第一是讨论结果要书面化。在延揽人才的过程中，由于企业管理者和员工会讲很多话，会有各种意向性的讨论，但时过境迁，到后来双方可能都记不清了，容易闹误会，因此应把讨论结果落实在书面上。

第二是指标要全面化。不仅要有硬性指标，而且要有软性指标；不仅要有外部市场指标，而且要有内部管理指标；不仅要有基本业绩指标，而且要有奋斗业绩指标；不仅要有当年指标，而且要有三年、四年、五年指标；不仅要有激励条款，而且要有违约条款。这里介绍一种国际上比较先进的、目前新华信管理顾问公司正在引入企业管理实践中的方法——经济附加值法（Economic Value Added，EVA），这是一种考虑了资金成本的业绩考核方法。

第三是职责绩效考核要弹性化。对于职责和业绩，双方都要保留适当的年度调整权，这样做一是为了应对突发事件；二是为了应对诸如收购、兼并合资等产权的变动；三是为了保留企业组织结构应对市场变化的调整余地；四是为了给新的管理方法和管理工具的推行留出余地。应当说，对企业而言，寻觅和留住人才的这份书面职责和给人才的待遇同样重要。虽然翻阅古书，找不出刘邦和刘备在这方面的书面契约，但这就是古人和今人的差别，也是平天下和经营企业的差异：平天下得到的太多了，不用写了；经营企业得到的毕竟有限，都要写清楚；平天下是终身行为，经营企业则是短期行为。

寻觅人才、留住人才的第四项工作就是给予信任和温暖。无论是刘邦还是刘备，对将相的信任和温暖都有下面三种方式。

一是破格。刘邦对韩信如此，刘备对诸葛亮也是如此。古今中外，但凡风雨如磐之际，用人之道均是破格。二是公示天下树威信，拨乱反正建威望。过去的管理多多少少会存在一些问题，因此，为了帮助新将相树立威望，管理者就要给予一些机会，通过修正过去的错误，让新人亮相。三是赠物授信。刘邦和刘备都没少向部下送战利品，通用电气（GE）公司前CEO杰克·韦尔奇的办法就是写亲笔信给员工。散财得人心，古今中外，都一样。

刘邦和刘备因为成功延揽、重用优秀人才而知名于天下。知古而通今，国家和企业概莫如此。

赵民

2003年5月2日中午12点42分

于金银花下

# 领头羊和牧羊犬

⮕ 　导语：领头羊和牧羊犬的区别，就是战略型领导者和运营型企业家的区别。

"非典"期间，我蛰伏在京郊，一日打开电视，屏幕上播放的正是电影《少林寺》中牧羊女在山坡牧羊的如诗画面。这让我联想起领头羊和牧羊犬。

领头羊，本身也是羊，与它带领的"成员"是同一种动物。羊群跟在领头羊后面，充满信任地、心甘情愿地跟着它往前走。牧羊犬本身是狗不是羊，羊群在它的驱赶下，以落伍为耻，争先恐后地向前涌。

领头羊发挥它的领导作用主要是依靠信任和信用。它身先士卒，如果路上有陷阱，它会第一个掉下去；前面有岔路时，它会做出选择。虽然它的处境是最危险的，但它也是最有威望的。牧羊犬发挥它的领导作用主要依靠制度：它在后面不停地催，前面慢了，它赶到前面催；旁边散了，它追上去赶回来；方向错了，它拦在前面迫使羊群转向。

领头羊靠"拉动"带动羊群往前走，它只管往前，不管后面的羊是否掉队。领头羊跑多快，羊群就跑多快。牧羊犬靠"推动"促使羊群往前走，它不仅管跑得快的，也管跑得慢的，不能让一只羊掉队，否则无法向主人交代。羊群能跑多快，与牧羊犬有关系，但又不完全有关系。

领头羊的诞生，是羊群优胜劣汰、自我竞争的结果，因此它具有天然的威望，是"权"和"威"二者的结合体。领头羊一定是羊群中体格最健壮、跑得最快、听力最好的，能眼观六路、耳听八方。牧羊犬是经过培训的，它的权威是人为树立的，是羊群主人赋予的。因此，它一要忠诚，二要老实，三要听话，四要勤勉，五要严厉，如此这般，方能胜任。

领头羊侧重于战略：要去什么地方，该怎么走，想明白了就赶紧起程，不用和其他羊商量，也不管羊群跑得怎样。由此，领头羊代表了"战略型"领导者。

牧羊犬侧重于过程：先领会清楚羊群主人的意图，然后保证每只羊都到达目的地。奔跑过程中队形乱了，要管；速度慢了，也要管；方向错了，更要管。因此，牧羊犬代表了"运营型"领导者。

企业的领导者和管理者要认清自己的角色，何时当领头羊、何时当牧羊犬，必须与企业的各个发展阶段结合起来。

在初创期，企业要的是100%的领头羊。领导者要和员工融为一体；要体格健壮，干得最多；视野和水平要最高，要有清晰的战略目标和战略方向；要有群体的核心理念；要不顾一切地往前跑，生存下来，发展起来，并早日达成目标。

在发展期，企业领导者要清醒地认识到角色的转换，做75%的领头羊和25%的牧羊犬。领导者不仅要保持初创期的干劲，而且要注意这种干劲在羊群中的传播效果；不仅自己在前面要跑得快，而且要关注团队的状况。在这一时期，领导者扮演得更多的依然是领头羊的角色。

在成熟期，企业领导者要做50%的领头羊和50%的牧羊人。领导者既要有精神感召，又要有道德、法制约束，还要有牺牲精神、务实态度。在这一时期，领导者不仅要拉，也要推；不仅要带，还要催。

在转型期，企业领导者要做25%的领头羊和75%的牧羊犬。领导者晓之以理在前，动之以律在后，拉不动，就多推；带不动，就多催；方向偏了，就得生拉硬扯，实在着急，就吼几声：不想动也得动，不想转型也得转型。

对比民营企业家和国有企业家可以看到，民营企业家更多地像领头羊，国有企业家更多地像牧羊犬。对牧羊犬而言，最难为的是老弱病残的羊也要照顾，对国有企业家而言，最难办的不也是员工能进不能出吗？

对比投资者和管理层合二为一的企业与投资者和管理者分离的企业，投资者和管理层合二为一的企业就像领头羊，投资者和管理层分离的企业就像牧羊犬。至此，就能明白为什么前者优于后者，因为领头羊比牧羊犬更好。

领头羊和牧羊犬的区别，就是战略型领导者和运营型企业家的区别。

赵民

2003 年 4 月 30 日下午 4 点 38 分

于煦煦阳光下

# 海鸥和大雁

➲　导语：企业都希望拥有更多"可适应小企业"的海鸥式员工。

根据我 10 年来管理新华信公司的亲身经历，企业的员工从某种适应性上来区分，可以分为"可适应小企业的员工"和"只适应大企业的员工"两类，这两类含义一目了然，毋须解释。对于前者，我们称之为"海鸥"，它们既可以迎着市场风暴独自飞翔，奋斗搏击，又可以在团队中展翅飞行。而后者，我们称之为"大雁"，即只能生活和飞翔在群体中，如果单飞，就会迷失方向；如果风暴来了，就只能早早找个地方躲起来。

企业多希望拥有更多"可适应小企业"的海鸥式员工。

为什么会有"海鸥"和"大雁"之分？

首先是和我们学校的传统教学体制有关。在中国，从小学到中学再到大学，都特别强调集体主义，相对忽视尊重个性、培养个性和发挥个性。所以，学校里的学生经过从 6 岁到 12 岁共 6 年的学校集体生活，已经基本上形成了两种性格或说两种类型的学生：一类是传统观念上的"好学生"，他们听老师话，组织纪律性强，集体观念强，但缺少必要的独立思考能力和积极主动性；另一类是自己有独立主见，凡事积极主动，遇事好问个"为什么"，而且也善于从实际工作、生活、学习中不断改进的学生。可以说，员工从源头上就已经开始有了差异。

其次是与毕业后的第一个工作单位有关系。如果毕业后到了机关等单位，受到熏陶和影响通常是多一事不如少一事，多一话不如少一话；多干少说，只干不说；重等级权属，轻平等和坦诚的交流；重工作质量，求稳勿躁，轻工作效率，求对勿错；听领导安排，做事不越位等。这种环境出来的学生如果再到企业尤其是创业型小企业去发展，会一下子感到非常不适应。小企业对从大机关里出来的人，通常也难有上乘评价。

再次是与工作单位的培养体系和培养目标有关。很多学生毕业后到了跨国公司的在华企业，再出来时，也可能成为"大雁"。为什么？因为有些跨国公司的培养体系是要培养众多的"螺丝帽"。这些人讲究有条不紊、按流程办事，强调执行力度，不关注创新力度，它们的培养目标就是培养一批在大企业里从事各种管理岗位的职业经理人。在这种培养体系和培养目标下培养出来的人，做任何商业决策都已经形成了一定的模式，都会强调一定的工作条件。他们可能更清楚如何把一个企业从10做到100，但对如何从0做到10就不太清楚。

最后，还是与本人的想法有关。虽然都是从大企业里出来的，但有些人创业成功了，这是因为大企业在内部培养时也十分注重创新精神，有的人在大企业里一直在琢磨怎么可以成为"领头雁"，研究如何培养自己"领头雁"的素质，并利用一切机会争取成为局部小企业（如到新的城市开办子公司）的"领头雁"。所以，从大企业里出来的人，也未必就一定是"只适应大企业"的"大雁"。

相对而言，海鸥有三大优点。

首先，海鸥是一种群体活动的精灵。在风和日丽、阳光旖旎的海边，尤其是人迹罕至的荒芜之处，海鸥成群结队地飞起、落下，蔚为壮观。一个人只有具备团队精神和做成大企业的视野，才能成为"海鸥"。

其次，海鸥也是一种喜欢单飞的天禽。当你在落日余晖之际，看到远远地于碧波海天之处一个小黑点慢慢变大，越来越近，越来越清晰，最终看到矫健的海鸥，听到其欢快的鸣叫声，怎么会不联想到企业里新业务的成长历程，并因此兴奋不已、心旷神怡呢？

最后，风雨越大海鸥越是来劲。它总是出现在暴风雨来临之时，在风雨交加的沉沉黑幕下，顽强地寻找着光明的曙光、召唤着晴朗的天空。这种面对困难的精神，不正是创业企业所需要的吗？

没有人不想做"海鸥"，没有人不想做"领头雁"。但如何才能培养出海鸥的性格和习惯，却是很多人并不清楚的。

首先，要争取找到一位好的个人职业生涯的"师长"。一位好的师长，会以身作则，从教会你每一件小事做起，帮助你改正缺点，最后使那些优点最终真正成为你自己的血肉之躯和灵魂的一部分。性格和习惯是长期培养出来的，不是一周的封闭式训练就能形成的。

其次，要争取从日常小事想起、做起，多问"我怎么解决这个问题"。新华信管理顾问公司有一次招聘面试，合伙人当天请助手帮助打印应聘人员的个人简历，但助手没有打印个人简历，而是用邮件把个人简历发给了合伙人，原因是他用的那台打印机坏了，不能打印。我们的问题是："他人的打印机不能打印吗？不能把简历发邮件给其他员工，请他们代为打印吗？"从这样的一件小事，就能观察一个人。

是成为"海鸥"还是成为"大雁"，对企业，对个人，都是一个挑战。

赵民

2003 年 5 月 3 日下午 6 点 35 分

于落霞满天

# 警惕"水涨船高"

⮕ 导语：一旦行业的潮水退潮，搁浅或触礁就是"水涨船高"型管理队伍和企业的宿命。

在新华信管理顾问公司的咨询客户中，有一家做得相当成功的企业，其显赫的行业地位及盈利能力使我们在入驻该企业前高山仰止。但开始工作后才发现，这家企业的中高层人员水平一般得令人吃惊，这让人很难理解其骄人业绩从何而来。我们意识到，这是遇到了"水涨船高"型的管理队伍。

一个企业在取得成功后，如果有什么令人担心的话，那就是"水涨船高"：成功的取得是糊里糊涂的，主要是因为赶上了好的市场机遇。在这种成功的背后，往往有一支不是靠打硬仗锻炼出来的管理队伍，而是因市场"海水"涨潮被托着往高处走的管理队伍。这支管理队伍的运气非常好，但水平一般。"水涨船高"式的成功，是好事，但不会再来。

"水涨船高"型管理队伍的第一个问题，就是让人对管理者的基本素质做出了错误的判断，尤其是在不同环境里创造成功的适应性和创新性上，容易令人产生错觉。通常情况下，"水涨船高"型管理队伍的眼光很高、口气很大，但其判断缺乏依据，战略方案的逻辑性较差，适应竞争的手段欠灵活，深入分析问题并提出有见地的针对性方案的情形较少。所以，由这种管理队伍领导的企业，过惯了好日子，开支大手大脚，营销方案简单低级，具有明显的竞争弱点。

"水涨船高"型管理队伍的第二个问题，就是管理基本功较差。对于企业内部的几个基本管理体系，如对生产、研发、营销等管理体系的完善和提效，基本上是不求甚解，"睁一只眼闭一只眼"，企业到处存在着需要精细化管理和精确化管理的地方。由于缺少管理基础，这种企业其实是非常脆弱的，经不起市场风浪。

"水涨船高"型管理队伍的第三个问题，就是企业抗风险能力差，应对市场波动和行业衰退的体质弱。企业的强弱，并不在于规模的大小，而在于其组织系统和管理机制的敏捷性。企业体质弱，就如同人之虚肺，貌似庞大，但距离市场远，对市场的气候变化反应迟缓，容易伤风感冒。

"水涨船高"型管理队伍的第四个问题，是成功模式的可复制性。由于这类企业成功的主要因素是外部行业市场春天般的温暖，因此，如果这种形势持续时间较长，就会哺育出几个相似的成功者。追赶成功企业的新进入者和后发制人者，也容易踩着这个企业的脚印前进。在这种成功模式下，企业其实是没有核心竞争力的延续性的。一旦行业的潮水退潮，搁浅或触礁就是"水涨船高"型管理队伍和企业的宿命。

如何识别"水涨船高"型管理队伍呢？

首先，要研究它的成功过程。是否有对整个成功过程的系统运筹；要研究它为什么做出某些决策，为什么要采用某些方案，决策和方案背后的原因与整个企业发展的逻辑是否一致以及一致性有多大。

其次，要研究它的决策模式。要分析它在做出一个关键和重大决策的过程中，采用了哪些方法，使用了什么样的支持依据，又如何预测各种可能的情况，并做出正确的决定。

最后，要分析它的思想逻辑。这时，可以把成功者分为"外向引导型"成功者和"内向引导型"成功者。"外向引导型"成功者，是外部事物或他人的信息主导其行为逻辑的，这种人更善于学习他人的长处、整合市场的资源、抓住稍纵即逝的机会。"内向引导型"成功者，是主观愿望主导其行为逻辑的，他更多的是追求内心的成功感受和成功标准，有着更为坚定的个人意志。一个创办企业就是为了实现其一生某个梦想的人，就是"内向引导型"的典型，如吉利汽车公司的李书福。一般而言，"内向引导型"管理者较少可能成为"水涨船高"型。

如何既能抓住外部市场机会，又能避免成为"水涨船高"型管理者呢？

第一，作为企业管理人员，应当有自己的"基本管理信条"。每一个管理者，无论是创业或上任，在动身之初，都要找时间好好想想一个问题：我个人关于管理的基本信条是什么？最好找一个地方静想半天，把自己脑子里的所有信条写下来，然后一条一条细化、分类或删除，最后只留下三至五条最为坚信、最为基本或最有独特个人特点的基本管理信条。这三至五条基本管理信条应当包括做企业、做事、做人等几个方面，也就是自己恪守的起码的管理底线。

第二，作为企业管理人员，应当有自己推崇的成功模式。这种成功模式，可以来自自己身边的长辈、同事和朋友，也可以源自自己年轻时候读过的一本书、听过的一次讲座或看过的一部电影。创办企业或管理企业的过程，说到底，就是实现自己成功模式的过程，就是在现实中贯彻自己以前在书里、在谈话里、在梦里崇尚的意志和行为。

我们为"水涨船高"型管理者的成功而鼓掌，但对我们自己而言，则要警惕自己成为"水涨船高"型管理者。

赵民

2003 年 4 月 29 日下午 6 点 28 分

于习习凉风轻

# 【主题十二 文化之力】

## 姚明的力量

○ 导语：姚明的力量，对于企业而言，就是软性影响力。

作为一名中国籍篮球队员，姚明在美国的知名度远远高于很多中国人。很多美国人（尤其是普通美国人）都知道姚明。姚明正作为改革开放后新一代中国人的形象，赢得普通美国大众的喝彩和爱戴。

姚明这种"民间外交代表"，虽然始于商业利益，但正是这种"非正式的文化体育交流"，其作用可能不亚于一些精心安排的宣传活动。姚明的力量就是"非正式的文化交流"的力量。

从这种角度看，在企业管理中，企业文化具有两种推动力：一种是来自企业书面的、正式的、自上而下的、作为企业的行为要求制约大家的硬性约束力；另一种是来自企业每个成员的、非正式的、以每个人的实际行为为注解的软性影响力。对企业而言，姚明的力量就是软性影响力。

"姚明的力量"的第一特征就是非正式。如果我们掐着手指头计算一下，每一个人在企业里有多少时间在开正式的会议，又有多少时间在和同事、客户及供应商做非正式的沟通呢？每个人对企业的认识，有多少来自企业的书面规定，又有多少来自自己对企业上司、同事和下属的独立观察呢？按照新华信管理顾问公司在中国做咨询的实践经验和体会，每个企业的文化都是一个硬币的两面：一面是书面的，一面是行为的；一面是目标，一面是现状；一面是高管，一面是基层；一面是硬性约束力，一面是软性影响力。

"姚明的力量"的第二个特征是，大家都感兴趣的才有影响力，才会发挥作用。

由于软性影响力来自非正式的沟通，因此，必须附载到人们发自内心真正愿意的事情、活动和方式中去。所以，中国企业习惯饭局，西方企业喜好泡吧；中国企业有抽烟休息时间，西方企业有喝咖啡休息时间。很多企业每年自办运动会，或者组织春游、秋游，这些都属于企业文化的软性影响力。

"姚明的力量"的第三个特征是，这种软性影响力实际上主导了大多数员工的工作效率。对于大多数企业的大多数员工而言，上班时间的 80% 是独自一人在工作，因此，发自内心地对工作的热爱和自发的主动性才是高效率工作的真正来源，而不是来自外部的硬性约束力。所以，企业在招聘时，要找真正热爱这个岗位的人。对于生产流水线式工作的企业，这一点还看不出太大差别，但对基于个体的或团队的、以人的创造性工作为主要方式的企业而言，这种"姚明的力量"就是企业竞争力的基础之一。

"姚明的力量"的第四个特征是，作为企业的非正式文化和软性影响力，它是不可复制的、不能被盗走的。因此，积极的、符合企业发展战略目标的"姚明的力量"，可以是并且应该是企业核心竞争力的重要组成部分和表现形式。同样，作为硬币的另一面，一个暮气沉沉的、需要被转型的企业的非正式文化和软性影响力，恰恰会成为企业形成新的核心竞争力的绊脚石。在这个时候，就可能要用上这种做法："多换行为少换人，先换行为后换人，不换行为就换人"。

"姚明的力量"在什么时候、对什么类型的企业特别重要，需要特别注意呢？

第一是创业期的企业。由于处于创业期的企业的各方面条件都比较艰苦，所以尤其要发扬因陋就简、因地制宜的精神去开发业务。这时，上下级之间的非正式沟通，往往在实际上代替了正式的会议而推动企业向前发展。

第二是因快速成长而新员工多的企业。新员工多，企业文化的稳定和传承就难，因此就更加需要利用各种非正式渠道正确传播企业理念和文化；新员工多，正式沟通的影响力就弱，相对而言非正式沟通的影响力就大、传播就快；新员工多，新员工培训的成本就高，新员工不满的可能性就大，新员工的离职率也就高。此时，就越需要老员工发挥非正式沟通的力量。

第三是转型中的企业。国有企业改制或民营企业二次创业，都需要对企业文化进行创新和重整。同时，这种转型必然会带来利益和人事的变动，尤其是中高层人员的变动。这时也是员工困惑最多、最容易出现问题的时候。有些国有企业在改革和减员增效的过程中发生的员工闹事事件，也多出现在这个阶段。此时，认识并主动掌握非正式沟通的渠道、对象和内容会有意想不到的作用。

第四是处于并购整合过程中的企业。两个企业，尤其是像惠普公司和康柏公司这样历史悠久的大企业，各自不同的企业文化要在短时期内整合，必然会有大量的变动，公司中的每一个人都在寻找自己的位置，也都在竖起耳朵捕捉来自各个方面的信息。此时，非正式沟通的作用更大。

第五是员工分布于全国和世界各个城市的、办公分散的企业。对这些企业而言，非正式沟通的力量也很大。关注人际间的非正式沟通的动向，将有助于维护健康的企业文化。

作为一名企业管理者，正式沟通是工作，非正式沟通也是工作的一部分。"姚明的力量"，有时会出人意料地大，正如同姚明的身高。

赵民

2003 年 5 月 2 日下午 3 点 49 分

于火炉"嗞嗞"的水沸声中

# 喜来登

➲ 导语：如果企业按服务质量标准的不同也分为不同的星级，那么高标准、严要求者就相当于喜来登。

大家都知道，喜来登是一家五星级连锁酒店。在我们大家的概念中，酒店分为不同的星级是非常自然的事，但公司因为服务质量标准的不同也分为不同的层次，就不是在每个人概念中非常自然的事了。

如果企业按服务质量标准的不同也分为不同的星级，那么高标准、严要求者就相当于喜来登。

典型的国际大公司有 IBM 公司、惠普公司、宝洁公司；中国本土公司领先企业有海尔公司、华为公司。有些营业收入已经可以排入世界 500 强的中国特大型国企，虽然就规模而言，可以和五星级国际公司媲美，但就服务质量而言，最多属于二星。

大家都知道，五星级酒店收费高，原因是五星级酒店的服务标准高，提供的服务质量和员工的敬业精神都高。现在国内名牌大学的毕业生找工作，都希望找一份工资待遇高的工作，这无可厚非。但这在管理上的问题是，进入了五星级酒店的很多新员工，对自己的工作标准和服务质量，并没有用五星的级别和标准来要求自己。

新华信管理顾问公司服务过的一家企业是行业的领头羊，该企业老总再三向员工提出两个基本要求。第一个要求是男员工上班要戴领带。虽然该企业是生产型企业，和客户打交道不像服务型企业那么频繁，但是，这位老总强调，戴领带不光是仪表问题，也是对客户、对同事和对自己的尊重。这是件小事，但五星级的服务标准不就是由一个个具体的小事而构成的吗？相信在喜来登酒店，如果一个员工上班不按要求穿着，就很快会被开除的。相对于喜来登，上班戴领带是"五星标准"的一个基本要求。一个公司要能立足于市场，要能和五星级国际大公司竞争，就必须用五星级标准来管理，否则就是对员工、对客户、对公司的不负责任。

第二个要求是上班准时。该企业规定上班的时间为上午 9 点，但是出于人性化的考虑，员工迟到了也不做任何处罚，久而久之，就有很多人喜欢迟到。这位老总没有在制度上禁止迟到，而是在多个场合教育员工，准时上班不仅是遵守制度，也是一种工作精神。如果我们到喜来登酒店登记入住，酒店一定不会让你等候很久，而且一定有行李生在旁等候，帮你搬行李。如果那时饭店告诉你没有行李生服务是因为他没有准时上班，你会怎么想？作为一个新员工，如果从第一天起就没有形成这种习惯，就如同战斗打响之时，战士和部队还没有到达指定位置；作为一个老员工，如果经常性地晚到，就会影响新员工：新员工会想，老员工尚且如此"糊涂"，何必我一人"独醒"，从而带坏了风气。在很多时候，一些企业出于人性化管理的原则，在一些制度的执行上会允许一定的弹性，这是一种宽容，但这不是管理标准。员工切莫把五星级标准看走了眼，管理者也不要误解"人性化管理理念"，而不敢管迟到这件事。如果因为误解扭曲了"人性化管理"，就会带来管理危机。这样的管理，害人害己，迟早要搬起石头砸自己的脚，五星堕落成流星，员工丧失上进心，客户痛心，竞争对手开心。

企业的管理标准和员工的实际表现往往存在反差。形成这种反差的原因之一是员工本人心态的转变。原来在名牌大学里自我感觉良好，现在出了校门，同事之间不看出身看工作，优越感渐失；另外，在学校里，更多的是强调学校"教"你东西，而到了一个公司里，更多的是注重个人给公司贡献什么，这种反差也使一部分人的心态不能及时转变到位。

形成这种反差的原因之二是家庭教育的差异。现在年轻员工的父母大多是在国有性质的企事业单位里度过一生的。应当说有一部分国有企业对员工的管理要求比较严格，但实事求是地讲，大多数国有企业在管理上的要求是相对比较低的，如果借用星级来比喻，可能只有二星级标准。这种从小耳濡目染的家庭教育，使一部分员工会不自觉地套用其父母辈的二星级标准来看待自己的工作，从而拿着五星级的工资，却让客人享受二星级的服务。

形成这种反差的原因之三是一起毕业的同届同学之间的相互影响。如同五星级酒店毕竟在酒店业中只占10% ~ 20%那样，五星级的公司毕竟是少数，录用的毕业生也有限，大多数同届毕业的学生都到了数量众多的一二星级和不上星级的公司。

对于在不上星级的公司里工作的员工，拿着不上星级的公司的工资，当然可以用一星级的标准来提供服务和作为服务标准。但这种信息和态度通过短信、电子邮件、电话、喝茶、吃饭等方式传播到在四五星级公司工作的同届学生中，就可能产生两种效果：如果本人比较明白的，就会"左耳进，右耳出"，淡然一笑，继续埋头按五星的标准工作；如果本人比较糊涂或没想明白，就会开始抱怨，逐渐在行动上降低工作标准，"端起碗来吃肉，放下筷子骂娘"，在四五星级公司里，提供一二星级的服务。

形成这种反差的原因之四是公司本身提出的要求不高，从开始就没有"高标准，严要求"。这乍看是员工"赚了便宜"，实际是害了员工：如果员工养成了坏毛病，一旦跳槽谋求新职位，开始可以用原来的五星酒店的工作背景蒙一把新雇主，但只要上任一干活，狐狸尾巴马上就露了出来，不仅败坏了老雇主五星级酒店的口碑和声誉，而且断送了员工本人职业生涯的上升空间。我们应该想一想，为什么军队新兵营的训练是那样铁面无私、冷酷无情？为什么警察的训练那么苦？那都是为了"平时多流汗，战时少流血"。如果把一个新员工就业的第一家公司比喻成"新兵营"的话，那么该员工离职后到同行或其他行业公司里是不是受欢迎、是不是被提拔、是不是成为核心高层，就成为这家公司本身要求高不高，是不是"高标准、严要求"型公司的试金石。

在一个企业中，往往还有一种思想容易在员工层中盛行，特别是本土企业：相对于同行业的国际大公司，现在公司给我的薪水待遇并不是五星级的，那么你为什么要用国际大公司的标准要求我呢？我为什么就不能降低一点工作标准，直到公司付给我五星级的薪水我才按五星级标准工作呢？

我建议这些企业的老总们，用酒店的评级过程去教育员工。教育员工懂得要想成为五星级酒店，先要在服务上自认为达到五星级要求，提出申请，然后被专业管理部门验收合格，才能挂出五星级收费标准。此时，员工的收入才可能按五星级标准执行。这不是一个"鸡生蛋和蛋生鸡"的问题，其先后顺序是明白清楚的。这样员工就会明白，为什么上面的这种想法是错误的。

对大多数中国企业而言，撇开行业和产品不谈，就服务品质和质量标准而言，基本上走的是同一条竞争之路：以"接近"（而不可能是相等）国际五星大公司的产品和服务性能，以更低的价格，但以同样甚至更好的服务沟通和服务标准提供服务，形成对客户的"性能—价格—服务满意度"优势而生存和发展起来，最终使自己成为"高标准、严要求"的五星级"喜来登"。

对一个企业的员工而言，无论新老，撇开毕业的学校和过去的经验不谈，就敬业精神和服务质量而言，应当以"高标准、严要求"的五星级"喜来登"为标准，这样才能保证公司给客户提供"喜来登"的"性能—价格—服务满意度"五星的服务，也才能使自己成为员工中的"喜来登"五星级员工。

标准决定一切。

赵民

2003 年 8 月 3 日中午 12 点 50 分

于海南三亚天域暴风雨过后的朗朗蓝天下

# 信用卡

⮞ 导语：员工只有有了一张记录良好的个人职业信用卡，才能做到"万事达"。态度决定一切。

大家都知道，信用卡不仅起支付作用，而且作为个人消费信用的记载，约束着大家的消费行为。

一个人在一家公司里工作，也有一张信用卡——一张"职业信用卡"。

这张"职业信用卡"是从每个人应聘一家公司时即开始记录的。通过什么途径去应聘，应聘前是否上网查询过相关行业的背景资料，是否对该公司的基本情况有所了解，个人简历的文字和表达风格是否恰如其分，这些从一开始就影响着你的这张"职业信用卡"：申请工作如同申请信用卡，有的人只能领到普通卡，有的人可以申请到银卡甚至金卡。

新华信管理顾问公司的一位合伙人曾和我提起过他当初进入管理咨询行业时是如何应聘第一家雇主——一家国际著名大公司的。他第一次在网上查到这家公司的资料时，这家公司的招聘时间已经过去半年多了，一般人可能就此打住了。但我们这位合伙人想，如果这家公司在中国的业务是上升的，那么只要他是优秀的，他们就还会要他。于是他就积极主动、坚持不懈地和该公司负责人力资源的主管沟通，一直等到主管合伙人从香港出差到北京，才获得了一次面试的机会。而一经面试，他就顺利进入了这家大公司。而且，从一开始他就在合伙人那里留下了一个很好的记录。

新华信管理顾问公司图书业务部的另外一位老总，平时在看书读报时就是一个有心人，当初申请入职时他记下了报上公开刊登的公司合伙人的个人电子邮件，他在把个人简历通过电子邮件发给公司的人力资源部门时，顺手抄送给了合伙人，于是当天他就得到了迫切延揽人才的合伙人的回复，从而大大加快了进入的进程，也提升了他进入的层次。

进入公司后的培训、试用或实习期，是"职业信用卡"的初始信用期，此时真正开始消费个人"职业信用卡"。按公司规定沟通办事，就是给个人职业信用卡上加"红豆"；违反公司规定和纪律，就是给个人职业信用卡上加"黑豆"。从按时上班、打领带、不穿牛仔裤，到个人办公桌面整洁、电子邮件用词礼貌、见人打招呼，都给了周围的同事认识你和评价你的机会，即加"红豆"或者加"黑豆"的机会。

新华信管理顾问公司的一家公司客户中有一位负责人力资源的副总，他为人热情，毕业后先在其他公司工作，后来才加盟客户公司。在前面的公司工作期间，他走路时爱思考问题，所以，平时走路见了人也没有打招呼的习惯，有时甚至擦肩而过却如视而不见。对于一个经常要和员工接触的人力资源总监来说，这种习惯是一个虽小但很致命的缺点，并且在他刚到公司时也让一些平时和他接触机会少的同事和下属对他产生了误解。虽然后来他通过自己的工作业绩获得了大家的认可，但毕竟花了相当长的时间才获得恰当的"信用记录"。

同样是这家客户，有一位人力资源部的员工，毕业于国内的一所著名大学。刚到公司后不久，他就参与了公司内部一项重要的薪酬调整工作，在和另外一个同事在洗手间里偶然相遇时，顺便谈到了项目的情况，无意间说出了薪酬调整的分级情况。凑巧的是，当时一位公司的副总正好也在洗手间里，听到了这两位员工的谈话。待他们走出洗手间时，这位副总追了出来，提醒和批评了在公共场合谈论保密信息的做法。这位员工感到很委屈，因为公司并没有在新员工任职培训的时候，指出不能在洗手间里谈论某些保密信息。这位副总解释说，公司规章制度里面只会笼统地要求大家注意保密，而不会说不能在洗手间、电梯、餐馆、商场、楼道等处谈论所在项目的内容。员工听后，表示了歉意，并保证以后会注意。

不同的员工对公司的贡献不同，这决定了员工的个人"职业信用卡"信用的好坏和额度的不同：某个岗位的员工没有及时顺利独立地完成本职工作，而是让上一级岗位的主管去替你完成，就是透支个人信用；工作中造成公司多支出费用和浪费公司资源，就是过失性逾期欠款；公司有明确规定或上级主管有明确指示而没有严格执行或拒不执行，就是违规和恶意透支。

新华信管理顾问公司的历任市场部主管中，曾有一位来自一所很普通的大学的毕业生，刚到公司时，合伙人就发现她下班以后仍长时间地停留在办公室，在自己的座位上忙个不停，几次察看，都是在忙工作，合伙人关心她，让她早点回家，她说了一句话："我今天的事还没干完。"这是我在新华信管理顾问公司10年来见到的为数不多的几位不需要公司培训就已经有了优秀职业习惯的员工之一。后来她很快获得了授权和提拔。这位员工在工作一段时间后，认识到了自己的职业发展前景，毅然出国攻读MBA。

名片是个小道具，但是如果不注意，却会造成不小的影响。新华信管理顾问公司服务过一家国内知名的保健品企业。这家企业规定，销售人员见客户时必须携带名片，并且要使用同样风格和印刷标准的名片。曾有一次，一位销售经理带了一名销售员一起外出见客户，这名销售员忘了带名片。这虽是个过错，但情有可原的是经理前一天晚上临时通知的他，但这位员工接下来为了开脱自己忘了携带名片而抱怨公司前台给他的名片印错了个联系方式，并进一步抱怨公司的前台服务有这样那样的问题——这样的态度就不是一个正确的态度。销售经理回答说："忘了带名片，是一件事；名片印错了，又是一回事；前台服务还有其他问题，又是一回事。这是三件不同的事。"

无独有偶，还是名片的事，一个销售经理带了两名销售员一起去见一个客户，三个人递上名片，其中两位的名片风格是一样的，另一位员工的名片是一张不同风格的，这位员工用的是该公司已经停止使用的老版名片。对此，客户的感受可想而知，经理的感受可想而知。

新员工尤其要注意，不要刚领到"信用卡"就开始"透支"。我们客户的某市场总监说过这样一个故事：一位刚参加工作不久的大学毕业生在负责印刷一份公司简介时，在没见到最终清样的情况下就同意了印刷，而恰好印刷时碰上周末，中间也没去检查，结果等到印刷公司把材料送来时，问题百出，最后市场部的经理不得不越俎代庖，亲自出马，更换另一家印刷公司，不仅为此和原来的印刷厂交恶，公司的印刷费用也多出了不少，而且耽误了上级经理的时间，浪费了部门经理的价值，浪费了公司的资源。而原计划的一个重要会议，不得不给来访的客户发旧材料。

员工表现突出被提拔，就是信用优秀，普通卡升格为银卡金卡；员工优秀被人挖走，就是另外一家银行又给了一张金卡；员工不称职被终止合同，就是信用太差，信用卡被取消；员工离开公司时做一些不职业的小动作，就是恶意透支最后一笔；员工离开公司时遵守公认的职业道德，就是有了新卡，不丢旧卡；老员工重回公司，就是重新启用原来的信用卡。

一个员工只有有了一张记录良好的个人职业信用卡，才能做到"万事达"。态度决定一切。

赵民

2003 年 8 月 4 日下午 5 点 42 分

于海南亚龙湾椰树的掩映下

# 对账单

● 导语：就每个人的职业生涯而言，在一个企业里的信用度和信任度，是最难得和最重要的资源。

凡是有信用卡的朋友，一定都和我一样，在每个月的上旬会收到来自银行的信用卡对账单。对账单告诉你，信用卡额度用了多少、是否透支、有无不良信用记录、每个月应还多少钱、最少要还多少钱，等等。

在企业中，每个人也都有一张对账单。

如果说制定年度预算、提交年度工作计划是提出年度信用额度要求，那么，年终财务结算和年终的年度工作总结就是"年度对账单"。对一个独当一面的部门主管、部门经理和业务总经理而言，"年度对账单"上绝对数字的高低固然是重要的，但最重要的是，是否有良好的信用：年初提交的预算是否实现了、营业收入是否超额完成、成本支出是否合理控制、利润目标达到多少、应收账款是否结构良好、库存周转加快了没有……这些都是这张"年度对账单"上引人注目和值得深思的。

对于一名职业经理人，尤其是一个刚刚上任或新到一个公司担任部门主管的中高级管理人员，在新公司的职业生涯中的第一年，第一位的目标是实现"年度对账单"的收支平衡，赢得良好的信用记录，证明自己的能力，证明自己管理团队、管理业务和管理公司的脚踏实地的态度，证明自己不是言过其实而是说到做到的人。

从这个意义上讲，任何一个管理者，在新上任时提交的管理目标的高低、进度的快慢固然是重要的，但最重要的是能够实现自己的目标，取得年度对账单上的良好信用。

除了"年度对账单"，还有"季度对账单"和"月度对账单"。通常对于交易金额大的 B2B 产品（用户为企业的产品）的企业，"季度对账单"更为客观准确一些，因为其采购金额大，流程周期长，过程比较复杂。现在我国香港的上市公司都已要求提交季度公告，内地的上市公司也开始要求提交季度报告，换句话说，上市公司的"季度对账单"也是要给股东看的。

对于生产经营 B2C 产品（用户为个人消费者的产品）和交易金额小的 B2B 产品的企业，"月度对账单"就比较有用，就已经能够看出业绩问题和趋势，而不必等待季度对账单了。国内很多制造业企业是非常看重月度对账单的，哪个省份销售不好了，刚到月底，公司最高层领导的月度工作会议就要关注了，电话就盯过来了，该表扬的表扬，该批评的批评，该分析问题的分析问题。

除了年度、季度和月度对账单，现在更是有了"日日清"的"日对账单"，这就是 ERP 系统提供的日报表。

IT 系统为什么能让那么多公司花那么多钱购买？因为它有个最基本的功能，即满足了跨地区、跨行业、不同产品系列、不同客户群的大型公司老总的需求："今天公司的运营好不好""几天下来销售趋势如何""哪个地区的哪个产品销售有问题"等。这张"日对账单"不仅有总表，还有更具价值和意义的分产品、分地区、分业务员的细表。这种快速的信息统计和透明度，如同业绩雷达扫描仪，一天扫一遍，谁也逃不掉，相当厉害。所以，计算机部门在很多企业已经不是一个辅助管理部门，而是一个核心竞争力基本组成部门了。

对于一名普通的生产人员或销售人员，最重要的恐怕并不是"年度对账单"，而是"日对账单"。在 ERP 系统的监控下，每个业绩数字都是鲜活的，每天的进步，可能在几个月后就变成了一个晋升机会。

对于一名诸如总经办、人力资源部、生产管理部或销售管理部等管理部门的普通员工，最重要的既不是"日对账单"，也不是"月对账单"，而是"周对账单"。由于管理事务具有其特性，一般一件事很难在一两天内完成，因此每周完成一两件重要的事就成了最为常见的时间要求；很多有管理经验的老总或部长通常会要求各个管理部门在做了每月工作计划之后，还要做每周工作计划。

对于管理部门的普通员工，其岗位又分为两种性质："事务性"工作岗位和"项目性"工作岗位。比如说市场部，就有部门秘书、助理类岗位来专门负责有固定步骤、固定流程和明确内容的工作，如统计媒体报道数、更新网络内容、统计用户或消费者反馈等。这种岗位的周对账单比较容易看懂，只需要按其岗位职务说明书要求，对照周工作计划，看最后的工作结果即可。同样是在市场部，还有一些是带有创新性的工作，如开发新渠道、新途径、新方法以进行宣传，这种工作所用时间相对较长，反馈结果也不确定，效果更是无法预知，工作质量的好坏对结果有很大的直接影响。这种管理部门的普通员工岗位，需用3~5件事（项目），且需3~6个月，才能看出一个人的水平和能力。此时，"月度对账单"甚至"季度对账单"才是有效的判断依据。

对于管理部门的"事务性"工作岗位，又可以分为两种性质："固定事务性"工作岗位和"随变事务性"工作岗位。比如，人力资源部负责劳资工作的岗位、负责培训工作的岗位、图书管理员岗位、公司前台岗位、门卫和保洁员岗位，就多半属于"固定事务性"工作岗位，因为他们的工作中虽然也有一定的突发性事务处理的成分，但主要的工作时间和工作量都是相对标准规范、流程成熟的工作。再比如，人力资源部里负责招聘员工的岗位、生产运营部门中负责生产计划协调的岗位、销售管理部门中负责销售支持的岗位、战略联盟岗位、新渠道开发岗位、各种研究性岗位、司机、老总秘书等，就多半属于"随变事务性"工作岗位。这些岗位的管理工作和任务的大范围是明确的，但任务的具体内容则相对不确定，有时还变化很大。这种岗位的从业人员，是否本人乐意和有主动意识、是否喜欢这个岗位、是否追求细节完美和是否坚持高标准，对工作结果影响很大。所以，这类员工的"周对账单"只能是一个表面的反映。管理者对这些岗位进行考核和评价，要经常和他们一起交流，具体的事情一起讨论，从讨论中来发现和判断这个员工的素质、水平和潜力；要和他们共同实施某个事情，在操作的进程中来分析这个员工的"周对账单""月对账单"上的评价和用词的真实含义，从而发现人才，淘汰庸才。

最难读好和读懂的，是中层管理人员和高层管理人员的"对账单"。判断一个清洁工，一天就可以得出结论；判断一个保姆，一个星期就可以；判断一个前台，一个月就可以；判断一个一般事务性员工，一个季度也够了；而判断一个咨询顾问，有两个项目长达半年才能比较到位；判断一个中层部门经理，半年是至少的，最好有九个月；评判一个高层管理人员，一年是基本的，两年也是应该的。所以，但凡规模大一点的公司，公司的中层管理人员一般都不会外招，除非企业或部门刚刚成立，内部没有人才储备。诸如麦肯锡公司（Mckinsey）、波士顿公司（BCG）这样的国际大牌管理咨询公司的总裁、CEO，从来都是从内部提拔的。

就每个人的职业生涯而言，在一个企业里的信用度和信任度，是最难得和最重要的资源。所以，对每一个企业管理者来说，读"对账单"的艺术，也是一项管理基本功。

赵民

2003 年 10 月 6 日东京时间上午 9 点 30 分

于日本东京返回中国北京的 UA875 飞机 41G 座位上

自西雅图起飞是 10 月 5 日；自东京起飞是 10 月 6 日

坐机日行一万里，落地昼去一整天

# 北大和清华

○ 导语：唯有企业文化中具备持久核心理念的企业，才能成为百年老店式的企业。

北大和清华一直是中国顶尖人才汇聚地的代表。长期以来，社会上对北大人和清华人形成了这样的印象：北大人思想活跃，个性张扬；清华人行为严谨，团队峥嵘。北大已经成为思想活跃的代名词，清华则成为行为严谨的代名词。

如果把大学也比作一个"非营利的企业"，那么北大和清华在它们的企业文化上，的确达到了一种值得称道的境界：无论从办校的指导思想（北大的"兼容并蓄"，清华的"厚德载物"），还是从校风、毕业生的群体素质和特征来看，具有相当突出的个性和一致性。也就是说，北大和清华的"企业文化"一是个性相当鲜明，二是从上到下一致性相当高。

这就是企业文化的力量之一：企业文化可以成为一种竞争力。由于北大人思想活跃已经有口皆碑，因此，对于它的"客户"——企业来说，如果想招聘拥有活跃思想的大学生，就应该录用北大的"产品"——毕业生。相反，如果要组成行为严谨的员工团队，首先一定要想到清华，也一定要到清华去招人。当企业文化能够为一个企业的"产品"（毕业生）寻找最合适的"用户"（用人单位）时，这种企业文化其实已经构成了它的竞争力的一部分。从某种角度而言，这种"产品营销"是最高水平的"太极拳"——"文化营销"。如果中国大学的商学院也有如同美国一样的商学院排名，那么在"雇主打分"这一项，北大和清华已经以其鲜明的个性特点"不战而屈人之兵"了。这不是竞争力是什么？

企业文化的力量之二是它使企业具有明确的品牌定位优势。北大的自我定位为学术自由、兼容并蓄，即使其他高校可能在这点上也同样做得很好，甚至在某些历史阶段做得比北大更好，但是在中国一提学术自由的高校，所有人都会首先想到北大，而不是清华或其他高校。为什么会这样呢？因为北大定位于学术自由，所以北大就把"中国高校学术自由第一品牌"的位置占据了。由于高校的核心竞争力来自其教授队伍，而教授们视学术自由如自己的生命，因此，北大"学术自由"一经定位，就把品牌完全优势化了。从这个角度说，北大的先辈蔡元培先生不仅是位伟大的教育家，而且是位杰出的"非营利机构的企业家""品牌战略家"和"文化营销专家"。

企业文化的力量之三是它使企业获得品质优秀的生产要素从而保证了产品的整体高品质。由于北大的办学指导思想，中国各专业领域最优秀的教授齐聚北大，从而吸引了中国最优秀的学生去北大求学。在本专业领域全国最优秀的教授培养下的最优秀的学子，就如同企业里用最先进的工艺方法、用最先进的原材料生产的产品，优质品的比例就较高。这其中虽然不仅是"企业文化"的作用，还有其他重要因素在起作用，但又怎么能与企业文化分得开呢？

正如企业文化也面临危机一样，北大和清华现在同样也面临新的挑战：北大合并了北医，清华合并了中央工艺美院。北大和清华能否将北医和中央工艺美院成功地予以"文化整合"？在历史上，虽然北医和中央工艺美院先后都曾是从北大和清华分出去的，但它们毕竟独立运营了40多年。对企业文化而言，第一个挑战来自于并购：由于外力的推动和内部的需求，企业在超常规地扩大规模以后，企业文化可能存在着核心价值观和理念被稀释的危险。所以，企业文化应该具有海纳百川的"包容力"。

企业文化面临的第二个挑战来自于面对时世的变迁，该不该以不变应万变？正如"月有阴晴圆缺，人有悲欢离合"一样，股市对不同类型的企业在不同的时间有不同的追捧和打压，企业必须要"顶得住"。因为企业不可能跟也跟不上股市追捧的热潮，这就要求企业有相对独特的核心价值观和理念。流行的价值观往往是"各领风骚数十年"，而企业核心的价值观，就如同北大的"兼容并蓄"和清华的"厚德载物"，都是不应随时间而变的，因为它代表着一个企业最根本性的生存意义。可以与时俱进的，是在核心的、根本性的企业价值观指导下的具体表达或实现方法。因此，企业文化应该包括"以不变应万变"的核心部分和"与时俱进"的实现部分，也就是企业文化应兼有"定力和活力"。

　　企业文化面临的第三个挑战来自于其"生命力"：企业文化能否一代一代、一拨一拨地传下去？设想北大、清华30年以前的毕业生和30年以后的毕业生，如果在一个企业里共事，他们是否以基本相似的北大、清华风格来行事。所以，我们可以看到，企业文化的传递，一是要有一定的"物质化"，如北大的校徽，清华的校服；二是要有一定的"文字化"，如北大的未名湖，有众多的优美文章吟诵过它，这些文字带给了人们各种美好的联想和联想背后的文化；三是要有一定的"人物化"，如北大、清华历史上著名的蔡元培、朱自清、李大钊和梁思成等。如此"三化"，北大、清华的文化也就成为喜闻乐见、生动具体的民族文化、时代文化的一部分。

　　"北大"和"清华"，这两个在中国的股市中已经造就了众多百万富翁的名校，本身不仅是一类"企业文化"的代表，而且是众多企业文化的模板。北大和清华的现象说明，唯有具有优秀文化的企业，才能成为有竞争力的企业；唯有企业文化中具备持久核心理念的企业，才能成为百年老店式的企业。

赵民

2003年4月28日下午4点10分

于寂寂庭院中

# 【年终特稿】

## 阳光灿烂的日子

2000—2003 年中国管理咨询业回顾

## 一、管理咨询业突然出击

——2000 年中国管理咨询业回顾

如果你随便找一个中国管理咨询行业的从业人员，问他生意如何，他会喜形于色，眉飞色舞地和你谈起做了 ×× 公司的项目，随后，他又会眉头一皱地说，最大的问题是缺人。

这就是 2000 年中国管理咨询业的"40 字"现状：市场需求全面启动，从业公司数量剧增，人才需求缺口趋大，服务产品日趋多样，服务价格迅速上升。

### 1. 市场需求全面启动

对比 1999 年和 1998 年的市场形势，2000 年的管理咨询业火爆的现实令许多从业公司措手不及。据行业内公司的初步估计，2000 年中国管理咨询业全行业增长保守估计超过 50%，部分公司的增长超过 100%。

市场需求的增加有五大原因。

（1）政府作为国有企业的最大股东，积极要求各国有企业进行管理创新。1999 年 9 月底，中央全会第一次把管理咨询等专业中介服务写入中央文件。2000 年下半年，国务院更是下发文件，要求国有企业进行战略规划。

（2）随着中国加入世界贸易组织步伐的加快和日程的确定，让众多在无规则竞争"春秋战国"式市场经济中长大的民营企业感到了国际化竞争的压力，为了使自己的企业不至于在新一轮竞争中倒下，他们把目光投向了管理咨询（借智）和二板市场（借资）。

（3）前几年，在每个行业中，个别聘请管理咨询公司提供专业服务的企业现在已经尝到了咨询的甜头，它们以"口碑"的方式引发了行业中的其他客户的咨询需求。

（4）越来越多的来自国内54所高校商学院和海外商学院的MBA毕业生毕业或回国，进入企业，走上了各级管理岗位或领导岗位，他们的新型市场经济管理意识及对管理咨询的认同，使咨询需求锦上添花，这其中包括众多的网络公司。

（5）跨国公司本土化的进程开始了更高层次的新一轮"换班"，越来越多的中低级中国籍或原中国籍管理人员被提拔到亚太区或中华区的高级管理职务上，他们在继续使用全球性咨询公司的同时，不断尝试使用各种本土咨询公司。

### 2. 从业公司数量剧增

曾有公司在一著名高校MBA学生中做过抽样统计调查，有一半以上的MBA学生毕业后准备自己创业，而创业的第一选择是管理咨询公司。

管理咨询公司在2000年的迅速增加，有如家电行业在20世纪80年代中期的全线上马，其原因在于：形成管理咨询行业壁垒的最主要障碍——MBA毕业生数量有了巨大突破。政府裁员、国企下滑、民企滞长、外企调整、互联网公司"由疯而傻"的现实，使大量MBA人员转向创业成本低的管理咨询行业。咨询行业需求旺盛，钱很容易赚，咨询产品相对还比较简单。

把在国内的咨询公司梳理一下，可以将它们分为以下三个梯队。

第一梯队：以麦肯锡公司为领头和典型代表的跨国公司，以其丰富的咨询经验、优秀的人才等占领了市场的主体。虽然没有准确的行业统计，但初步估计，麦肯锡公司、埃森哲公司、罗兰贝格公司、波士顿咨询公司、科尔尼公司、贝恩公司和毕博公司等国际咨询公司的市场份额占到50%以上，这里包括跨国公司客户。

第二梯队：国内有五年以上从业历史的比较成形且稳定的咨询公司，它们构成了目前本土咨询公司的主力，其中包括新华信公司、中信咨询公司和派力营销公司等咨询公司。

第二梯队的公司正在分化中，有些公司由于战略明确而发展迅速，有些公司则由于各种原因而进入缓慢平稳发展期。这部分公司的市场份额估计占到全部市场的10% ~ 20%。

第三梯队：国内新兴的成立不到三年的公司，它们数量众多，业务细分相对明确。这些公司可以分为专门从事风险投资相关咨询的公司、专门从事 IT 计算机相关技术咨询的公司、专门从事人力资源咨询的公司、专门从事营销策划的公司和专门从事培训的公司。

这些公司总数量以千计，所占的市场份额估计为 30% ~ 40%。

从地理分布上讲，咨询公司主要分布在北京和上海，形成了和美国咨询历史上相似的格局。广州等其他城市由于高校人才等因素虽占有一定数量的咨询公司，但和其他城市的区域中心地位相比，尚显弱小。

### 3. 人才需求缺口趋大

犹如家电企业的核心资本是生产线，管理咨询公司的核心资本是专业人才。由于市场的突然启动，却难以在短期内迅速复制专业管理咨询人才，所以人才缺口突显。但仔细分析，可以看到其中不同的情况。

第一种情况是，众多互联网公司在 2000 年 4 月的纳斯达克（Nasdaq）网络股灾前从管理咨询公司里挖走了大量人才。那个时候，有的美国公司为了留住人才，对部分著名商学院的 MBA 毕业生开出了年收入 30 万美元以上的高价。一时间，风险投资公司大有管理咨询公司"掘墓人"的味道，众多管理咨询公司被迫纷纷采取不同对策。

第二种情况是，2000 年下半年，尤其是在第四季度，出现了"B2C"即回归咨询（Back to Consulting）现象。年初涌向互联网公司的人才，除极少数出任"C×O"

级的人员外，大多数开始分流，有相当一部分人又回到了管理咨询行业。

## 4. 服务产品日趋多样

和众多行业的发展规律类似，一旦管理咨询行业全面启动，服务产品的多样化也就呈现出来了。总体而言，服务产品是由低级服务转向高级的更细分化的专业产品。

我们以 1999 年为参照，对 2000 年咨询产品做一下对比分析，如表 4-1 所示。

表 4-1　1999 年与 2000 年咨询产品特点对比

| 比较点 | 2000 年咨询产品特点 | 1999 年咨询产品特点 |
| --- | --- | --- |
| 专业 | 专业性：某一具体方面 | 全面性：各个方面的管理 |
| 实施 | 可操作性：实际实施 | 可读性：公司上下易懂 |
| 价值 | 可衡量性：产生多少效益 | 可传播性：对股民、对上级 |
| 细化 | 深入性：对某一问题的深入描述分析 | 概念性：基础知识为重 |
| 特色 | 定制性：不同公司方案不同 | 通用性：各个公司问题大同小异 |
| 效果 | 采纳性：更多地被采纳 | 工具性：更多地被当作某一类型用途的工具 |

## 5. 服务价格迅速上升

对大多数国内管理咨询公司而言，2000 年的最大益处是服务价格普遍上涨。其增幅和物价以及 GDP 的增长均不同步，一般单人月收费价格均上涨 20% 以上，很多公司上涨 50% 以上。

这种变化的结果是管理咨询公司的盈利情况大为改观，从业人员的收入也有可观的上升。

新经济在红火了互联网公司后，正在点燃中国的管理咨询业。

但对国际公司而言，收费标准依然是个令人头痛的问题，相对于美国等发达国家的管理咨询公司收费标准，在中国的收费仍处于一个相对很低的水平。对国内公司而言，虽然 2000 年的年度总结报告上收入情况很不错，但劳动生产率仍然较低，这仍然是一个颇费口舌的需要向合伙人大会解释的问题。

## 二、透过晨雾的霞光

——2001 年中国管理咨询业回顾

2001 年是中国加入世界贸易组织之年，而管理咨询业是这一年中一道闪亮的霞光。

尽管中国有些行业增长减缓，但在寒风习习中，中国的管理咨询业却热火朝天地在中国特大型国有企业、大型股份制公司和中型民管企业三大阵地上披荆斩棘式地迅猛发展。

### 1. 战略咨询走红

习惯于真金白银的中国企业家们，不再抱怨战略是一个虚无缥缈、中看不中用的"水中月、镜中花"了，在加入世界贸易组织的大背景下，他们在寻找更快、更好的发展道路和成功模式。虽然没有官方的公开统计数据，但根据我在行业内掌握的信息来看，2000 年在国内销售额排名前 100 名的特大型企业，至少有 50% 以上已聘请过管理咨询公司就其战略问题提供专业意见。很多企业集团不仅集团战略发展规划聘请战略咨询公司做咨询，而且各大业务单位（Business Unit，BU）的战略规划也聘请相应专业顾问做咨询。管理咨询费正以软课题费的名义开始出现在一些集团公司的财务科目上。

与国外公司选择管理咨询公司的侧重点不同的是，中国企业在考虑咨询公司时，十分注重行业经验和公司知名度。因此，国际咨询公司占据着战略咨询的大部分市场，国内本土咨询公司才刚刚开始有了一定的生存空间。

### 2. 运作咨询崛起

大量的市场需求产生在运作层面。这种需求来自四个方面：一是经营管理层的持股计划，尤其是对于行业成长性高、人力资本作用显著的行业；二是组织机构优化，特别是很多转制转轨中的传统大型制造企业，着力于打造面向市场的运行机制；三是绩效考评和薪酬体系，西方文化中以当期经营业绩决定大部分浮动收入的理念已征服大多数企业老板的心；四是各子功能（营销、研发生产等）运行效率和效益的改善和提升，视不同企业、不同行业而各取所需。

随着大型和特大型企业对管理咨询需求的上升，合同金额超过 1000 万元的项目已屡见不鲜。对于大多数年营业收入只有几百万元的小型管理咨询公司而言，这无疑是加速发展和扩张的动力之一。

### 3. IT 咨询火爆

IT 咨询的火爆是一把双刃剑。一方面是极低的渗透率和高达亿元的企业资源规划（Enterprise Resource Planning，ERP）项目，使很多传统计算机硬件产品制造商，如惠普公司、联想公司，计算机分销商，如神州数码公司、和光公司；以及软件公司，如用友公司、创智公司等掉头猛扎进来。另一方面，是众多企业对不尽人意的 ERP 项目的抱怨。IT 咨询市场巨大，但陷阱也很深。

为了对 ERP 的过热进行矫正，也为了对巨大投资血本无归的教训进行总结，更为了使 ERP 在中国实践回归理性，2001 年，越来越多的企业走向了 IT 咨询。这些企业认识到，要做 ERP，必先做业务流程重组（Business Process Reengineering，BPR），BPR 成为 IT 咨询中的亮点，甚至有赞誉者称 BPR 是 ERP 的"成功之父"。制造业中重视 BPR 者，莫过于海尔公司，其称之为企业革命。

真正革命的不仅是 BPR，还有客户关系管理（Customer Relationship Management，CRM）在后头。当中国的企业刚刚开始认同 ERP 时，有太多的企业甚至没有将 CRM 列入预算，但 CRM 在 2001 年下半年逐渐迎来了一轮市场热潮。

### 4. 人才市场兴旺

一家领先的管理咨询公司在其网站上登出招聘管理顾问的信息后，一个月之内，仅上海一地，投寄个人简历的应聘者就超过 1000 人。这种情况与 2000 年初判若云泥。

另外一个可喜的现象是海外留学生兵团的青睐和加盟。对大多数国内本土咨询公司而言，在两年前这是可望而不可即的一个群体。如今，四位数字的入门薪水，就有来自欧美国家、亚太地区较为优秀的商学院的 MBA 毕业生愿意考虑。

全球经济全面衰退，欧美企业紧缩成本，以及中国籍应届毕业生的增多，都是中国管理咨询业人才争夺战国际化的成因，而这也明显地加快了国际咨询公司提拔中国籍员工成为合伙人的进程，主要的几家国际咨询公司均有中国籍员工担当中国业务高级管理职务。

## 5. 咨询公司分化

2001 年，咨询公司分化突出。分化之一是诞生了一大批专门从事某一狭小细分专业的咨询公司，而 2000 年以前成立的单一咨询的咨询公司也更具规模。目前，在人力资源咨询、物流咨询、经营者持股设计、营销咨询等方面，都有多达几十家公司在竞争。

分化之二是出现和培育了越来越多提供全面管理咨询方案的"准综合型"管理咨询公司。这与中国很多企业谋求和一个或几个特定管理咨询公司成为长期战略伙伴的价值取向是分不开的。这导致了有些国际性的在其本国只做战略、不介入运作咨询领域的战略咨询公司，也顺从市场的意志，向下延伸，锻造运作咨询的核心能力。

纵观市场格局，2001 年管理咨询领域形成的"三个世界"的局面基本未变。第一方阵为跨国管理咨询公司，以麦肯锡公司为代表，科尔尼、埃森哲、罗兰贝格等公司年收入多以亿元计，贝恩、波士顿等公司也不甘人后；第二方阵为国内知名管理咨询公司，包括新华信管理顾问公司、和君创业公司等公司，其年收入均在千万元之列；第三方阵是众多的年收入在 100 万元到 1000 万元的细分市场的猎食者，凡是有 MBA 教育资格的高校，都有不止一家学院背景的管理咨询公司。

"三个世界"层次分明，反映出这个产业本身发展的幼稚性及成功的关键因素：人才、经验和品牌。

## 6. 媒体报道热点

管理咨询的各种话题，频频出现在国内媒体的封面文章或专题报道之中。《IT 经理世界》杂志的封面文章《咨询的味道》率先拉开了媒体聚焦管理咨询业的大幕，随后相关媒体刊发的《咨询何为》《在知识的田野上》等一系列文章，彰显了管理咨询行业在媒体中的宠儿地位。中央电视台《对话》节目，开启了管理咨询业从专业圈子走向社会大众的一条途径，而伴随着各种观点的专题故事，被媒体反复提及，大大提高了咨询公司的社会知名度，赢家不仅有媒体，还有管理咨询公司。如果说2000年里还没有几个媒体记者对管理咨询行业真正有所了解的话，那么，2001年则已初步形成了这个行业的"产业名记者"群体了。在2001年，采访管理咨询公司对很多媒体记者而言，是与采访外经贸部、报道世界贸易组织一样经常的事。

## 7. 上市，上市

虽然很多业内人士早有思想准备，但2001年埃森哲公司（Accenture）按计划如期在美国成功上市，对很多人来说，仍如平地一声惊雷。在五大会计师事务所中，关于咨询业务分拆上市的争论声犹在耳边，这又传出了老牌管理咨询公司麦肯锡也想上市的说法。几年前发生在投资银行界的上市故事，或许将在管理咨询行业重演一遍。这两大专业服务领域一直"守身知玉"几十年，恪守公司内部合伙人持股的"祖训"，但在IT迅速发展和资本市场整合产业的浪潮下实施了变革。信息技术的发展，不仅促使诸如IBM公司、惠普公司这样的技术产品公司转向咨询服务，而且也使经典咨询公司越来越不像律师事务所，更像管理技术服务公司。

## 8. 雾散乌云在

回想两年前，我在北京大学面对MBA学生时还在回答"中国企业会愿意花钱请管理咨询公司吗"这样的问题，现在，还有谁会提这样的问题？

2001年，大小管理咨询公司皆大欢喜，各家客户不说门庭若市，也可以说络绎不绝，这不仅驱散了行业发展的迷雾，而且使一个产业走向了从无到有、从小到大、从乱到治的演化过程。

不过，2002年，管理咨询行业的头上仍旧有四朵乌云：在全国范围内，会允许外商独资注册管理咨询公司吗？在全国范围内，会有一个真正的行业协会来代表这个行业进行上通下达吗？在全国范围内，会有多少家在不同的管理咨询细分服务市场上，核心能力与国际大型管理咨询公司相当的本土管理咨询公司成长起来？全年市场增长会放慢吗？

## 三、几家欢喜几家愁

——2002 年中国管理咨询业回顾

从 2002 年中国管理咨询业的态势来看，中国管理咨询公司要迎接 2003 年的春天，必须要先抵挡住"春寒"的挑战。

2002 年的中国管理咨询行业，可谓"几家欢乐几家愁"。

先谈高兴的事。

欢乐之一是中国管理咨询行业的用户需求呈现强劲增长。

2002 年整个行业全年的增幅至少在 20% 以上，而下半年比上半年增长更为明显。新华信管理顾问公司研究中心在 2002 年年底完成的一份研究报告表明，据不完全统计，在中国的 1000 多家上市公司中，2001 年有 141 家公司聘请了管理咨询公司，2002 年这个数字则达到了 182 家，增幅为 29%。另外一个事实是，浙江省首开先河，政府有关部门要求各省的上市公司尽快建立健全的高管激励机制方案，这也为管理咨询公司提供了不少机会。

出现这种强劲增长的原因是与中国经济和产业的结构演变分不开的。首先是中国加入世界贸易组织以后，每个行业中的外资企业都加快了发展速度，加大了投资力度，加剧了市场竞争的激烈程度；其次是民营企业开始了新一轮的产业授资和发展，同时，很多位居行业前几名的民营企业在 2002 年成为"创业十周年"的企业，企业内部的管理需要新陈代谢、重新整合，这增加了对外脑的需求；最后是国有企业转型和改革的力度继续加大，迎接中国共产党第十六次全国代表大会需要用业绩说话，这使国企管理创新的速度加速，从而需要外脑的帮助。

欢乐之二是客户采购管理咨询的价格呈明显下降趋势。

价格下降对管理咨询从业公司而言不是利好消息，但是对客户而言，无疑是值得庆贺的事情。最典型的是在 IT 咨询上，由于政府大力推动信息化工程的建设，IT 建设的投资呈巨量增长，从而导致行业新进入者剧增（而且多是以省、市、地方为根据地的区域性地方公司），最终冲击价格，导致价格明显下降。

造成价格明显下降的另外一个原因是谁也没有料到的，即国际著名公司主动采用低价策略。由于很多国际著名管理咨询公司已经在国外上市，因此，其管理层受到股市和股东对业绩增长要求的压力远大于尚未上市之际。但是，欧美市场的管理咨询业务在连续几年高速增长后，开始随经济和新经济产业发展的放缓而发展减慢，并大量裁员，所以，它们就把希望寄托于市场正在迅速增长的中国。但是，有些国际著名管理咨询公司早期的中国战略并不成功，由于进入中国市场晚了，又赶上有些公司变更公司名称，所以，为了从领先的公司那里分得一块蛋糕，某些国际公司扮演起了"行业坏孩子"的角色，在一些项目上价格巨量放水，甚至比一些本土公司还要低。这样的先例一开，就把行业的平均价格拉下了一截。

欢乐之三是客户的采购程序越来越公开、规范和透明。

随着市场的大规模启动，各个行业的大型公司均开始了采购程序的规范化工作。最典型的莫过于被媒体广泛炒作的南方航空公司的招标项目。就新华信管理顾问公司而言，2002年受到邀请，希望我们参与投标的项目不可思议地出现了百分之百以上的增幅。这对于小型的或刚成立的管理咨询公司而言，未必是利好消息，但对于规范市场、规范竞争则是一个良性的导向。

在未来的一段时间里，采购程序化对于管理咨询行业的影响和作用将得到充分证明，采购程序化将是管理咨询行业淘汰低劣从业公司、优化市场从业公司结构、规范从业公司行为、扩大市场总规模、引导管理咨询行业健康持兴旺发展的关键因素之一。

再谈不开心的事。

忧愁之一是有关国际管理咨询公司板块的：国际公司纷纷并购更名。

继2001年1月安达信公司内部的咨询业务拆分成埃森哲公司之后，2002年5月8日，毕马威中国公司并购了处于危机中的安达信中国公司的咨询业务，之后是2002年7月22日德勤公司的咨询业务改名为博敦公司（Braxton），然后是2002年7

月 30 日 IBM 收购普华永道公司（PWC）的咨询业务，再然后是 2002 年 10 月 9 日，毕马威公司改名为毕博公司（Bearing- Point），真是令人目不暇接。

国际管理咨询公司的并购和更名，将从根本上和长远上改变中国管理咨询业发展的道路：类似于美国式的由会计师事务所转而增加管理咨询业务的发展道路，在中国将不会成为主流。

忧愁之二是有关国内咨询公司板块的：小公司大量成立。

由于国内管理咨询市场的兴旺，再加上 MBA 毕业生大量涌入市场以及他们越来越难以在国外大公司找到薪酬理想的工作，因此，在 2002 年，由 MBA 毕业生捎带上他们的老师个人创办的地区性小咨询公司大量增加，成为整个市场中一股重要的影响力量。这类公司的发展，加剧了价格的下跌；这类公司的质量管理体系的不完善，使客户对于管理咨询的价值产生了疑问，从而有可能使未来几年中国管理咨询市场的总规模和产业价值受到影响。

减少小管理咨询公司带来的负面影响，一要依赖于这些公司本身的创业者提高水平，二要依赖采购程序化的广泛使用。

忧愁之三是有关国内咨询公司的：不恰当的并购。

2002 年最为戏剧性的国内咨询公司并购事件是联想公司并购汉普公司，随着张后启退居二线，老汉普已经"死"了。当初，因求高速发展而陷入现金短缺困境，汉普公司"不得不"选择联想公司，现在已经证实，对于汉普公司来说，这并不是一个明智的选择。

而最近一则让人意外的消息是，在 IT 咨询公司中享有盛名的志杰公司因现金枯竭，不得不宣布破产，其大股东中华网"见死不救"更证明了一点：咨询公司在选择投资方时，必须结合自己行业的发展阶段与特殊性，以短期财务回报为目的的投机型资本是非常危险的。

# 四、阳光灿烂的日子

——2003 年中国管理咨询业年度回顾

虽然经历了三个月的"非典"日子，但如同中国经济在这之中仍高速增长一样，中国的管理咨询业在 2003 年也迎来了一段阳光灿烂的日子。

从行业影响力的角度看，代表着整个行业利益的行业协会的发展在 2003 年有了巨大的改变：中国科技咨询业协会在多年期待、长期缺位后，终于在 2003 年年正式成立。虽然协会还有十分浓重的计划经济色彩，成员还不是那么多，但毕竟有了自己的行业组织。与此同时，十分活跃但日益边缘的深圳也发起成立了深圳市管理咨询行业协会，给立志定位于做"中国服务业之城"的深圳增加了一块砝码。

最后，与中国社会治理进程相适应，拥有 7000 多家咨询公司，在中国咨询业中最有实力和最有影响力的城市首都北京，在新一届北京科技咨询业协会理事会换届选举时，一改过去十年一直由政府官员出任理事长的做法，咨询机构的老总们民主选举出了企业家自己的理事长。

同样让管理咨询业人士感到阳光灿烂的，还有于 2003 年 7 月 1 日在香港公布的、于 2004 年 1 月 1 日正式生效的"内地与香港 CEPA"。在这份官方文件中，第三部分"内地进一步向香港开放服务业"中的服务业，第一个就是管理咨询！要知道，这份文件中列出的服务业，涵盖银行、证券、保险、建筑、分销、物流、法律、会计、旅游、医疗等众多远比管理咨询更为重要和更为庞大的产业。文件规定，对除法律、会计、审计和认证等外的其他管理咨询服务业，允许香港公司在内地设立独资企业。我在 2001 年中国管理咨询业回顾文章《透过晨雾的朝霞》中所提出的问题"在全国范围内，会允许外商独资注册管理咨询公司吗"已经有了答案。

从市场发展的角度看，管理咨询的客户向着社会更为广泛深入的方向演进：媒体、医院等过去从未被列入咨询公司客户对象的行业，也开始筹划聘请管理咨询公司，而对于大多数中国上市公司而言，有的企业同时聘请了五家以上的咨询公司从各个方面提升自己，有的企业累计聘请外部咨询公司进行咨询服务的项目已经达到

10 个以上。个别公司一年的咨询费预计已达人民币几千万元。这标志着中国企业对"咨询的作用"有了深入而正确的认识，对咨询的价值也越来越承认。中国市场已经诞生了第一批尝到咨询甜头的忠诚客户群。

但是，这样的客户群对中国的咨询公司的生存同样也提出了严峻的挑战：由于中国客户从第一轮的咨询采购中体会到了咨询的甜酸苦辣各种滋味，所以他们对咨询公司的内容要求变得越来越具体，水准要求也越来越高，操作性要求越来越现实，价格支付越来越聪明。这四个"越来越"已经并将进一步淘汰众多没有市场竞争力的咨询公司。

如果说，在 2003 年以前，大多数管理咨询公司创业者有可能以 100 万元以下的投资去创业，那么，从 2003 年开始，中国创办管理咨询公司的起步资金的门槛已经开始提高，对于大多数新成立的管理咨询公司而言，100 万元人民币是第一个门槛；创业者团队至少应有三人是第二个门槛；有某一个特定行业的实际操作经验是第三个门槛；曾经有过国内某一个大管理咨询公司的从业经验是第四个门槛。这"四个门槛"是 2003 年阳光灿烂的日子里自然生存淘汰之后的结果：它对还没有进入并想进入这个行业的人，是酸的；对已经进入并生存下来的咨询公司，是甜的。

2003 年，中国的管理咨询市场在阳光下哺育出中国自己的民族品牌，领先的本土咨询公司的品牌优势在 2003 年得到了十分明显的强化。首先是已经出现了拥有 10 位以上合伙人的本土管理咨询公司。通过继续空降和内部提拔，国内有的管理咨询公司在 2003 年年底已拥有了 10 位及以上的合伙人。这也就意味着这些公司具有可以同时运作 20 个以上项目的产能，也就意味着营业收入超过人民币 5000 万元的本土管理咨询公司的数量将会越来越多。其次是已经在不同的功能和不同的行业出现了不同的强势领先品牌。由于集中于特定的行业如金融、流通，并逐渐形成了自己的特色咨询，国内有的规模不大的咨询公司也能在某些行业形成"后来者居上"的相对垄断优势。所以，对大多数没有明确功能或行业定位的咨询公司而言，2004 年将是更为艰难的年份。最后，很多从大管理咨询公司里辞职下海创办咨询公司的行业新生代领袖，也在 2003 年开始逐渐占上风，他们在经历了艰难的生存期后，从 2003 年开始走入发展期。可以说，从 2004 年开始中国管理咨询公司的天下，将逐渐从土生土长的创业前没有咨询公司经验的开创型创始人手里转移到创业前具有咨询公司打工从业经验的经验型合伙人群体手中。

另外一个方面，跨国咨询公司在 2003 年进一步稳固了自己的行业地位。个别公司的人员规模超过了 500 人，并且计划在 2004 年超过 1000 人。更多的中央国资委直接管理的特大型国有企业，和这些跨国公司建立了长期战略合作伙伴关系，而这些跨国公司中的中国本地的合伙人也开始越来越多。在大多数关系到国家竞争力的行业如金融、保险和证券，以及大多数有长期稳定的盈利能力的公用事业行业如电力、水力和基础交通设施行业，跨国咨询公司依然占据着主导地位。如果联系到 2002 年这些跨国咨询公司相互之间的并购，2003 年的表现至少表明它们成功地度过了并购的危险期，从而证明了并购是成功的。

在 2003 年的"先烈名单"上，又增加了一家跨国公司：EVA 的发明者美国思腾思特（Stern Stewart Co.）中国公司，因为现金断流而折翅黄浦江（《21 世纪经济报道》2003 年 9 月 11 日第 25 版报道），而这是第几家跨国咨询公司黯然退出朝气蓬勃的中国市场？

但思腾思特公司也不必感到太大的悲哀，因为世界上三大国际组织之一——世界银行 2003 年也失望地从四川成都离开，该组织的"中国（四川）中小企业发展中心连锁咨询计划"兵败巴蜀（《中国经营报》2003 年 7 月 7 日第 H2 版报道）。

2003 年，战略咨询业的两大巨头麦肯锡公司和波士顿咨询公司都选举出了新的全球 CEO。我们能充分感受到他们对中国市场的热切目光；在《中国企业家》杂志主办的"2003 年中国企业领袖年会"上，我们看到了的全球 CEO 卡尔·斯特恩先生的身影。这是第一位跨国咨询公司的全球 CEO 专门来参加一个纯粹的中国企业家的年度聚会。在 2003 年以前，你能想象这种情形吗？

赵民

2004 年 1 月 25 日下午 3 点 15 分

于农历猴年春节假期

温暖的冬日阳光弥漫在房前屋后

下卷

**百字文**

大漠孤烟直

第五章

企业战略篇

# 向优秀企业学什么

时光流逝，又到了半年董事会、高管会以及半年工作总结的时间了。这几天，奔波在长城内外和大江两岸，列席也好、参加也好、发言也好，听了几场企业的内部高层会议。趁着周末，回顾一下，以供后来者思考。

不管身处什么样的行业，不管 2016 年上半年的成绩单是多么好看或难看，年中会议你都不应该沾沾自喜或垂头丧气，因为还不到画句号的时刻。因此，选择什么样的奋斗目标，就成了半年总结会的一个重要话题。

对此，我们正略的态度是：找一个优秀的企业，或者找一个在某些方面比你的企业优秀的企业，再找一个在 2016 年企业亟须战胜的困难或挑战点，用剩下的半年时间攻下它。

不同的企业有着不同的问题，所以很难在一篇短文中将其罗列完整和全面，但"向优秀企业学什么"可以作为半年总结会的一个普遍适用的讨论主题。

一是学商业模型，或称"战略转型"。如何为客户提供更好的产品和服务，如何跟上客户和竞争市场的最新趋势和形势，是先抢市场份额还是先抢技术或人才，在 2016 年剩下的五个月，这些问题应该是清晰的、确定的、唯一的。不要树立太多的目标，不要想一口吃成一个胖子，当然，吃胖了还需要减肥。对于大多数中国传统服务业或制造业企业来说，主要的目标是：找到一个商业模式更优秀的企业，向它学习，进行战略转型。

二是学管理效率，或称"内部提升"。如果要留住和招聘到优秀的员工，就必须提高企业利润率和效能效率，否则，长远竞争力无从谈起。管理效率的提升，最大的困难在于内部思考，这是一场既需要狂风暴雨，又需要和风细雨的长期＋短期的自我革命。向优秀企业学习，就是从自我思想观念的革命开始的。

赵民

2016 年 7 月 30 日

外界流行的很多措施，
都不如抓住根本的措施。

斗转星移，规律依旧

# "前半生""后半生"：中国企业的"两条命"

昨天是 8 月 1 日，我整整一天是在一座绿荫环抱的会议室里度过的，会议期间听到过多次拿企业管理和军队管理作类比的内容。闻着树香，嗅着草香，听着知了的声声鸣叫，一切都像回到了农耕文明的时代，和谐而又安详。

但手机里不时蹦出来的"滴滴打车"并购"优步中国"的新闻和传闻，时时在提醒着参会的企业高管：商场如战场。

中国的优秀企业，按照企业成立时间的长短，或按照创业者团队的创业经历，大致可以分为：第一次创业就成功并延续到 2016 年、在资本的寒冬里依然成功的企业，这样的企业有，但属于少数，大多数的中国企业是属于创业成立 10 年以上，或者创业者团队是第二次乃至更多次创业。对于前者，我们看到的多是年轻人的冲动和激情，企业还处在青春躁动的成功阶段；对于后者，我们看到的更多的是成年人的成熟和激情，企业已然进入"四十不惑"的成熟阶段。

有的企业，在 2016 年刚开始它的"前半生"；而更多的中国成功和优秀的企业，在 2016 年已经进入了它的"后半生"。

在 2016 年依然优雅地活着的中国企业，绝大多数都已经历经磨难，饱受市场经济的洗礼，然后才在行业里脱颖而出成为成功的典范和优秀的领先者。

中国企业的"前半生"，倚赖于创始人的眼光、人品和格局，倚赖于"望远镜""显微镜"和"放大镜"；中国企业的"后半生"，倚赖于创业团队的信心、决心和恒心，倚赖于 IQ、EQ 和 IP。凡是创业历史在 10 年以上的成功企业、凡是创业时间在 15 年以上的优秀创业者，都有"前半生"和"后半生"。

赵民

2016 年 8 月 2 日上午 7 点 46 分

既有国际视野，又有中国实践。

有"前半生"，才有"后半生"

# 适应地球环境巨变　争取成为幸存公司

今天是 2018 年 10 月 1 日，国庆七天长假的第一天。在这举国同庆的日子，除了送上祝福和感谢之类的节日问候，还可以送上一句对企业和企业创业者有益的话："适应地球环境巨变，争取成为幸存公司。"

今年地球的自然环境当然也有很多变化，例如中国南方很多城市举城迎战的台风"山竹"等，不一一列举，这并不是这里要说的重点和焦点。面对地球气候等自然环境的渐变和巨变，人类做得远远不够。

中国的互联网企业和房地产公司，是两个在过去 10 年最为成功的企业群体，这两大行业涌现出了一大批优秀的大企业，市值过万亿、销售过千亿、纳税过百亿的不是一家两家。互联网企业基本上是"草根"创业的民营企业群体，遵循的都是通行的"创业者 + 天使投资 + 创投基金 + 上市"创业成长路径和成功商业模式。房地产行业中，有上市公司也有非上市公司，有民企也有国企，有央企也有地方国企，有金融资本也有产业资本，有家族企业也有职业经理人企业，有"万通六君子"这样的创始人群体团队也有夫妻档、父子档、父女档，基本上涵盖了商业领域和创业企业的各大类别和各种形态，留下了很多关于政商关系和企业悲欢的样本故事和案例。

2018 年 9 月，这两大行业的龙头企业的一把手，都不约而同地用自己独特风格的语言说出了让我们闻之　震的话：20 年，活下去。作为企业管理者、作为创业者、作为企业高管、作为企业家，我们应该不应该重视一回，相信一次？

这就是"适应地球环境巨变"这句话的主要意思。

　　而"争取成为幸存公司"，对于不同的行业，不同的企业，注册和经营在不同城市的企业，不同规模的企业，不同发展阶段的企业，一企一策。

赵民

2018 年 10 月 1 日上午 9 点 9 分

天高云淡，环境巨变；

秋高气爽，冰雪在后；

感同身受，抓紧行动

# 央企 2022："两增一控三提高"和八项任务

2021 年 12 月 18 日，中央企业负责人会议顺利召开。每年的中央经济工作会议之后，各部委，如财政部、发改委、商务部等，都会召开本系统的年度工作会议，按中央经济工作会议精神动员、部署和安排下一年的工作。国资委的中央企业负责人会议就属于这样的一个会议。

2021 年，中央企业效益增长创历史最好水平，高质量发展迈出新步伐，1—11 月，央企利润总额 2.3 万亿元，净利润 1.75 万亿元，营业收入利润率、研发投入强度、年化全员劳动生产率和资产负债率全面完成预期目标；重大科技创新和重大工程成果丰硕；国企改革三年行动目标 70% 的预定任务顺利完成；党的领导、党的建设得到切实加强。

可以说，凡是 2021 年业绩没有增长的企业，都是拖了后腿。

这次中央企业负责人会议强调，2022 年"两利四率"要努力实现"两增一控三提高"。

"两增"即利润总额和净利润增速高于国民经济增速。

"一控"即控制好资产负债率。

"三提高"即营业收入利润率、全员劳动生产率、研发经费投入进一步提高。

除了这六个可圈可点可量化的目标之外，这次会议还有一些新的提法、部署和要求。

一是要稳字当头抓经营。要从有利于稳增长的角度，早干早落地，把"十四五"规划中已经明确的重大投资项目加快落地。所以，2022 年第一季度央企不会歇着过春节，各央企在各地的重大工程开工项目报道会时有见报，会络绎不绝，会此起彼伏。各央企会大力降本节支，持续推进"两金"管控，确保经营活动现金流合理充裕；会加快淘汰落后产能和清退"两资""两非"，进一步压减收益率低于资金成本的业务规模。

二是决战决胜国企改革三年行动。这里有两个看点：建设专业尽责、规范高效的董事会，推进三项制度改革在各层级企业落深落实。各项改革任务在党的二十大之前基本完成。

三是加快打造原创技术"策源地"。这里有三个看点：积极参与国家实验室建设；发挥科研院所转制企业作用；有效激发各类人才创新创造活力。

四是切实增强产业链、供应链韧性和竞争力。这里有四个看点：积极打造现代产业链"链长"；培育一批国家级先进制造业集群；系统推进数字化转型；打造一批科技领军企业、"专精特新"企业和单项冠军企业。

五是不断提高服务国家重大战略能力。这里有两个看点：科学推进"双碳"工作；加强油气、煤炭等储备能力建设。

六是稳健开展境外投资和生产经营。这里有三个看点：更高水平参与"一带一路"建设；坚持市场化、商业化、法制化原则，开展国际化经营；做好重点项目风险评估。

七是坚决有力防范化解各类风险。这里有三个看点：全过程、全链条完善风险防控工作体系和工作机制；严控债务、投资、金融风险；严防安全环保风险。

八是加快建设世界一流企业。这里有三点干货：深化开展对标世界一流管理提升行动、创建示范行动和价值创造行动，即"三个行动"；着力提升企业价值创造能力、全球竞争能力、管控治理能力和可持续发展能力，即"四个能力"；打造产品卓越、品牌卓越、创新领先的优秀企业，这是"两个卓越一个领先"。

以上是这次会议提出的八项任务，也可以说是八项工作安排。

除此之外，会议还提出，注重企业领导干部的思想淬炼、政治历练、实践锻炼、专业训练，即"四个练"；敬畏历史、敬畏文化、敬畏生态，即"三个敬畏"；慎重决策、慎重用权，即"两个慎重"。

2022 年，央企工作任务很满，但是很清晰。

赵民

2021 年 12 月 19 日 14 点 05 分

朝辞白帝彩云间，千里江陵一日还

# 回顾过去，展望未来，新形势下，图存图强

2021 年 11 月 11 日是正略集团自 1992 年 11 月 11 日创业以来满 29 年，即将开启第 30 个年头的日子。

11 月 10 日晚，正略集团部分同仁一起，用一个小时的时间，在线上做了一次回顾和展望。

在过去的二十多年，正略跟着外部环境的变化而起伏，经历了艰难时刻，经受了历史考验。从 2016 年起，正略集团通过制度创新，成长成熟，好比人生毕业走向人生的三十而立。展望未来，十四五规划的从 2021 年到 2025 年的五年，以及到 2030 年的十年，到 2035 年的 15 年，正是"人生"精力充沛，指点企业管理的"大好江山"，极目楚天舒的新发展时期。我们的肩上，担负着"咨询中国，智惠四海"的企业管理咨询行业的责任和重任。

那么，怎么走好这五年、十年、十五年？

我们唯有以长期主义、专业主义和品牌主义的人生价值追求，坚持、坚守和恪守"正确的战略"，学习郎平、学习女排、学习华为，抓住、抓牢、抓好"人才、客户、研发"这三个方面，才能在不断变化的时代浪潮中图存图强。

我们知道，大学里除了商学院，还有医学院和法学院。医学院是治疗人体给人看病的，商学院是治疗企业给企业看病的，法学院是治疗社会给社会以公正和公平的。医学院、商学院、法学院这三大学院，虽然学科领域不同，但有一点是相同的，那就是都是面向实际、面向实践的，都需要长期主义和专业主义，最终成为专家，从而打造个人品牌和集体品牌。在新形势下，我们要追求合伙人在不同细分专业管理领域里的个人品牌，要追求正略在细分领域里的集体品牌，争取名列前茅。

郎平打排球，践行的正是长期主义、专业主义和品牌主义所闪耀的人生之路。

郎平本人无论在祖国还是出国，都从未离开过排球，而且本人专打主攻手位置，

然后成为教练，最终成为总教练。

一步一个脚印，从士兵列将军，最终成为中国女排群星闪耀 40 年里最亮的那颗星，成为网上代言顶流明星。

如果我们现在给一位 20 多岁的青年才俊指出一条人生成功之路，告诉他，只要沿着郎平成长的正道，十年、二十年、三十年后，你就可以像郎平那样，在自己的专业领域实现自己的人生理想和中国梦。

这样的好事、喜事、善事，是不是应该多做、常做、早做？

正略，即正确的战略。

人生正道，就要讲"正"字，扬"正气"，图存图强。

赵民

2021 年 11 月 11 日 12 点 48 分

温暖的阳光，透过大厦的窗户，

照亮了屋子，照耀企业的未来

# 反对近视短视，坚持长期主义

2020 年 12 月 1 日，《国家科学技术奖励条例》修订版正式落地执行。2021 年 11 月 3 日，国家科学技术奖励大会召开。这次奖励大会所奖励的自然科学基础研究和应用基础研究项目明显增多。获奖的科学家，包括本次获得大会两个自然科学一等奖的顾诵芬、王大中两院士，都是一辈子聚焦在自己的专业领域，坚持长期主义，在工作中奉行长期主义，不近视、不短视。

我们在全球新冠肺炎疫情下，在实施"十四五"规划期间，在为了适应外部环境变化而采取的应对措施中，也必须反对近视、短视，反对为了个人利益最大化而损害团队和集体的长远利益的行为。

那么，近视、短视的具体表现是什么呢？

一是不培养人。不以人才成长成熟成功为团队的发展目标，而是怎么省钱怎么来，怎么不投入、少投入就怎么来。这是做买卖的心态，是短期赚钱的做法，不是做事业，不是专业主义、长期主义和品牌主义。

二是把人当易耗品。对人只使用，不培养，压根就没想过要从士兵中诞生将军，也就是要从一线业务人员中产生合伙人和高层管理人员。主观上并没有树立"将军出自士兵"的想法和理念。

三是把人当作低值易耗品。为了短期利益，人为地降低或者选择低标准的招聘条件，招聘标准游走在公司政策范围的下线和人才市场合理待遇的下限。中国有句老话说得好：好马配好鞍。优秀人才要有市场化的、有吸引力的、有竞争力的待遇。

四是对人只注重"术"的培养，缺乏战略视野、战略格局。干工作当然需要熟练掌握各种基本技能，但从咨询"小白"开始，就要注重对年轻人才的战略高度、战略全局的长期培养。而注重学史，是提高战略视野和格局的好方法、好途径。

在高端服务行业，在管理咨询行业，是先有人才，还是先有客户？这个并不是

"先有鸡还是先有蛋"的问题，回答是肯定和清晰的：只有先有优秀人才，然后才有优质客户。先有人才后有客户，就要求我们在应对全球新冠肺炎疫情下，坚持风物长宜放眼量，坚持站在 2025 年看 2021 年，站在 2030 年看 2022 年，坚持、坚守和恪守长期主义。

赵民

2021 年 11 月 6 日 23 点 40 分

夜深了，风大了；

雾没了，雪来了

# 为什么项目经理要专职和全职

在任何一个以项目制来推进工作落地实施的行业和单位，项目经理都是一个关键而重要的角色。大到如高铁建设和地铁建设这样的工程项目，小到如管理咨询项目，都需要一个能够专职履行其工作职责的项目经理。而且，这样的项目经理不能是兼职的，必须是全职的，即长期在本单位就职的正式员工。

这是为什么呢？

项目经理要专职，这个道理非常容易理解，因为项目工程浩大，工作量很大，需要项目经理及项目组各位成员，全力以赴、全身心地投入到该项目中去。所以，项目经理必须是专职的。项目经理必须是全职的，是针对某些兼职项目经理而提的。

每一个项目，都有两个重要的工作任务和工作目标：第一是按时按预算高质量地把工作任务完成，提交工作成果；第二个是要通过项目培养年轻人才、锻炼人才队伍，培养事业和工作的下一代接班人，培养一批又一批的未来领军人物。如果我们做企业管理咨询的公司，自己不能培养下一代领军合伙人，那么由谁来替我们做这件事呢？没有人有闲心，没有其他任何一个行业会替管理咨询公司来培养年轻人。

培养管理咨询行业的年轻人，必须要在实践中培养，必须让他们在咨询项目中实战和成长，必须要把他们扔到具体的管理实践的大海中，让年轻人自己学会游泳，呛水之后冒上来，学会在水面上呼吸，调整好心态和姿势，自己活下来。自己游出来，自己游上岸。仅仅在培训中和书本里，是培养不出下一代合伙人的。

兼职项目经理的问题可能就出在这个层面上。兼职的项目经理是冲着项目的钱来的，他们为了拿到这个钱，怎么方便怎么做、怎么低成本怎么干、怎么快就怎么下手。所以，常常形成"独狼"式的咨询风格和工作作风：啥事都自己做，啥事都觉得别人做不了、干不好，自己动手干最快最简单。可以说，在兼职项目经理的工作职责上，是没有"培养年轻咨询人才"这一项的。

如果一个项目三个月，一年有四个项目，那么，一位兼职的项目经理和一位全职的项目经理，工作一年下来，差别就可能是（不一定个个都是）：兼职的项目经理干完活拿了钱拍拍手走人，没有培养任何一个年轻骨干；而那位全职的项目经理则可能一年下来就培养了四名颇有潜力的新一代合伙人的种子选手。

　　培养下一代年轻咨询骨干，是要尽心、用心和有诚心的。如果主观上没有这个愿望，那么，咨询公司的机制上就要有安排。最大的机制安排就是，派全职而非兼职项目经理来带队伍。

赵民

2021 年 12 月 14 日 16 点 56 分

潮平两岸阔，风正一帆悬

# 生挺凌云节，飘摇仍自持

竹子的天性，是往上长，长得高高的。给企业做管理咨询也一定要有高度。这个高度是视野和境界上的高度。

为什么要有高度？客户都是在自己的行业里干了一辈子的人，十年、二十年、三十年，年轻时在基层干，中年后走上各级领导岗位。客户之所以花重金请我们去帮忙解决问题，就是因为我们可以比他们身在其中的人，站得更高，看得更远。

最近几年，新技术对各行各业的冲击一波又一波，从信息化到数字化，从智能化到低碳化，产业链结构和客户结构都在发生剧烈的调整。所以，只有脚踏实地、专精学习，不断往上生长，才能比客户站得更高、看得更远，才能为客户创造价值。

竹子不仅长得高，而且有节、有格，有气节和格调。客户的高层对于很多问题的解决之道，多多少少是有自己的想法的。我们咨询团队开出的解决方案、治疗方子，有可能和客户一致，也有可能和客户不太一样，更有可能和客户看法截然不同。这好比一家人家里做饭吃，还有不同品类品种口味的差异呢。此时，作为咨询团队，要学习竹子精神。要以适当的沟通方式，把自己的分析逻辑和依据来源，例如，把不同选择、不同方案的利弊得失和客户说清楚、讲明白，既保持咨询顾问的专业性，又能以自洽的逻辑不断地证明和捍卫自己的解决方案，这是一件挺难的事。但咨询人本职就是处理棘手管理问题的人。

生挺凌云节。

咨询不能沦为客户的录放机，不能成为客户的打字员，不能变为客户的办事员。

那么咨询师怎么才能像竹子那样长得高呢？

一是要有快速学习的能力。竹子根植大地的目的是汲取丰富的营养，使自己快速成长。所以，竹根要粗，竹根要长，竹根要伸得长、扎得深，在地下占据的面积就要广。

这就要求咨询师在大学里拥有和掌握了自学能力和自学方法。也就是要有这样的真本事，例如，扔给你一本教材，就是那种厚厚的书，然后一个星期之后，要由你做一场讲解或汇报，结合现实中的企业经营管理，解读这本书上的主要方法和知识框架对企业的业务意味着什么，可以用来解决哪些问题。这样的学习能力，不是每一个大学生都能运用自如的。但一旦有了这样的自学能力，并在具体的工作中用过几次，哪怕运用了一两次，也就掌握了"长得高"的秘诀之一，也就可以迅速地汲取知识大地的养分，噌噌地往上长。

二是要有团队精神、分享精神，要充分借助团队的力量，集体向上生长。

三是要有沟通能力、交流说服能力，能够用朴素的语言把自己的思想装进别人的脑子里，让自己的思想变成客户内心深处的想法。

飘摇仍自持。

赵民

2021 年 11 月 27 日 20 点 20 分

过江千尺浪，入竹万竿斜。

夜深知雪重，时闻折竹声

# 三年任期和五年规划

我国的公司法有明文规定，如果一家公司有董事会，那么，一届董事会的任期是三年。上市公司也是同样的规定。与此同时，我们也一直都做发展战略的五年规划，从各级政府到国有企业，都有这个要求、传统和习惯。

对董事会的三年任期和发展战略的五年规划在企业管理的实践中的意义，我们应该怎么看？

第一个思路是，在五年战略规划下，制定董事会的三年任期目标。如果说一年时间是短期，三年算中期，五年则是相对的长期。此时，五年规划就是长期的目标，而三年董事会任期就是落地和完成这个长期五年目标的一个中期任务，是行到半路的路标和路灯。

这样的情况下，三年服务于五年，即一届董事会任期，服从一个五年规划纲要和目标。

第二个思路是，一届董事会任期正好跨越上一个五年规划和下一个五年规划。那么，此时的董事会任期就起到承上启下的作用，不仅要看眼前的规划，还要修订、修编五年规划，或者，启动新一轮的、下一轮的五年规划。

社会发展到今天，在信息化和数字化技术革命浪潮冲击下的一些企业，对五年之后的市场环境及竞争挑战，都是无法完全看清的，其充满了不确定性。

对大多数蓝筹股或行业龙头企业，两个三年任期的董事会是实现公司经营业绩的前提和保证。

对于那些从行业外部或企业外部引进主要高管的大型企业集团，对于空降到一家陌生行业和大型企业的职业经理人/董事长/总裁而言，一届董事会任期，即三年时间就要干出个骄人成绩，做出高技术、好产品、好市场、好业绩，除了裁员控制成本这类短线操刀、割疮解毒的应急措施外，通常情况下是做不到的。大型集团的空降高管，熟悉企业大约就要花上几个月时间，再定思路、战略框架、战略路线图，又要花上四五个月，这样一年的时间就过去了。如果涉及人事队伍调整，除了明显太烂业绩、太差水平的二级业务单位经营团队第一年可以拿下，大多数情况下，动人动班子都是第二个财年结束时候的事情了。

如此这般算下来，空降高管的第一个三年任期，留出来可以干实事的时间并不多。所以，需要有第二个三年任期，这样总共六年的时间，才能让一家平常的公司变成优秀的公司，让一家优秀的公司成为一家卓越的公司。

赵民

2021 年 11 月 23 日 16 点 16 分

三年五载，风驰电掣

# 为什么马拉松要一起跑

在大多数行业，企业规模大小是按营业额的多少来划分的，典型的是《财富》杂志每年更新公布的世界 500 强名单。但在咨询行业，咨询公司的规模大小是按正式签订劳动合同的员工数量来划分的。当然，员工多营业收入也肯定高。

为什么？因为咨询行业的一个特点是，业务可以大量外包，经常可以聘请许许多多的外部专家和兼职顾问。所以，真正的大咨询公司正式聘用的员工一定会更多。所以，咨询公司以规模来分的话，可以分为三类：一类是有非常多的合伙人，正式签劳动合同的员工人数在上千上万的大型咨询公司；一类是有几个到十几个合伙人，正式员工人数在几十人到过百人的中型咨询公司；还有一类是只有一个人，最多加上几个助手的总人数不超过 10 人的小型咨询公司，也被称为"独立咨询顾问"式的咨询公司。

独立咨询顾问是指平时一个人做咨询，有了项目之后临时找几个人帮忙，或者是老同事，或者是老同学、老朋友，实在找不到合适的就从大学里找几个硕士生、博士生。为了项目临时搭个班子，干完活做完项目班子就解散，拿了钱各奔东西。

这样的独立咨询顾问，在当下大量存在。但为什么平时大家很少见到呢？因为这些本质上是独立咨询顾问模式的小咨询公司，挂在了其他公司招牌下面，换了一张新的名片，正面是别人公司，反面是自己开的公司，就这样被"藏"起来了。所以，人们一般发现不了，很多应届毕业的年轻人也因此踏错了"门"。

但这样的独立咨询顾问，一般都做不大，最终也无法做长。通常情况下，其在法律上的"死亡"可能会需要十年以上，但其在市场竞争力和业务实质上，常常"死"于十年之内，甚至五年之内。

那么，为什么独立咨询顾问做不长？

咨询自从独立于"幕僚"成为一个行业之后，就高度依赖人。人是咨询行业的主要资源，也是咨询行业的主要资本，是一家咨询公司在行业和市场的立足之本。

这一点和法律、医疗、审计、投行、财富管理等行业有相通之处。但咨询行业又不同于医疗和法律咨询行业，没有国家有关部门或行业协会颁发的个人执业许可；也不同于审计行业，有会计法和股市监管机构的法规约束。所以，咨询很容易入门，但入门并不等于专业，入门也不能代表其专业性得到保证。

咨询是一门"入门容易入段难"的职业，和围棋一样，在旁边看一看就学会下棋了，但入级入段，则很难。因此，咨询也就成了一门"和时间做朋友"的职业，咨询行业也就成了"越老越香"的行业。做咨询，是跑长跑，比的不是起跑谁快，比的是全程的耐力和毅力。

自从马拉松成为一项专门的健身活动和体育比赛之后，全世界举办马拉松活动的时候都是一堆人一起跑，不分年龄、不分高矮、不分体重，只分性别。为什么跑马拉松要大家扎堆一起跑呢？是因为可以互相比赛、互相鼓励。马拉松全程42.195公里，太长了，需要队友，而且是需要"神队友"而不是"猪队友"。

做咨询也一样，咨询的职业生涯太长了，同样需要在某一方面比你强的队友，一起跑职业生涯的马拉松。

赵民

2021 年 11 月 30 日 14 点 13 分

桃花潭水深千尺，

不及"咨询"送我情

第六章

行业观察篇

# 中国企业国际化：希望在海归人才

昨天晚上，我参加完一个活动后，和几位企业老总聊天。这几位都来自山东的一个中等城市，在充满希望的环保及医疗健康行业从事着最为辛苦的制造业务。最近三年，他们的企业效益不断变好，蒸蒸日上。

这么好的业绩，在媒体普遍报道中国制造业艰难度日的大环境下显得非常醒目，我细问追问不断问，终于搞明白了：企业的创始人是一名早年留学美国的海归人才，在历经各种磨炼锻炼磨难之后，自己悟出了真经，于是有了逆行业大势、跌同行眼镜、受政府青睐、被员工爱戴的亮眼业绩。

小企业活下来固然很难，但只要深谙中国社会和国情、行情，挣钱其实不难。小企业如果想要发展壮大，那就不能只靠使小聪明、要要小心机，而是要有视野、格局和胸怀，要有技术、资金和资源。这个时候，从中学到大学的学习经历，就基本上决定了你是否有可能"进化"成被戏称为"赚钱机器""印钞机"的成功企业家。

企业做到65亿元人民币规模（10亿美元）被称为"独角兽"之后，能否进一步做大，则取决于最高决策群体和大股东的视野、格局和胸怀。在这些方面相对而言，从国外学习归来的人要好很多，尤其是当企业要国际化的时候，或者即使你公司的分支机构没有国际化而产品已经卖到跨国公司的时候（产品国际化和客户国际化），从小独立生活、游历广泛、经验丰富的海归人才，是企业的不二选择。

至于海归中那些吃喝玩乐、眼高手低、口气大却动手能力差的高学历低能力之辈，怎么配得上"海归人才"这四个字呢？

赵民

2016年7月21日上午8点53分

大海航行，靠海归人才

# 不懂移动互联的人才就是旧人才

最近参加了几次企业客户的内部高层会议，有的是半年总结会，有的是半年战略经营会，有的是战略转型半年回顾。在某次会上，我谈了一个观点：不懂移动互联的企业管理人才就是旧人才。会议结束后，现场客户老大对我说："你这句话点出了我想说但又一直没找到合适词汇的表达要旨。"

在"互联网＋"成为中国国家战略，移动互联技术全面结合各行各业产业升级转型的 2016 年，一个合格的企业管理人员，如果还不懂移动互联的创业模式、商业模式、组织结构新特点、市场开拓新途径、品牌营销新方式、技术创新新趋势、业绩指标新体系，那么，如何为企业带来未来三年、五年的新发展？

要懂移动互联，首先要懂当今时代背景下的新创业模式。如果不懂商业计划书 BP，不懂天使投资、不懂 VC、不懂基金、不懂新三板、不懂资本市场对创新企业的估值和评价，你怎么看得懂 BAT 战略版图的内在逻辑？你怎么能理解透为何小米抓住了风口，建起了"没有小米集团总公司"的小米集团生态系统群体公司？你怎么看得懂京东进入了世界 500 强？怎么会知道京东是中国最大的工业地产企业之一呢？你又怎么会知道 360 的"AK 步枪"为什么在 2015 年能够连发而在 2016 年却进入了"保养期"？当然，你就更加可能无视滴滴打车今后在新的智能汽车无人驾驶和电动新能源汽车上的战略空间。

商业生态系统、行业壁垒、政府政策和企业管理的基础理论，在移动互联技术的冲击下，已经出现"决口到决堤"的不可逆转的进化和演化。

前两天看朋友圈的微新闻，看到有一家主流医院的某著名医生因为边下楼梯边看手机而踩空跌倒，身体受伤躺在家中后悔。建议医院增开一个科室——手机病防治科，相信今后会越来越受欢迎。

当手机企业"让中国人人人用上手机"的梦想成真的时候，懂手机的企业管理人员就如同今天会用电脑上班的企业员工，成为企业管理的底线要求和"标配"。

赵民

2016 年 7 月 30 日上午 10 点 28 分

移动生万物，移动生宇宙

# 找自己喜欢的工作，做自己喜欢的事情

大学生找工作时常有这样一个困惑："好工作"的标准是什么？

回答这个问题时要分清三种工作。

第一种工作是同学、老师和校友认为好的工作。现在的大学生接触面广，学习力强；与此同时，各个国家机关、国际大公司、中国大公司前呼后拥地到学校作演讲、搞招聘，所以，大家就会慢慢地形成"学生口碑""校园排名"。这个时候，工资待遇、福利待遇，是不是有去华尔街培训的机会，是不是留在大城市，就成了一个大学生判断"好工作"的标准。这种标准存在着相当大的合理性。比如说，在过去五年中，由于世界经济的变化，国际大公司招聘数量下降，甚至有解聘老员工的现象发生，所以，国家公务员就成了"高度热门工作"。

第二种工作是父母亲戚认为好的工作。这种情况经常发生在两种家庭：一是父母比较成功的家庭。大多数情况下，这样的父母是 1977 年以后考取大学的大学毕业生，乃至硕士、博士，现在是事业有成就、工作有名望、社会有地位，子女的就业将以父母的意志为主，以父母的标准来作出抉择。二是女大学毕业生或是比较听话的男孩。这样的子女在生活和学习的过程中，已习惯于听从父母和亲戚的意见。

第三种工作是自己认为好的工作。这是一种相对比较难的情况。第一难在很少有大学生清楚什么是自己真正喜欢的，同时也是适合自己的工作。第二难在自己认为好的工作能否同时也能被家庭认可。很多家庭的判断标准与学生自己的标准是不相同的，也许还有很大的差异。

我们研究了很多事业成功人士的成长史，我们发现，最容易成功的人，就是那些做了自己真正喜欢的工作，从事了自己最擅长的事情的人。做自己喜欢的工作，即便再苦再累，也会乐在其中，也会心甘情愿，也会以苦为乐。

从这个意义上讲，现在的大学生最需要的就是职业选择辅导。

　　现在的大学生的成熟和复杂，不能说是学生本人的问题，是我们社会自己的问题。如果要责怪，最应该责怪的就是我们大人。所以说，营造一个"讲能力、按能力"进人、用人、提拔人的公平的公司小环境，就是我们这些有点管理小权力的大人应该做的事情。

赵民

2007 年 4 月 11 日上午 9 点 15 分

找工作难，做选择更难

# 为中华之崛起而做好咨询

"两会"在北京正如火如荼地开着，我们还应该继续关注"两会"。不过呢，今天已经是 2007 年 3 月 11 日了，我们在关注"两会"国家大事的同时，也需要关注一下自己的事情了。

从今天开始，我开一个新的谈话系列——"赵民谈咨询"系列。

今天，谈第一个话题。

在当今的中国，炒股、炒房、互联网创业，社会上有太多的"发财机会"和"成功机遇"，好像做什么都比做咨询要赚钱多、来得快。

所以，在当今的中国，做咨询要做出名堂来，首要的问题就是要搞清你为什么做咨询。

自然，不同的人有不同的回答。

对大多数人来说，做咨询是为了有一个好的职业生涯，是为了有一个好的工作机会，是为了能够摆脱自己不喜欢的本科专业，是为了拿到北京、上海、广州等大城市的户口，是为了能够成为国家税务总局要求的自己申报个人所得税的"年收入 12 万以上的纳税人"，是为了有足够的钱买车买房子，对此，我们都非常赞成，也十分理解。

在中国做咨询，有一个天然的好处，那就是中国的咨询企业很多，有太多的机会可以让我们的咨询公司和咨询顾问一展身手、一展雄辩、一展风采；有太多的机会可以和那些凭各种各样的本事、资源和机会成功的企业家们促膝谈心、秉烛夜谈、会心一笑；有太多的机会可以和中国一流的企业家们一同出席论坛、一同来到学校、一同挥杆击球。

但这些还不是最多的机会。

对中国咨询行业的顾问和从业人员来说，最多的机会是，中国有可能和美国、英国、法国、德国等国家一样，产生一个或几个中国人自己的世界级的管理咨询大公司。

为什么？

因为中国社会的三个特性。

第一是当代中国正从计划经济向市场经济转型。这样的一个转型决定了市场化程度是缓慢的，是不均衡的。从东部到中部乃至西部，从沿海到中原乃至内陆，市场化进程就好像是一个连接着一个的波浪，长江后浪推前浪，市场化的改革程度正在不断提高和加深。这就使很多地方的企业，在一定的时间段里，不需要咨询，等着中国本地的咨询公司的成长、成熟和成功后，这些地方的这些企业，正好也到了需要咨询的时候了。

第二是中国企业本身有很强的个性。不管是国有企业还是民营企业，中国的成功企业都有一个基本相同的性质：企业的个性非常强。每个成功企业的历史、文化和风格都是非常不同的。海尔有海尔的故事，TCL 有 TCL 的历史，华为有华为的基本法，等等。

第三是中国传统文化有着特殊性。中国传统文化下的管理，和现代市场经济发达的西方国家的管理非常不同。中国传统文化中更多地强调，管理是艺术。西方国家文化更多地强调，管理是科学。中国传统文化中体现的"道"更多，西方国家文化中体现的"术"更多。中国传统文化中对人的关注更接近于"家庭成员般的温情"，西方国家文化中对事的关注更接近于"追求高效率的结果"。因此，如果在中国实行西方国家的成功管理经验，是需要高度的管理智慧的。

我们可以看到，中国香港地区有很发达的服装制造业、律师行业、会计师行业和金融业，但没有本地的大管理咨询公司。中国台湾地区也有很发达的 IT 制造业、芯片设计制造业、保险行业、励志培训行业，但没有本地的大管理咨询公司。这样的现象，甚至在制造业、IT 高科技和动漫设计都非常领先的韩国也同样存在：韩国没有本地的大管理咨询公司。与韩国一海之隔的日本，除了隶属于野村证券公司的野村综研之外，也没有太像样子的独立的本土的大管理咨询公司。大家可以掰着手指头算算，动动手指上网搜搜，看看是不是如此。

最后，还有一个非常重要的原因：中国的制造业和高科技公司，未来在世界竞争中，会不会被全部收购，会不会全军覆没呢？也就是说，中国的 1300 多家上市公司，各个行业的"领头羊"——长虹、TCL、海尔、海信、华为、中兴、百度、盛大等公司会不会全部丧失国际竞争力呢？我想，绝大多数中国人和我一样，是不相信的。

因为管理咨询行业是服务业中的一个行业，是随着制造业的发展而发展的，所以，只要中国有自己的国际性大制造业公司，只要中国的传统文化在西方文化的冲击下能够保持下来，就有中国管理咨询行业出头的那一天。

从产业发展的角度讲，2007 年的中国管理咨询行业，相当于 10 年前的 1997 年的中国软件行业，相当于 20 年前的 1987 年的中国家电制造业；2007 年的中国管理咨询行业的前几名的营业收入和 1997 年中国软件行业的前几名的营业收入，和 1987 年中国家电制造业的前几名的营业收入，大致相当。20 年前，谁能料想，中国本土品牌长虹、TCL、海尔等可以在国内市场上打败日本品牌 SONY、TOSHIBA 呢？所以，只要我们自己不放弃，只要我们自己努力，在未来的中国管理咨询行业，任何奇迹都有可能变成现实。是不是我们正略钧策就不一定了，这要看我们自己是不是争气。

从这个意义上来讲，中国有可能成为东方文化下的管理咨询行业的代表国家，在国际管理咨询行业占有一席之地。

一个强大的中国呼唤和期待一个或几个伟大的管理咨询公司。

如果我们对上面的基本情况基本认同的话，我们就自然会想起一位中华民族的伟人——周恩来总理在年少时候说过的一句话："为中华之崛起而读书。"

对于我们这些管理咨询行业的从业人员来说，为自己而做管理咨询是没有错的，但仅仅为个人做好咨询是不够的，是不能成为一个伟大复兴民族中的一个伟大咨询公司的一员的。对于一个想做点事情的中国人来说，为中华之崛起而做好咨询，是一个不算过分的要求。

赵民

2007 年 3 月 11 日深夜 23 点 30 分

人生而逢时，是一种最难得的资源

# 从全人类的文明成果中，汲取成长的营养

在明确了"为什么做咨询？"之后，我们就面临这样一个问题，即"如何才能做出'名堂'来？"

第一，我们要从全人类的文明历史、全世界的文明成果、各个民族的文化遗产、各个国家的先进经验中汲取丰富的营养，以提高我们咨询的水平。

我们个人成长过程中，应试教育的导向，使我们不得不为读上好的中学和大学，偏废很多对我们现在做咨询有用的知识课程。实际上，我们对于很多历史、文化、人文、社会、科学、心理和管理等学科的知识，是有明显偏颇的，存在缺陷的，甚至是不足的。

所以，我们的第一个任务是，要重新修订和完善我们的知识体系结构。我们一般中国人的世界历史知识和中国历史知识，对于工业革命过程中发达国家的产业发展历史的认识是不够的。这就是为什么《大国崛起》这样的纪录片值得我们认真看，反复看，仔细看。在今年的 3 月 5 日亚布力中国企业家论坛上，我当面向这部电视系列片的总编导任学安先生表达了深深的敬意，并建议此纪录片应该和中国消费者协会、中国证监会等机构一样，获得《2006 中国经济年度人物》大奖。中央电视台就应该多拍些这样的好片和大片，为中国国民素质的提高尽一份"中央电视台"的责任。

第二，我们要学会在全球的视野下，从世界的范围、多角度地看待问题。

在补充和完善了我们自己的知识结构以后，我们的第二个任务就是要学会站在历史的高度、全世界的角度看待一个具体行业的发展规律、一个具体行业中的一家具体企业的发展战略、一个具体城市中的一家具体企业的管理问题、一个特定发展历史阶段中的一家具体企业的企业文化。

2006 年 12 月，我国经济在结束了加入 WTO 后的五年过渡期之后，就基本进入了世界经济的大循环，从此以后，很多产业、行业、企业的命运就和世界上的其他

国家的命运紧密地联系在一起了。在一些情况下，很多事情是不以我们的意志为转移的，是我们无法控制和决定的，这是我们必须认识清楚的一个重要问题。我国的企业家和咨询顾问应该深刻地认识这些问题，不断创新，从而最终在与全球同行业的竞争中生存下来、发展下去。

作为专业咨询人员，我们对于很多问题的分析和研究要跳出"片面性思维"，抱着高度的责任心，站在更高的高度上，为企业提供有效的咨询。

正如一个广告中说的那样："心有多大舞台就有多大"我们的舞台是整个历史，是整个世界。

赵民

2007 年 3 月 15 日上午 9 点 49 分

# 秉承中国"士大夫"文化

在中国历史上的官场中，有一个地位很高、下场却未必很好的职位，叫"御史大夫"，这是一个专门向皇帝提意见的职位。这是一个吃力不讨好的职位，在位之人需要具有独立的立场和角度。这样一个职位把在中国传统文化中一直存在的"士大夫"文化，发挥到了极致和最辉煌的地位：像司马迁这样的读书人，明明知道如实记录皇帝的错误乃至暴行，可能要丢掉身家性命，但是，岗位职责，尤其是读书人的"士大夫"文化，却让中国历代众多的"御史大夫"们从骨子里保持了一种对职业的坚守，保持了一种气节，保持了一股"宁肯杀头，也要记录"的骨气、傲气、豪气和勇气。

在给客户咨询的过程中，有的时候，中国的咨询顾问，所处的位置和作用，就是一个吃力而不讨好，非常类似于"御史大夫"的地位。

在"御史大夫"发挥中国传统"士文化"的过程中，提意见的对象是一个国家的最高决策者——皇帝，而在咨询顾问的职业生涯中，提意见的对象是公司的最高决策人或最高领导集体。皇帝是天子，决定着一个"御史大夫"的生死，虽然在一般情况下，皇帝不会杀"御史大夫"，但毕竟有很多"昏君"杀过"御史大夫"。公司的最高决策人，不管是叫董事长还是CEO还是总裁，他们作为咨询的甲方，决定着咨询顾问能否拿到咨询合同和咨询费用的多少，作为咨询顾问，我们的职责恰恰是要给他们的管理提意见、挑毛病，所以，咨询顾问同样面临着客户的最高决策人解除合同的风险。一个咨询顾问被客户的最高决策者解除合同，虽然不是被处死，但对他的职业生涯也是一件有很大杀伤力的事情。所以，对咨询顾问来说，也有一个是不是要保持"士大夫"文化，做人要不要骨气、傲气、豪气和勇气的问题。

我始终认为，并在很多场合这样说过，我们所从事的咨询是"小众"行业，也就是说，它是一种只适合非常少的、具有某种特别素质和特别条件的人的一个行业，不是一个人见人爱的、可以让大多数人都来做的行业。这样一个行业需要的是一批热爱咨询、有志做咨询、坚持不懈的优秀年轻人，用"立言、立行、立德"的心态和行动帮助中国的企业家做出正确的决策。从事这样行业的人要有一颗勇于坚持真理的决心，要有不为一时之得失而放弃自己观点的品行，要有敢于冒着牺牲个人利益的代价而坚持立场的操守。

无论从哪个方面讲，我们的咨询人员比有可能丢性命的"御史大夫"来说毕竟要好一点。所以，当我们翻开历史，一一数到那些名垂青史的"御史大夫"的时候，我们都应该为我们过去曾经没有坚持这样的原则和立场的品行，感到羞愧。我们没有理由在今后的咨询事业中忘掉老祖宗给我们留下的宝贵的文化遗产和文化传统——"士大夫"精神。

赵民

2007 年 3 月 28 日凌晨 1 点 38 分

人是要有一点精神的，要有就有"士大夫"精神

# 帮人帮到底，看病看到根

咨询工作中有两种态度，一种是就事论事，就项目论项目；另一种是帮人帮到底，看病看到根。

我个人认为，咨询从业者一定要采取后一种态度。

为什么？

在国际上，对跨国大公司，由于他们的实际情况不同，可能是可以采取第一种态度的。国际大公司所在的市场法律环境是非常成熟的，国际大公司的管理咨询项目一年有几十个上百个，每个项目的咨询范围非常简单清晰，国际大公司所处的外部人才市场也非常丰富，只要有了好的方案，他们是可以通过内部调动，通过外部猎头，来找到很好的执行方案的人才的。他们的咨询方案，也就可以就事情论事情，而没有必要追根究底。

但是，在中国做咨询，情况就有所不同。

对于大多数中国公司，在大多数情况下，咨询公司处在如下一种情况下。人才资源严重不对称。在我做咨询的时候，如果我问一家公司的老总，你的公司的人才和你的企业发展目标相比，够不够？几乎每一个老总都给我这样的回答："我的人才不够。"为什么是这样一种情况呢？因为中国市场的发展机会太多了，令人眼花缭乱；因为中国市场的优秀人才严重供不应求；因为中国企业的内部管理问题比较多，需要改进的地方有很多。

所以，我们可以看到，中国企业有一个重要特征，那就是优秀的企业的核心高级人才，不仅是自己培养的，而且基本上非常稳定，甚至是从一开始就一起创业的。出现这种情况的原因很简单，不是因为老总不喜欢引进外部人才，而是因为可以从外部引进的人才相对较少。

还有一种情况也是需要我们在做咨询时抱着"帮人帮到底，看病看到底"的态度。中国大企业和国际大公司在管理上存在着很深的"管理鸿沟"。中国的特大型国有企业由于治理结构和管理机制的不同，有自身的"内部管理逻辑"，这就导致了这些公司的管理人员的业绩考评和人才使用的"人才选拔逻辑"与做企业的逻辑有很大的不同。咨询公司中，包括我所在的咨询公司中的很多咨询顾问，因为毕业以后就一直没有在这样的中国国有大企业或者国家机关里工作过，所以，做咨询的时候，就很困惑和迷惑：为什么在这家公司里，提拔重用的是这样的一群人呢？

对于中国的民营企业来说，有更多的理由使我们在做咨询时必须本着"帮人帮到底，看病看到根"的态度。民营企业在创业的时候，要钱没钱，要人没人，技术也有限，所以，起点普遍较低。当然，在这样的起步阶段，他也不会花钱请你来做咨询。等过了三五年，好不容易熬出了一点头，请你来做咨询，你想想，他对你的期望值有多高？你也可以想象，这样的企业的管理水平有多少方面需要提高？

再者，中国的传统文化也要求我们在做咨询时必须本着"帮人帮到底，看病看到根"的态度。中国的传统文化是讲"先做人，后做事"，所以，我们的客户是把我们当作可以信赖和值得信赖的朋友来对待的，我们之间不仅是通常的生意关系，而且还含有相当的感情成分。如果你是一个有一点水平的顾问，还有那么一些方面让他佩服，那么，你在进了一个客户企业几天后，就可以听到客户会叫你"老师"的。不要忘了，在中国传统文化里，人们通常认为"一日为师，终身为父"啊。

从上述意义上说，在中国做咨询，不仅仅是一门生意，还是一个需要有相当高的社会责任和社会使命的职业。我们做咨询的从业者，不仅在传播管理经验、管理知识、管理结论和解决方案，而且更重要的是，我们在传播市场经济下的一种新的职业精神和职业态度。

赵民

2007 年 4 月 3 日上午 7 点 58 分

境界有多高，视野有多宽，

咨询就会做得多好

# 当面交流是最好的客户推广

在管理咨询这样的高端服务业，包括诸如会计师事务所、律师事务所、投资银行和财富管理等机构，最难的是获得精准营销的机会，最难的是获得和目标企业的决策层及执行层进行深入沟通交流的机会。

怎么办？

访谈这样的当面交流方式，是最好的客户推广，是最精准的营销，是最有效地建立客户信任的方式方法。

像管理咨询这样的专业服务，是高度定制化、高度人文化、高度个性化的专业服务。要做好这类服务，首先，必须要了解客户的内在思考和真实想法。

例如，医生刚开始给病人看病时做的是什么？是望问闻切，是用现代医疗仪器对人体进行科学检测，是给病人提一大串的专业问题。这就是医生在用各种办法去了解病人的身体状况和当下情况，本质上就是一种"访谈"。

从这个意义上说，访谈不仅仅是咨询项目组单方面向客户决策层或执行层提一大串问题，更是从专业角度和客户进行深入交流和探讨。

为什么在访谈中必须进行深入交流和探讨呢？

因为大企业的高层和中层管理人员在自己的行业中已经干了十几年或几十年，对自己所在的企业和所处的行业有极其深入的了解和感受，有一些自己的思路和判断，这对管理咨询项目是十分有价值和帮助的。

但这种深入交流和探讨，完全取决于进行访谈的项目经理和项目成员是否事先就对企业和行业有足够的了解，是否能够在汇聚整个咨询公司大量项目经验和企业成长规律的基础上提出自己的独立的、独到的、独特的分析和判断。也就是说，这是一种力量对等的平等对话和互动交流。是一种专业上、管理实践上等量齐观的经验交流和分享，是互有输入、互帮互启的一种双向探讨。

只有这样的访谈和当面交流，才是客户决策层和执行层喜欢的访谈，才是超出客户预期的当面交流，才是咨询人员个人、咨询项目组团队和咨询公司整体专业能力的最好体现。

怎么才能做到这一点？

一要靠长期的积累。管理咨询是一个"越老越香"的行业。之所以越老越香，就是因为从业时间越长久，人员经验越丰富。

二要靠主动的学习。一个人经历的咨询项目是有限的，但整个咨询公司积累的项目经验是十分丰富的。这就是规模大人员多的咨询公司更容易出人才的原因。

三要靠公司的制度。把别人的经验转化为自己的经验，把整个公司的知识积累溶化到每一位咨询顾问成长的血液中，要有一整套的公司内部知识管理的规章制度，并保证很好地执行到位，也就是书面规定要有执行力。

管理咨询行业是一个凭真本事为客户解决困难和问题的行业，面对的客户问题没有一个是可以轻轻松松解决的，咨询顾问需要在每一个细节上有工匠精神。

赵民

2021 年 12 月 17 日 18 点 36 分

谁知盘中餐，粒粒皆辛苦

# 精准营销是高质量发展之锚

最近因为工作的原因，坐飞机到南方出差。在机场，我发现机场商店空空如也，没有几个旅客光顾。疫情使机场商店这样的顶流聚客销售宝地，也忽然成了"鸡肋"渠道。

在人来人往的情况下，像机场商店这样的销售场所，是无须精准识别客户和依靠精准营销的。但当聚集客户尤其是高价值目标客户成为难点之时，精准营销这种模式的降维打击能力，方显英雄本色。那么，在管理咨询行业和其他类似的行业，如律师事务所、会计师事务所、公关公司、品牌策划营销公司等，怎么样才能主动转向精准营销呢？

以笔作枪，投笔成弹。笔就是枪，笔就是炮。笔就如喀秋莎火箭炮这样的武器。用笔把专业经验和解决问题的案例写出来、记下来，用文字告诉客户，用文章筛选优秀合作伙伴和潜在客户。换句话说，在某种程度上，像科普作家一样写案例。

现在的教科书中，有一些课程的内容很重视对生活中的实践案例的采写和分析，用案例来教学，用案例来培养学堂里的年轻人，用案例来辅助学生理解规律和道理，这已经被公认是卓有成效的成功实践。学校里的教材更新案例终究有延迟、有周期，所以，比学校案例更及时、更新鲜的管理实践，就需要在企业管理一线做咨询项目的管理咨询顾问们用笔来告诉世人。

管理咨询师、管理咨询顾问，就是一个个管理科学的科普作家，是管理规律的解剖者，是管理实践的总结者，是优秀管理经验的传播者，是失败管理教训的敲钟人。

高质量发展，简言之，就是成本更低，质量更好；就是同样的成本，获得更多、更好的产出；就是同样的产出，来自更少的投入、更低的成本。精准营销，就是在此大背景下，从普通的"术"开始升格为战略上的"道"。

如今，那些机场商店，从被迫到主动，转战网络直播或社群推广。这是从坐等客人上门购物，变为在宇宙的数字空间里，捕捉那些高价值客户的轨迹和气息云团，然后，精准地把产品送到客户的手上，把顾客的钱，从顾客的钱包里、信用卡里、手机支付里，收进自己的口袋里。此时，"顾客"一词已不能达意。客人没有上门来，怎么还能有"顾"字，怎么还能叫"顾客"呢？这叫词不达意，字还在，意已异。词是老词，意已是新意。

精准营销的关键，是用通俗易懂的话，写出足够专业的内容和案例。首先要紧盯客户刚需、紧盯客户痛点，用专业的、条理清晰的、逻辑完整严密的文字，打中客户内心深处的那个根本需求。这是基础，这是硬功夫。其次是要深入浅出地说，言辞拙朴地写，文字流畅地讲，简洁明了地去轻轻一点。想达到这样的火力、功力，就要常练常习。没有人天生就是天才，没有天才不经过积累就"自动自发"地成为那个叫天才的天才。天才是天生的，天才也是后天的。天才的"老爸"是本人的基因，天才的"老妈"是实践的练习。

而当你读懂上面的文字，当你悟透上面文字的意思后，你的精准营销也就进入一个新的境界。当精准营销被你做深做透时，也就是高质量发展气定神闲之时。蓝天碧海上，高质量发展的大船，被精准营销的大锚，带去成功的彼岸。

赵民

2021 年 12 月 16 日 15 点 15 分

星垂平野阔，月涌大江流

# 互联网大厂的就业黄金期，过去了

2021 年 12 月 1 日，刚进入 2021 年的最后一个月，媒体就有关于互联网大厂业务调整、人员调整的最新消息。这样的年底业务调整，目的是让企业加快盈利步伐，聚焦内容和技术，推动精细化管理和扁平化管理。令人瞩目和动容的是，这样的业务调整中，中层的总监级员工变动特别多，这样的中层多数司龄较长、年纪相对较大、薪水相对较高。

随着 2022 年元旦的到来，这样的年底业务和组织调整的新闻会一个接着一个。这很正常，因为一年下来了，每家公司多多少少大大小小都会有些调整。

但想想当年德国在第一次世界大战之后，缩编军队员额时，走人的都是士兵，留下的都是军官。现在进行业务调整的互联网大厂，把作为中层骨干的总监级老人请走了，是利好还是伤筋动骨？当疫情过去，全球经济恢复之时，临时招聘中层骨干，还会来得及吗？所以，对于同样进行年底业务和组织调整的互联网大厂，那些优先保护和保留中层骨干的企业，它们的眼光看得更远。毕竟千兵易得，一将难求。

遥想"十三五"规划期间，在 2016 年年底，互联网大厂是如何在人才市场上高价招人的，对比一下，那些中层管理人员差不多正是五年前，也就是 2015—2016 年进入公司的那批人。互联网大厂高价挖人抢人的人才价格泡沫期，一去不复返了。泡沫有被吹起的时候，就有破裂的时候。

互联网大厂的就业黄金期，已经悄然过去了。高速增长要向高质量增长转型。但这仅仅是指那些面对个人消费者市场 ToC 业务的互联网公司，并不代表整个互联网行业。在面向企业用户的 ToB 业务的这个细分市场中，在服务企业数字化转型的这一赛道上，中国市场还有很大的增长空间和就业机会。一个大企业集团紫光集团因为负债累累而面临破产重整，但就是这样一家资不抵债的企业，阿里主导的财团愿出资几百亿元进行并购重组，据说是看中了紫光集团的云计算和芯片板块。而这两个卖点，都是面对企业用户的。

所以，对于应届毕业生而言，今天再想进入互联网大厂就业，可以优先选择面向企业用户的业务。如果想自己创业，则可以选择面向企业用户的创业产品和服务。

从 2000 年开始到现在，有两个行业辉煌了二十年，一个是互联网，另一个是房地产。这两个行业，诞生了大多数年份的中国首富和相当比例的中国 500 强乃至世界 500 强，虽然这两个行业过去五年已经开始了震荡和变化，但在"十四五"规划的五年中，才会开始真正的、彻底的转型。大多数公司的创始人和主要创业团队，也将开启一段新的人生。

赵民

2021 年 12 月 2 日上午 9:00 整

大江东去，大浪淘沙，大海无垠

# 做咨询和当院士一样，都是越老越香

2021 年 11 月 18 日，2021 年两院院士增选结果正式揭晓，共有 149 人入选。中科院新增的 65 名"新科"院士，最小 45 岁，最大 68 岁，平均 57.4 岁；工程院新增的 84 名"新科"院士，最小 51 岁，最大 69 岁，平均 58 岁。

人生的年龄，按十年为一档，三十而立，四十不惑，五十而知天命。人生的事业，五年一个小台阶，十年一个大台阶。

咨询的职业生涯十年磨一剑，如果一出大学校门就进入咨询大门，历经分析师、咨询师（顾问）、高级咨询顾问（师）、资深顾问、初级合伙人，最后是合伙人，能在工作上独当一面。

战略咨询和管理咨询，是面向市场经济主战场的一门实践科学工程，一门科学工程实践高度依赖在实践中积累的丰富经验，也就是要求从业者要长期坚守、聚焦，才可能成为各自领域中的专家。而社会和市场对咨询专业人员的最好回报和最佳嘉奖，就是咨询专业人员可以"越老越香"。

咨询行业是培养企业管理人才的一个行业，而人才成长是需要时间和周期的。和房地产、互联网、新能源等行业不同，像咨询这样的行业，用资本、用钱是"催生"不出高水平的专业人才的，是不能用资本运作来搭建所谓的"平台"进而快速扩张的。

为什么现在的中小学都要求老师要有名校的硕士乃至博士的学历背景要求？这源于教育和培养人才本身内在的规律。而"越老越香"也是咨询本身的内在规律。

在其他行业中常常会存在"中年危机"，对于一出校门就进入咨询大门的年轻才俊来说这个问题是基本不存在的。只要你扎扎实实在咨询项目上学习，学会和掌握了解决具体管理问题的基本专业技能，无论是三十岁还是四十岁，都是行业管理实践中解决问题的高手，都可以在咨询行业内持续发展和成长。

　　做咨询，很重要的一点是身体要好。虽然我国的退休年龄在延长，但对咨询公司的合伙人而言，退休年龄是不存在的。

赵民

2021 年 11 月 18 日 12 点 21 分

战地黄花分外香，

咨询"院士"更加香

第七章

大国崛起篇

# 一论《大国崛起》：视野决定成就

2006 年的电视专题片《大国崛起》，犹如一声惊雷，响彻在中国电视观众尤其是知识分子的脑海中，成为中央电视台 2006 年的一道亮丽风景。

这是一部"开阔视野，解放思想"型的电视专题片。

《大国崛起》给观众带来了横跨 500 年的"历史观"。一般人看历史，一般也就看到 1911 年，称为"百年史"；长远一点的也就是回溯到 1840 年第一次鸦片战争而已，大约 150 年的历史；再厉害的是回到明末清初，也就是 350 年左右的历史。这次《大国崛起》给了我们 500 年的时间跨度。这种"切割朝代"的断代方法，一开始就震撼人心。

《大国崛起》给国人带来了一个真正的"全球观"。过去的中国人自以为"中"，乃世界之"中心"也，所以，考虑问题、看待世界多从中国出发，由于历史上长达千年的持续繁荣和领先，更是把华夏大地上的繁荣昌盛当作必然，把其他世界列国的强盛视作偶然，曾喊出了"驱除鞑虏，恢复中华"的口号。这部《大国崛起》给了我们真正的全球视野，从西半球讲到东半球，从地中海讲到日本海，从大西洋讲到太平洋，从半岛国家讲到岛国，从沿海国家讲到内陆为主的国家。这种"切换空间"的讲述手法显示出了恢宏的气势和大家的手笔。

《大国崛起》给我们带来了一个多角度全方位的"动力观"。有些人（甚至是一些知识分子），对于小小半岛上的"两颗牙"：西班牙和葡萄牙为什么居然能领环球航海之风气是根本不清楚的；对于两个岛国英国和日本以区区之领土面积而强盛一时更是深感疑惑；对俄国和德国两个内陆为主的大国的近代崛起发迹史更是不解。这次，《大国崛起》一片以丰富的历史知识描述而吸引人，以简练的历史轨迹的刻画而折服人。对于不同国家的崛起动力，或从生存角度，或从技术革命角度，或从商业契约精神，或从国家体制方面进行了阐述，带着广大观众穿过 500 年的时光隧道。

由于该片涉及 9 个大国的 500 年历史，所以，只有极个别的专业人士才有可能在此片播映之前有如此宽广而深入的背景知识。

那这部片子有什么不足呢？

最大的一个不足是，用一种事先确定的、为当今社会和时代所需要的角度和观点，去选择和编辑这 9 个国家 500 年的历史，有的时候对某些国家的发展历史的过程的选择，以及对某些细节的浓重刻画，和当今中国社会的现实需要，有着太过紧密的呼应。也许，搞新闻的人会说：这才叫新闻的时代感和立场。但我想说，作为一部需要经得起时间长河检验的"开阔视野"型专题大片，在描述历史发展的轨迹时，要有一定的"独立，独家，独到"，以及客观性和距离感。只有保持距离，才能永葆美感。

我们不仅从《大国崛起》中看到了 9 个大国崛起过程中共同的"视野决定成就"，我们还要对《大国崛起》的后续姊妹篇（据说已经在创作构思中）说：视野同样决定了《大国崛起》系列的成就。

赵民

2007 年 1 月 22 日凌晨 0 点 29 分

夜空浩渺，深邃无边

# 二论《大国崛起》：创造决定贡献

《大国崛起》这部纪录片给了国人非常多的信息，我们可以从不同的角度反复欣赏、不断体会。我们从片中描述的 9 个大国崛起的过程中可以看到，技术创新对一个大国崛起的意义。

荷兰人的海上马车夫，是"大肚小甲板"的海上马车夫。荷兰人设计了一种独特的小船，船肚子很大，甲板很小。这样造船成本很低，运费就相应很低，利润也就很高。

英国人打赢了 1588 年的英西海战。击败西班牙拥有 130 艘战舰的庞大的无敌舰队的法宝是商船上更先进的火炮。一个只有 24 万平方公里面积（相当于广西的面积），迄今只有 6000 万人口的小小的岛国（人口比江苏省还少），凭着瓦特发明的蒸汽机和大科学家牛顿的三大定律而带动了第一次工业革命，率先在全世界进入工业时代，从而成为现代国家。

美国人赶走了英国人之后，凭着大发明家爱迪生等发明的电力而使社会进入了电气时代，执第二次工业革命之牛耳。随后又是莱特兄弟发明的飞机，接着是福特汽车公司创造的"福特生产方式"，让美国登上了世界发达国家领头羊的位置。

还有一些其他国家诸如德国、法国、日本的例子，但都不如英美两国这两次工业革命的例子典型，所以我们就略过不谈。

从中我们可以看到，9 个发达国家中没有一个国家是依靠低成本制造成为世界制造业中心的。创新决定领先，创造决定贡献。

那么，这部片子有什么不足呢？就是在谈到美国的时候，没有谈到自 1945 年以来历经几十年发展而逐渐得到广泛商业应用，最后以令人意想不到的互联网方式闯入家庭日常生活的计算机技术和移动通信技术。可以这么说，正是由于计算机的广泛应用，互联网的迅速普及，移动通信技术的不断进步，人类社会进入了一个崭新的时代：信息时代。这部分的内容如此重要，又非常贴近我们的现实生活，不知道编导为何忽略了。

中国在过去 29 年的改革开放中，依靠引进外资，依靠低成本制造，成了世界制造中心。有很多人便误认为，中国可以依靠这种模式一直发展下去，成为世界大国。

在笔者自己的职业生涯中，就有这样一次经历。2000 年前后，社会上纷纷流传着一则消息：四川长虹要和欧洲的飞利浦公司合资，为飞利浦生产产品，成为飞利浦的制造基地。媒体上也出现了当时长虹的主要领导大谈给世界著名品牌当加工厂的好处的报道。笔者出于对长虹前途的担忧，给素未谋面的当时的长虹掌门人倪润峰先生发了个传真，表达了对此事的不同看法。在久无回音之后，我又冒昧地给当时的四川省主要领导写了信，表达了对长虹和飞利浦合资的担心。很快，我就收到了来自长虹的面谈邀请。倪润峰先生花了整整一个下午的时间，从历史到现状，从现状到未来，从企业内部到市场竞争，从过去的辉煌到未来的艰难，向我介绍了长虹为什么需要和国际大品牌全面合资，而我则坦言这是长虹最危险的道路之一。我们的这次交流并没有改变倪润峰先生本人的看法，但幸运的是长虹最后确实没有合资。

创造决定贡献，不仅在国家层面如此，于个人层面也是如此。

所以，于国家，我们要认清，中国作为一个拥有 13 亿人口 960 万平方公里国土面积的国家，只当低成本的制造中心，是不能成为真正意义上的大国的；于个人，我们也要认清，这个社会是以对社会的贡献来评价一个人的，而不是以向社会所要的东西来评价一个人的。

从这个意义上来说，一个人当了博士，和一个国家当了低成本的制造中心，是差不多的，都算不了什么。

赵民

2007 年 1 月 23 日凌晨 1 点 41 分

启明星辰，已高悬远方

# 三论《大国崛起》：法治决定昌盛

散落在《大国崛起》各集当中的另外一串闪亮的珍珠，就是关于法治在一个大国崛起过程中的重要作用的点评。

崛起的大国，要有一部好的宪法。

关于宪法起草的描述，片中有两个详细的描写：英国的君主立宪制和美国的总统制。1215 年在英国，约翰王和 25 位贵族代表签订了一个只有 63 条条款、几千字的《大宪章》，作了两条最重要的规定：国王也要保证对任何人施以公正，不能剥夺他人的权利；没有法庭的审判，国王也不能逮捕和剥夺他人的财产。从此开始了一个新的时代：国王的权力不是神授的，是人授的。1787 年在美国，为了制定一部成形的联邦宪法，美国的制宪会议持续了 116 天，成为美国历史上最长的会议。我们可以想象近 4 个月的讨价还价，其中会有多么激烈的争论，人性的光芒和渺小同时浮现出来。最后，引领两次工业革命的英国和美国的政体竟是如此的不同。

崛起的大国，要有对商业契约的保护和尊重。

意大利人哥伦布在葡萄牙练了 8 年航海，最后在西班牙女王伊莎贝尔的支持下，完成了首次环球航行。为什么？因为西班牙王室愿意和一个外国船长进行平等的商业谈判。荷兰商人困在冰天雪地里几个月，自己可以冻死饿死病死，却能恪守商业合同，不动用近在咫尺没有货主看守的衣服、食品和药品。

崛起的大国，要有对创造发明的保护和尊重。

第一次工业革命的英国，造就了一个百万富翁——蒸汽机的发明人瓦特；第二次工业革命的美国，造就了一个亿万富翁——电力的发明人爱迪生。中国历史上有四大发明，我们听到过哪个发明人成为大富翁了吗？毕昇发明了活字印刷，但他成为名震华夏、富甲天下的大富翁了吗？甚至有些发明，我们迄今为止连发明人是谁都不知道。

没有法治的崛起，犹如一座高楼建在沙滩上，大厦越高，越容易倒塌。法治，决定了一个国家可以持续的昌盛。

赵民

2007 年 1 月 23 日下午 5 点 12 分

站起来，踏着坚实的大地

# 四论《大国崛起》：影响力决定地位

中国有个说法叫不战而屈人之兵。这是一种作用于心理的力量。这就是影响力带来的好处。从《大国崛起》一片中我们可以看到，一个世界性的大国必须具有世界性的影响力，因为影响力决定地位。

葡萄牙首开全球海洋时代。从此，葡萄牙有影响力的"国土面积"从伊比利亚半岛上小小的一角延伸到了大西洋好望角、印度洋、太平洋。西班牙后来居上，挑战葡萄牙的全球海洋霸权，两雄相争怎么办？1494年6月7日，在罗马教皇的支持下，两颗"牙"就这样在地球上画了一条线，葡萄牙拿走了东方，西班牙捡起了美洲。从此奠定了此后500年葡萄牙语和西班牙语在全球广泛流行使用的基本格局。

荷兰这样一个原本要被海水淹没的小国，当他们登上历史舞台时，其光芒却照耀全球。从一开始，荷兰所有的生存和发展，就是以国际贸易为基础进行的。英国成为"日不落帝国"，更是工业革命在全球产生巨大影响力的顶峰标志。

回顾历史，对于郑成功收复台湾，我始终有个想提又没有提出来的问题：荷兰不是在欧洲北端吗？什么时候它跑到东亚那么远的地方来占领台湾的呢？为什么郑成功是从荷兰人手里，而不是葡萄牙人手里、西班牙人手里或英国人手里收复台湾的呢？现在，从《大国崛起》中这几个世界大国先后崛起的时间、崛起的不同方式来看，自然有了答案。

法国大革命以后，拿破仑把民主和人权带给了全欧洲大陆。彼得大帝励精图治，成了欧洲各国冲突和矛盾的调解者与仲裁人。俾斯麦铁血统治之后，短短50年之内，德国成为欧洲大陆最强大的国家，打败了法国，俘虏了法国皇帝。

我从小爱读打仗的书，尤其是解放军和国民党军打仗，美国人和日本人打仗，苏联红军和德国兵打仗的故事。当时在看1930年红军和国民党军队打仗的时候，我总觉得有件事情非常奇怪：江西中央苏区第五次反围剿中，红军的顾问是德国人，国民党军队的顾问也是德国人。两群不同信仰的德国人，在德国之外的土地上，用德国人的战略和战术相互较力。

日本自 1853 年 7 月 8 日被美国舰队敲开了国门之后，经过 1868 年 4 月 15 日开始的明治维新运动，短短 25 年之后，日本不仅坐上了东亚地区的头把交椅，而且成了世界大国。一直到日美中途岛大战之前，日本都拥有太平洋上最大的航空母舰舰队。美国从第二次世界大战中获得了丰厚的回报，今天，不仅它的军事基地遍布全球，太空中一半以上的人造卫星是属于它的，而且它通过联合国、世界银行、国际货币基金组织等三大国际组织，通过华尔街股市、好莱坞电影大片、麦当劳、迪士尼静悄悄地进入中国，将它的影响力渗透到了我们生活的各个方面。

九个大国对世界的影响力总体来讲有两种方式：硬的军事占领，软的文化影响。前者包括历史上的葡萄牙，西班牙、荷兰，第二次世界大战前的英国，拿破仑时代的法国，第一次和第二次世界大战的德国，1945 年前的日本。这些国家即使崛起了，最后也被世界上其他大国单独或联合起来干掉了。后者包括后来的法国、英国和美国，这些国家至今仍然是世界性的大国（当然，谁也不知道这种大国地位能维持多久）。历史已经用 500 年的时光，告诉了想要重新崛起的中国人：成为世界大国的成功因素之一是文化影响力。

改革开放以后走出国门的中国人，尤其是最近 10 年走出国门的中国企业和中国企业家，正在以自己的岁月和年轮，开始和经历一场 1840 年以来中国在海外的变革实践：把中国的国际影响力，以经济、贸易、科技、投资、文化、教育、体育等形式传播到全球。在 1978 年以前，中国的大国地位取决于我们的国土面积、人口数量等因素，那么，在今天和未来，通过经济、投资和贸易，通过新的陆上和海上的贸易通道，通过汉语推广，通过和平友好的方式，中国的文化将传播到全世界，从而最终决定中国的大国地位。

赵民

2007 年 1 月 30 日凌晨 4 点 58 分

地球在转动，世界在变动

# 五论《大国崛起》：和平成就大国

《大国崛起》中所剖析的过去 500 年中的 9 个世界性大国，因其时代不同，地理条件不同，文化传统不同，在崛起的方式上也有很大不同。但是，在这 9 个大国的崛起过程中，有一点是相同的：成也战争，败也战争。

葡萄牙经过多年光复领土的战争，于 1143 年成为欧洲大陆上第一个统一的民族国家。葡萄牙在取得环球航海领先地位以后，就开始对外扩张、发动战争，扩大自己的领地。然而，随着战争的失败，葡萄牙不得不让位于西班牙、荷兰和英国。

格拉纳达一战（1492 年 1 月 2 日）的胜利结束了西班牙长达 800 年的土地收复战争。这两个海洋大国在取得独立战争的胜利之后，通过谈判瓜分了海洋。随后，它们各自发动了对外扩张战争并建立了全球范围的殖民地。然而，随着西班牙在英西海战的失败，西班牙不得不让位于英国。

1581 年 7 月 26 日，荷兰独立战争以荷兰人的胜利而结束。通过民间集资成立荷兰联合东印度公司的方式，荷兰在海洋上彻底冲破了西班牙的封锁，建立了全球范围的殖民地。然而，随着三次英荷战争的失败，荷兰也不得不让位于英国。

葡萄牙、西班牙和荷兰这三个国家崛起的历史阐释了大国崛起的第一个基本特征：只有先取得独立战争的胜利，赶走外族侵略者，并且在当时世界上最重要的航海技术上取得领先地位，才能成为一个世界大国。

1215 年，英国国王约翰王在大封建、领主、教士、骑士和城市市民的联合压力下被迫签署了《自由大宪章》；1588 年，在伊丽莎白女王的带领下，英国在英西一战中打败了西班牙无敌舰队而崛起；1649 年 1 月 30 日，伦敦市民把国王查理一世送上"断头台"；后来，英国在三次英荷战争中获胜并迫使荷兰接受了《航海法》；1763 年，英国打败法国，结束了"英法七年战争"；1815 年，英国威灵顿公爵在滑铁卢击败拿破仑。英国通过战争建立了一个"日不落帝国"。最后，在第二次世界大战后，英国彻底让位于美国。

在 1789 年 7 月 14 日的法国大革命中，革命党人推翻了路易十六的统治，建立了法兰西第一共和国。随后，拿破仑当选为皇帝，瓦解了欧洲大陆的四次反法同盟，建立了一个几乎和欧洲一样强大的法兰西帝国。

1862 年 9 月 30 日，普鲁士首相俾斯麦开始了他的"铁血战争"，在他的领导下，普鲁士打败了奥地利，打赢了普法战争。1890 年之后，威廉二世皇帝开始了争霸世界的征程，最终，德国成为人类历史上两次世界大战的策源地。

英国、法国和德国这三个国家的崛起历史阐释了大国崛起的第二个基本特征：只有先打赢自己国家的内部战争，才能打赢对外战争。

日本于 1853 年被美国"打开"横须贺港口，并签订了日本历史上第一个不平等条约。之后，荷兰、英国、法国、俄国等世界大国纷纷跟进，先后同日本签订了一系列不平等条约。但从 1868 年的明治维新开始，到 1889 年 2 月 11 日伊藤博文编制的《大日本帝国宪法》的颁布实施，日本迅速实现了富国强兵。1894 年，通过中日甲午战争日本战胜了中国；1904 年，在日俄战争中日本又打败了俄国；1931 年，日本侵占中国东北，并于 1937 年开始全面侵华；到 1941 年 12 月 8 日，日本最终对美国宣战，偷袭珍珠港，发动太平洋战争。但日本帝国最终被同盟国打败，不仅如此，还在人类战争史上第一次遭受了原子弹的攻击，付出了惨痛代价。

俄国的彼得大帝在 1698 年平定了军队的内乱以后，为夺取波罗的海出海口控制权，于 1702 年发动了第一次对瑞典的战争，结果 10 万俄国大军被 8000 瑞典军打败，大部分军官被俘。从此以后，彼得大帝痛定思痛，改革军队，励精图治，终于在 9 年之后报了"一箭之仇"。彼得大帝之后，叶卡捷琳娜二世用了 34 年的时间，打败土耳其，瓜分波兰，将领土扩张到了北美洲。叶卡捷琳娜二世之后，沙皇亚历山大一世打败了不可一世的拿破仑，成为欧洲神圣同盟的盟主。但在第一次世界大战后，沙俄被拖入战争泥潭，并于 1917 年 11 月 7 日爆发了震惊世界的"十月革命"。在斯大林的领导下，苏联军队在第二次世界大战中打败了德国，成为世界超级大国之一。冷战结束后，苏联于 1991 年解体，之后，俄罗斯继承了苏联的军事和工业，成了新国家。

日本和俄国这两个国家的崛起历史阐释了大国崛起的第三个基本特征：前期的军事失利没有关系，只要奋发图强，最后就能在世界范围内崛起。

1776年7月4日，美利坚合众国宣告独立，经过8年独立战争，又在林肯总统领导下打胜了南北战争。之后，美国抓住第二次世界大战的历史机遇，终于取代了英国，成为世界头号强国。

美国崛起的历史阐释了大国崛起的第四个基本特征：每个崛起的大国基本上都走过了一条同样的道路，即通过独立战争获得独立，通过内部战争实现统一，随后大力发展经济、科学技术，尤其在当时最重要的新技术上获得领先地位，对内进行社会制度改革，建立符合时代发展的社会制度，对外加强国际交流，施行正确的外交政策，争取一个相对比较长的和平发展时期，形成强大的国力。然后，审时度势，抓住历史性的大机遇。

按照这样的历史规律，中国于1840年开始没落，而中国在1945年赢得抗日战争的胜利就相当于获得了独立战争的胜利。1949年，中国共产党打败了国民党就相当于内战的结束。从1978年的改革开放到现在，我国在和平稳定的环境中发展，加入了世界贸易组织，逐渐融入国际社会，赢得了世界的尊重。目前，我国正走在一条复兴之路上。

赵民

2007年1月31日凌晨1点12分

夜梦沉沉，战争重重

# 六论《大国崛起》：大国呼唤英雄

《大国崛起》在某种程度上，不仅阐述了9个世界大国的简史，还向我们展示了一部伟大的"群英谱"。

我们一起看一看《大国崛起》这部片子展示的英雄形象。

（1）葡萄牙：航海家的"保护神"恩里克王子、航海家的支持者国王若昂二世和航海家迪士亚。

（2）西班牙：伊莎贝尔女王、航海家哥伦布、航海家麦哲伦和文学家塞万提斯。

（3）荷兰：发明"鱼肚一刀法"的渔民威廉姆·伯克尔斯宗、航海家巴伦支船长、奥兰治亲王威廉、大议长奥登巴恩维尔特、诗人冯德尔、画家弗美尔。

（4）英国：伊丽莎白一世女王、航海家德雷克船长、查理一世国王、大执法官克伦威尔、军事家威灵顿公爵、发明家瓦特、科学家牛顿、文学家莎士比亚、经济学家亚当·斯密、经济学家凯恩斯、"欧洲的祖母"维多利亚女王。

（5）法国：路易十四国王、拿破仑国王、戴高乐总统、文学家伏尔泰。

（6）德国：关税同盟的鼓吹者李斯特、"铁血宰相"俾斯麦、威廉二世皇帝、诗人席勒、诗人歌德。

（7）日本：明治天皇、政治家大久保利通、政治家伊藤博文、政治家岩仓具视、思想家福泽谕吉、企业家涩泽荣一。

（8）俄国：彼得大帝、叶卡捷琳娜二世、亚历山大一世沙皇、列宁、斯大林、车尔尼雪夫斯基、别林斯基、普汉列诺夫、托尔斯泰。

（9）美国：华盛顿总统、林肯总统、西奥多·罗斯福总统、富兰克林·罗斯福总统、发明家爱迪生、企业家洛克菲勒、记者塔贝尔、发明家莱特兄弟、企业家福特。

很明显，我们可以看出，与荷兰、英国、美国相比，葡萄牙、西班牙的英雄人物的数量较少。从葡萄牙开始，越是后来崛起的世界大国，让后人记住和纪念的英雄人物就越多。所以，大国崛起，英雄辈出。

在世界历史上，除了这9个大国以外，其实还有其他重要的国家和世界性的大国，如比利时、奥匈帝国，以及蒙古帝国，但这些国家要么对人类的贡献和对世界的影响不如葡萄牙那么大，要么已经彻底不存在从而被人遗忘了，要么因年代太过久远而尘封于历史，因此导演没有将它们选入这部纪录片中。另外，有一点肯定没错，因为在这些国家中没有持续涌现出雄才大略的伟人和英雄。所以，在一定程度上，英雄推动着世界大国的崛起，世界大国的崛起也呼唤英雄。

英雄的做事方法常常和当时大多数人的做法有所不同。例如，哥伦布在绝望之中坚持再航行三天，最后终于发现了新大陆；彼得大帝隐姓埋名去国外学习造船技术，还把首都迁到了彼得堡；华盛顿领导美国人民打败了英国人，却不愿当皇帝，也不愿意连任总统。

归根结底，历史是人民群众创造的，但人民群众是如何创造历史的呢？人民群众是在英雄的领导下创造历史的。因此，代表历史前进方向和时代潮流的伟大的英雄可以领导人民造就一个世界性的大国，而逆历史潮流而动的人即便当时可能被追捧为英雄，但从长久来看他可能是一个罪人，甚至会毁掉一个世界性的大国。

对于德国人民而言，希特勒就曾是这样的一个"英雄"；对于日本人民而言，东条英机也曾是这样的一个"英雄"。德国人民和日本人民在战争狂人的领导下发动了第二次世界大战，从而对世界人民犯下了"滔天罪行"，结果祸及自身，又害了别人，成为历史的罪人。

从这个意义上讲，中国的强大和崛起不仅在呼唤英雄，而且也能够造就一大批英雄。而成为英雄的前提，是认清楚世界发展的趋势和潮流，顺势而为。《大国崛起》在这个方面的阐释是最引人深思的。

赵民

2007 年 1 月 31 日深夜 23 点 32 分

静静的小楼，不平静的天空

# 七论《大国崛起》：调节有利于实现繁荣

《大国崛起》中一个让国人感兴趣的内容，就是对大国崛起过程中有关经济制度的叙述。因为这个话题非常贴近我们的生活，是老百姓"看得见、摸得着"的。

这部纪录片谈及人类对经济规律的认识和对经济制度的选择，是从历史上第四个世界性大国——英国的崛起开始谈起的，而在此之前，对西班牙，葡萄牙和荷兰的描述中并没有提及相关内容。究其原因，西班牙、葡萄牙和荷兰在很大程度上是靠国际贸易兴国的。1776年，英国人亚当·斯密在《国富论》中提出了提倡自由竞争的经济学说，自由贸易制度才逐渐被确立下来。从此之后，英国通过自由贸易制度成为全世界经济自由化的"先驱"和"旗帜"。

此前，我一直有一个疑问：为什么清政府在鸦片战争中失败后，只签订了丧权辱国的条约，割地赔款，打开国门，被迫通商，而并没有"改朝换代"呢？我从英国的崛起中得到了启示——因为英国人非常看重通商的权利。

从这个角度继续深入思考，我们就可以得出一个更为惊人的结论：由于工业革命、自由经济和国际贸易成为普遍信仰并大行其道，从而结束了农业文明下以侵占他国国土为目标的对外侵略扩张模式，而代之以殖民贸易、资本原始积累为目的的对外扩张模式。例如，1900年，八国联军火烧圆明园。在其提出的一系列议和条件中，并没有任何关于"推翻清政府"的条款。而事实上，八国联军提出的要求是杀大臣、赔巨款、割让土地、通商等。然而，也有反面例证——在第二次世界大战中，德国、日本和意大利在对外侵略中却有了扩张领土的野心。

从世界范围来看，以英国和美国为代表的部分西方国家大力提倡自由经济；苏联推行计划经济；以德国、日本为代表的部分发达资本主义国家，大力提倡国家主导下的统制主义经济（这个模式可以算是介于英、美模式和苏联模式之间的一个模式）。这个事实本身就说明了没有任何一种经济制度能够适用于所有的国家。

1930年，在完全奉行自由经济的英、美两国发生了人类历史上的第一次经济危机，这也说明了只靠市场经济是行不通的。放任自由经济发展要付出很大的代价。这才有了另外一只"有形的手"的"登场"：美国的凯恩斯学派得以在大萧条后"另立门户"，并依托罗斯福新政取得了巨大成功。

同样，德国和日本都在不同程度上采取了国家主导经济的做法，在推行自由经济的同时，政府调控在各个经济层面得到了广泛应用。

以后的中国在经济自由和经济调节中如何找到平衡？这是一个需要深入思考的问题，中国一定会走出一条适合中国国情的经济发展道路。

赵民

2007 年 1 月 29 日上午

太阳在移动，一点点，

让人看不见，却感觉得到

# 八论《大国崛起》：信用决定天地

常言道："以德服人。"在当今社会，可能还得加一句："以信服人。"

在《大国崛起》中，也有关于信用问题的描述。

例如，西班牙女王伊莎贝尔曾向哥伦布兑现承诺。西班牙女王承诺：如果哥伦布发现了"新大陆"，那么将被任命他为发现地的统帅，可以获得在发现地所得到的一切财富和商品的 10%，并一概免税；对以后驶往该属地的船只，哥伦布可以收取其利润的 12.5%。1492 年 10 月 12 日，哥伦布凯旋，伊莎贝尔女王兑现了向哥伦布允诺的所有物质上和精神上的奖励。从此之后，西班牙获得了一个世纪的海洋统治权。

荷兰一位名叫巴伦支的船长，在 1596 年到 1598 年间，当探索亚洲的路线达到三文雅时，和 17 名荷兰水手不幸被冰封的海面被困了 8 个月的时间。在漫长冬季的恶劣险境中，有 8 人先后死去，但巴伦支率领的荷兰早期"物流人员"却丝毫未动船上客户委托运输的货物，而这些货物中就有可以挽救他们生命的衣物和药品。冬去春来，幸存下来的荷兰"物流职业经理人"巴伦支终于把货物完好无损地送到了客户手中。荷兰商人以生命为代价，坚守信念，创造了他们的经商法则。这件事迅速传遍欧洲商界，从此以后，荷兰的国际贸易客户日益增多，荷兰人的生意变得"海阔天空"。真是信用有多高，天地就有多宽！

当今中国商界形成了国企、民企和外企三足鼎立的局面。在中国的外企不仅对让中国消费者享受到丰富的商品和优质的服务，也起到了巨大的推动作用，还为中国老百姓的就业提供了机会。同时，外企在遵守商业信用和职业操守方面，也起了积极作用。

当然，这并不是说外企在遵守信用方面就没有一点问题，但是客观地讲，外企整体的商业信用度还是比较高的。中国企业现在正走出国门，走向世界。以后，中国企业也难免遇到很多问题，如有些发达国家还用带有意识形态的眼光看待现代中国企业等。如何化解这些问题？以信服人也许是一个可行的解决方案。

中国要实现复兴，中国的企业和国民就要讲信用。因为信用有多高，天地有多宽。

赵民

2007 年 2 月 7 日凌晨 0 点 23 分

出来混，总是要还的

# 九论《大国崛起》：改革决定未来

《大国崛起》中提到的过去 500 年中的 9 个世界大国在各自的发展历史上都经历了"巅峰"和"低谷"。

葡萄牙和西班牙之所以有开辟海上商业通道的巨大动力，主要是因为欧亚大陆中部兴起的奥斯曼土耳其帝国阻断了其香料和茶叶的商路。这种对生存和商业利益的追求造就了这两个大国一个多世纪的辉煌。与之形成鲜明对比的是明朝郑和"七下西洋"的盛大开幕和悄然落幕：这是一场宣传皇帝威仪和恩德的远洋行动，或者可以认为是一次以寻找失踪的先皇为目的的"超远程追捕"，本身就缺乏对自身生存利益的追求。

大国有兴起就有衰落，这一点在法国、德国、日本的"身上"都得到了充分的印证。这四个国家都经历了"衰落—兴起—再衰落—再兴起"的过程。法国在辉煌的拿破仑时代之后，也经历了马其诺防线被攻破而大败的耻辱；德国在第二次世界大战之后几乎化为一片瓦砾；日本人在被偷袭珍珠港的巨大胜利冲昏了头脑不久，就遭受了从天而降的名为"小男孩"的原子弹的袭击；美国在 20 世纪 30 年代发生的经济危机让世人几乎丧失了对自由经济的信心，随后美国凭借"罗斯福新政"走出低谷，但在 20 世纪 80 年代又被"日本制造"打得一败涂地，而在 20 世纪 90 年代又迎来了以互联网高科技为主导的新一轮"景气"周期。我们还可以找到更多的例子，说明一个大国的发展会呈现周期性的"兴起—衰落"规律。

中国在两千多年的文明史上，已经多次印证了"统一—强大—衰落—分裂"的周期性规律。我们作为华夏子孙所拥有的荣誉感让我们津津乐道于秦皇、汉武、唐宗、宋祖的丰功伟绩，却少有反思清朝的衰落历史。

其实，在中国历史上，辉煌的时期，比较短暂。大多数时间，中国都处于或衰落或动乱或分裂的时期。想到这一点，生活在改革开放历史阶段的我们，是多么幸运和幸福。因此，抓住历史机遇，为中华民族做一些有意义的事情，是我们义不容辞的责任。

我在 2007 年 1 月 15 日的博客文章《开放大局基本成型，社会改革亟待跟进》中提出，中国的对外开放随着中国入世，已经形成了基本格局，改革也将在稳步中推进。

当今中国的改革已进入到这样一个阶段：经济层面能解决的问题，基本上都已解决，还没有啃下的"大骨头""硬骨头"，都不能仅仅通过经济领域的改革而得到解决，其中的大多数问题和行政管理体制、社会管理体制有着密切的关系，所以，改革已进入"深水区"。

在中国即将迎来复兴的今天，只有具备了广阔的视野，我们才能认识规律、掌握规律、按规律办事，我们才有持续兴旺的未来。而这一切，依我之见，均取决于改革。改革决定着中国的未来。

谨以此文，祝愿未来中国在复兴之路上一路坦荡。

也谨以此文，聊以纪念笔者的开博"满月"。

赵民

2007 年 2 月 7 日凌晨 1 点 49 分

第八章

时代人物篇

# 我们为什么怀念吴建民

众多中国企业家尊敬的朋友和兄长吴建民大使昨天在武汉去世了。他走得很意外，所以大家很悲恸，从昨天到今天，我的微信朋友圈里，满屏都是悼念、怀念、追思的文字和文章。

细细一想，这么多人怀念吴老、发自内心地悲恸，是因为他们与他有着很多共识。

吴大使身上有着中国知识分子的率真和质朴。十多年来，本人在多个场合，或公开或私下，与吴大使有过多次接触和当面交流，时间跨度长，话题主题不同，但听到、学到的都是吴大使没有外交辞令和官腔的真诚而质朴的观点和建议，这体现了一个受过良好教育和拥有国际视野的中国读书人的儒雅和风度。什么叫中国读书人的气质？什么叫中国读书男人的气质？什么叫具有高学历、广阅历的中国读书男人的优秀气质？一个在宦海和外交场合沉浸过几十年的高级官员，如果没有一点内心的坚守和中国传统优秀文化的底蕴，怎么可能有如此的气度和气质？很多人接受吴老的观点，完全是因为这些。

吴大使身上有着一个中国知识分子的社会责任。吴大使做的很多事，包括这次在武汉遭遇的意外车祸之行的目的（为武大的一个中小企业人才培训班讲课），都和他的外交职业生涯没有一点关系，他以一个77岁高龄老人的身份奔波和忙碌在这些与他无关的事情上，是源自他对这个国家和社会的责任感，对这个时代的年轻人的责任感，对这个发展阶段的中国创业者、企业家的责任感。热心于与自己不大相关的事，这个时代这种人很少了。

一个人的离开可以引起如此大范围的悼念和怀念，是有深刻且显而易见的原因的。

赵民

2016 年 6 月 19 日上午 11 点 50 分

# 学习郎平好榜样

1981 年，郎平作为运动员参加女排世界杯拿了冠军，这距今年里约奥运会夺冠整整 35 年；1984 年，郎平作为运动员参加洛杉矶奥运会获得金牌，这距 2016 年里约夺金整整 32 年。改革开放前，中国体育有乒乓球；改革开放后，中国女排以"五连冠"的成绩成为国人的骄傲。"学习女排，振兴中华"这一久违了的口号今年又见诸媒体和朋友圈。郎平从 1981 年到 2016 年，从 21 岁的运动员身份到 56 岁的主教练身份，以自己 35 年的人生经历，给中国普通老百姓树立了一个活生生的榜样形象。

纵观郎平的这 35 年，如果我们从一个人的成长、成功、成熟，从他人生选择和成功道路的角度分析，又有哪些启发，又有什么样的"人生真经"？

第一条，毫无疑问就是一个人一定要选自己内心深处想走的人生道路。换句话说，关键几步要自愿，选择道路要自愿。只要是自愿的，遇到困难也是磨砺性格，遇到挫折也是考验意志。高考不是为父母考的，出国不是为父母出的，下海不是为朋友下的。

第二条，除了自愿，就是要喜欢，从事自己喜欢的工作和职业，是人生最正确的投资决策，用自己一生最好的时间去干一项自己喜欢的事，苦也是乐，累也是乐，且乐此不疲。因为喜欢，做事业才更容易出成绩。

第三条，自愿、喜欢之后，是专注。专注在某一行业，成为一个顶级专业高手。从基层做起，从底层做起，例如，先做运动员，再当助教，再当俱乐部主教练，直到成为国家队主教练，最终成为世界冠军队主教练。什么是专业精神？看看郎平这35 年，想想自己干自己这一行才干了多少年。

第四条，自愿、喜欢、专注之后，要善于学习、敢于挑战自我，要有这样一个态度。态度很重要，没有态度做任何事都不会成功。因为态度是乘数：例如，态度是 0.5，成功减一半；态度是 0，成功是 0。

第五条，自愿、喜欢、专注的态度之后，要拼搏。人不要过了 30 岁就想退休吃世界冠军的老本，过了 40 岁就想吃世界亚军队教练的老本，过了 50 岁就不敢接手处于低谷期的中国女排。

赵民

2016 年 8 月 30 日中午 12 点 33 分

自愿＋喜欢＋专注＋态度＋拼搏，

学习郎平好榜样

# 创业艰难，身先士卒——悼春雨医生张锐

今天是 2016 年 10 月 6 日，一场秋雨从北到南覆盖着神州大地，从长城脚下的香山枫叶，到黄浦江边维多利亚风格的办公大厦，伸出手来，都是一片湿漉漉。

下午忙完正事，有点闲暇，打开手机浏览朋友圈，才发现一则令人悲痛的消息已刷爆朋友圈和好友群：春雨医生创始人、CEO 张锐于今日凌晨因病去世，年仅 44 岁。

初识张锐是在一次互联网界的年会上。当时我在移动医疗方面，准确地说是在大健康领域有投资，并没有专门深入研究这个领域，所以认识了也就认识了，并没有深度交流。

今年 3 月，我再次遇到张锐是在深圳的 2016 中国（深圳）IT 领袖峰会上。那是在一个深圳市委书记主持的小范围自助欢迎宴会上，那时，我正对移动医疗深度介入，遇到很多知识和经验的盲点。虽然 BAT 三大公司的老大马云、马化腾、李彦宏都在场，但我还是拉着张锐聊了很多，有询问，有请教。虽然交谈过程中时常有人走过来打断，但我还是把当时一些最想和他交流的话都说完了、听完了、记在心上了。虽然此时的张锐早已脱离媒体行业，但依然保持着媒体人特有的表达风格：直白，通俗，说话说到点上。

在中国做互联网创业的群体中，我认识不少来自媒体的创始人，如"春雨医生"的张锐、"正和岛"的刘东华、"黑马会"的牛文文、虎嗅网的李岷、"界面"的何力、"纷享销客"的罗旭等，这批人是创业公司创始人中具有特殊气质的一类，除了同样的社会阅历丰富、社会经验丰富、社会资源丰富这"三丰富"之外，他们还有一点相似之处：抬头富有情怀，低头动手好学。学习是这批人或这类人的习惯和"职业病"。所以，我对这些创业公司比较关注，只要一有关于他们的新闻和消息，我必定打开好好看看。在这一群体中，出身《京华时报》的张锐所进入的移动医疗行业，是各种非商业性壁垒相对较多的一个行业，在这种行业创业，除了商业的艰难之外，

又多了几分专业的艰难。或许正是这样的一种创业艰难、这样的一种身先士卒，令张锐英年早逝，让人扼腕叹息、唏嘘不已。

春雨医生的三大战略中，最有看头的是私人医生业务模式，但也正是这种模式，在现实的中国社会最为步履艰难。但如果这种模式能够直接与 A 股资本市场相连接，就有可能走得一马平川。张锐在九泉之下也会很宽慰的。

赵民

2016 年 10 月 6 日深夜 23 点 48 分

春雨医生今后如果腾空而起，当不意外。

谨以此文，献给献身创业的"张锐"们

# 万科与王石

生活在这个时代，真是一种幸福：三天两头就有热点新闻刷屏。在刚刚过去的这个周末，全球的热点是公投脱欧的英国，全中国的热点则是万科。

当代中国真实生活电视连续剧"宝万之战"（让人想起历史上的"赤壁之战"）2016年第二季的剧情在6月末高潮迭起、精彩纷呈，其情节出人意料，却又落入人性之中，不是名导编的剧本，胜似斯皮尔伯格导的大戏，源于生活，超越生活，高于生活，留在今天中国股民和独董、股东和企业家、股市和房市里，刻在中国商业文明进步史的里程碑上。

谈到今天中国的经济，就绕不开房地产这个"名角"：年年处在舞台中央，时时出现在媒体笔下；成也地产，败也房产；骂也房产，赞也地产；让人爱不够的是房产，让人恨不得跳楼的是地产；1990年如此，2000年如此，2010年还如此，三十年屹立不倒。

所以房地产行业具备了中国高收视率电视连续剧的一切要素：爱恨情仇，光荣与梦想；富豪美女，阴谋与粗鲁；不老男神上一代，花花公子富二代。

于是乎，万科闪亮登场了，态度谦恭，好学不倦，抛弃杂念，专心致志走专业化路线，一路从小清新、小鲜肉成为学霸，最终以第一名的身份独占行业鳌头，然后继续开门求学，戒骄戒躁，游学世界，武当比剑，销售收入很快超过了1000亿、2000亿、3000亿……这是一部让万科人永远自豪的创业史，这是一个有口皆碑的好企业，这是一家让创业者和企业家不断解剖研究的优秀公司。

于是乎，王石成为"房地产"这部高收视率电视连续剧中充满正能量、充满个性和个人魅力的男主角之一，和冯仑等构成了一部连播二十多年的励志人生剧的暖男群体。王石通过三十多年的奋斗史，不仅创建了万科这样一家行业第一的企业，而且在万科还涌现了郁亮等一群中国优秀上市公司CEO；不仅当年万科的专业化战略永载商学院案例库中，而且今天的多元化转型探索也可圈可点；王石创建的万科不仅成了能为股东赚钱的公司，而且也成了一家有社会责任感的公司。

　　人生有起有伏，剧情有高潮也有低谷。这三天来发生在万科与王石身上的真实事件，让人更加期待七月一日之后的下一季节目。不管最终是什么结果，万科和王石都已证明了自己，这一点，爱万科的人承认，恨王石的人也承认。这就够了，足够吸引广大股民了。

赵民

2016 年 6 月 27 日早上 6 点 46 分

天亮了，新的一周开始了。

白天和黑夜，交替轮换，客观存在

# 自强的一生

2016 年中秋节之前，我的父亲在安详中告别了这个世界。

父亲出生于 1932 年，按家乡江南的习俗，高龄 85 岁。中国南方人是算虚岁的，"八十大寿"是在 79 周岁的生日时庆祝，都说人的一生，"七十三"和"八十四"是两道坎，父亲顺利迈过了七十三岁的年龄，却在八十四岁这一年，没有迈过。老百姓口中流传的很多有关人生道理的俗话，还是有些道理的。这背后，是用大量生活实例堆积而成的概率论，换个时髦的流行词，就是大数据。

父亲出生的那个地方，最早的地名是江南松江府，后来上海建埠，到我父亲出生之时，已改名为上海市上海县，属于上海的郊区，具体位置就在今天上海的虹桥和闵行一带，父亲所在的那个村庄，现在属于闵行区。

父亲在世时从来不和我们讲自己年轻时的事情，更不讲老一辈的人和事，后来我们兄弟都是从姑姑那里一点一滴地了解父亲的过去的。父亲的爷爷也就是我曾爷爷这辈人，是典型的"贫下中农"，他们饱一顿饥一顿，贫寒之家难以维持。到了父亲的老爸也就是我的爷爷这一辈，他们吃苦耐劳，起早贪黑，省吃俭用，家境开始好转。但爷爷不识字，吃了很多没文化的苦，于是下决心送自己的儿子上学念书识字。父亲兄妹五个，父亲排行第二，上面有一个兄长，下面有三个妹妹。老大和老二都念书识字了，老大，即我父亲的哥哥、我的大伯，在 1949 年之前加入了中国共产党、成了一名地下党员；我父亲呢，在 1949 年陈毅将军的二野解放大上海时正好 17 岁，在我大伯的动员下，报名成了人民空军。读书改变命运，知识启迪思想，就这样，父亲作为一个来自上海的学生兵，北上东北，投笔从戎，成为刚刚创建的人民空军的一员。经过短暂的学习，他参加了抗美援朝。

父亲参军之前一直是个好学生，进了空军航校之后，学习好的优势很快显现出来，但因体检未通过而没能当上飞行员、驾驶战机飞上蓝天，他转而在机械师的岗位上成为佼佼者，后来当上了军首长座机的机械师，负责每次军首长飞机上天之前的安全检查。后来我在北京工作，在一次和一位在空军总部工作的苏州老乡吃饭聊天时说起这段家事，据我的这位现役空军老乡说，这种岗位的机械师，通常是一支部队里机械技术水准最高的。

父亲随部队参加了抗美援朝，辗转在牡丹江、丹东一带的军用机场，在天寒地冻中为战友和首长服务，目送着一个个战友飞上蓝天，这些人有的就再也没有回来。

父亲是在1964年部队宣扬"纯洁阶级队伍"的时候离开部队的。大学毕业之后，我成了个"历史迷"，自己到处购买和搜罗历史类资料和图书，这才搞清楚当年部队的变化背景。我的父亲在1949年新中国成立之前就在上海上学，家里如果没有一点收入，肯定读不起书，因此土改时就被划成"中农"成分。上海在20世纪50年代出了个潘汉年、杨帆的"潘杨"冤案，牵连到一大批当年的上海地下党员。父亲的哥哥、我的大伯后来也就莫名地受到"内部控制使用"，乃至成为"阶级异己分子"，一直到改革开放才获平反。但在当时，直接的结果就是，我爸妈抱着仅有一岁的我的哥哥，从长春回到了距离家乡最近的江苏省苏州地区吴江县，作为当时一批支援商业系统的军转干部进了税务系统。父亲对部队的感情，表现在一件小事上：从我一出生，我们家就一直订阅《解放军报》和《参考消息》。我的关于时政的初步启蒙，就来自《解放军报》，这些报刊一直到我父亲退休还在订，后来我父亲离开吴江和我们兄弟几个一起在外地生活，才没有续订。

父亲六十多岁时，专程从北京北上长春，到自己当年生活过的大街大院里重走了一遍。回到北京后，父亲和我聊天，谈了很多很多。看得出来，父亲一生对1949年到1964年那十五年的岁月是最为刻骨铭心和万分珍惜的。军队之情刻在了他的骨子里，深深地刻在了他的骨子里。

记得和父亲的那次聊天，印象最为深刻的是父亲谈到一批当年的战友，他们驾驶战机牺牲在蓝天中，而父亲因为是飞机机械师，得以在残酷的战争中幸存了下来。人生，很多时候都应了那句老话：祸兮福所倚，福兮祸所伏。

父亲转入税务系统后，从头开始学习，再次显示了优秀的学习功底和学习能力，迅速成为业务骨干，专司税务稽查，退休那年，他已经是我家乡税务系统中负责查处企业税务问题的专家。20世纪80年代以后，我国开始有注册会计师和注册税务师，父亲成为苏州第一批注册税务师，得以在退休之后被返聘，因为他业务熟。

父亲的身体，因为年轻时在东北从军，留下了很明显的"职业后遗症"。一是手指甲多数被冻坏或冻掉，那是在冰天雪地、天寒地冻的环境下脱下手套检修飞机的见证。二是父亲有严重的关节炎，这也是在那个环境下工作的结果。在我读中学时，曾有一段时间，父亲一到冬天就要用大木桶灌上深深的滚烫的开水泡脚，直到双腿通红，那时，我和哥哥、弟弟还小，喜欢把父亲烫脚治关节炎的土办法叫"烫猪脚"。

赵民

2016年9月17日上午11点10分

父亲小名叫"顺兴"，大号赵自强。

谨以此文，追思父亲

第九章

读书随笔篇

# 物质终将湮灭，而文字永存：
# 纪念《正略钧策管理评论》出版 200 期

世界是永恒变化的，一切物质的东西都会从有变到无，唯有精神的东西才是不灭的。文字是精神的载体，它把光辉的思想和宝贵的精神财富永远传播，惠及千秋万代。

2001 年 12 月 10 日，中国正式加入 WTO，中国经济从此进入了五年的过渡期。在这五年中，中国有什么变化呢？

我们可以用"三句话"形象地描述这一变化：车价下降了一半，房价上涨了一倍，人工成本上涨了一倍。第一，车价下降了大约一半：原来卖 30 万元的车，现在大约只卖 15 万元了。第二，房价上涨了一倍：2001 年北京三四环的房价大约是 5000 元 / 平方米，而五年后已经是 1 万元 / 平方米了。第三，人工成本上涨了一倍：2001 年，一个硕士毕业生的工资大约是 5000 元 / 月；2006 年，企业要支付约 1 万元 / 月的工资，才会招聘到优秀的硕士研究生。

还有一个变化，就是在 2001 年，我国还没有《正略钧策管理评论》，而到 2006 年 12 月，《正略钧策管理评论》已经出版了 200 期了！

从现在的历史点位上，我们还难以对这 200 期《正略钧策管理评论》的出版意义做出准确的评判，但有一点已经非常明确：这是迄今为止，中国管理咨询界出版的历史长、影响范围广、读者层次高、深受企业管理人员欢迎的专业作品之一，是现代管理思想传播的载体。

从事企业管理的朋友们都知道，从某种角度上看，企业财务报表的数字可以分为两类——一类是绝对值，如营业收入、税前利润等；另一类是比率，如净资产收益率、利润率、速动率等。我们还可以从另一个角度来看财务报表，财务报表中的数字可以分为"物质指标"和"精神指标"。大多数以货币来计量的财务报表上的数字，如净资产、净利润等，都可以归入"物质指标"这一类；而难以用货币来计量的财务报表上的另一类数字，如无形资产、品牌商誉等，则可以算作"精神指标"。一个有趣的现象是，"物质指标"如果从五年的一个时间跨度（例如，从 2001 年到

2006 年）来看，多半属于"消耗品"，是被不断消耗的，虽也有积累，数值也可变大，却是被动的；但一个公司的无形资产（如品牌商誉）却大多是不断上升、不断增加的。当然，垮掉的公司不在此列。

所以，这就引起我的一个思考：办公司，做企业，归根结底为的是什么？我想，不是物质，而是精神。

固定资产是不断折旧减值的，银行存款也是不断减少的。但一个成功的企业、优质的公司，其品牌和商誉的价值，却是只增不减的。

我们回过头来看：你在 2001 年用的手机，早已被换成新款时髦的了；你在 2001 年穿的衣服、开的汽车、住的房子，可能已经被你换掉了；但 2001 年的书、报、杂志、电影乃至互联网上的各种文字、图像和声音，我们却依然可以看得到，它们被保存了下来。

我们再回过头去看一看中国改革开放的历程。我们现在还有多少人在用牡丹牌电视机、水仙牌洗衣机、香雪海牌电冰箱呢？但我们始终难以忘记《芙蓉镇》《高山下的花环》这样的优秀作品。

让我们把眼光放得更长远一点，看一看 1911 年辛亥革命之后近代中国的历史风云：五四运动如秋风扫落叶一般疾劲，但现在让人想起的，大概只有陈独秀的《新青年》和毛泽东的《湘江评论》，还有鲁迅的《孔乙己》《三味书屋》等作品。一切当事人都已逝去，唯有文字能够"胜出"，至今仍然放射着思想的光芒！

我们用同样的方法看 5000 年中华文明，除了青铜器、陶瓷、玉器等古董以外，能留下来最多的，只有文字。《论语》《左传》《孙子兵法》被千古传颂，也将永放光芒，而无数物质的东西都已湮灭。

春秋战国时期，名重一时的英雄伍子胥，其身世之坎坷、伟业之艰难，都令时人惊叹，然而今天知道伍子胥的人并不多，仅限于"专业人士"的小圈子。而在他的下属之中，有一个叫孙武的人。正是这个人写了堪称战略真经、兵法宝典的《孙子兵法》。当今世人都记住了孙武，而鲜知伍子胥。这就是文字的力量！

中国清末时期有两位大企业家，一位是<u>盛宣怀</u>，另一位是胡雪岩。在企业家中，有几个不知道胡雪岩，而又有几个听过盛宣怀？事实上，就"经商"而言，盛宣怀比胡雪岩更成功。这是因为作家笔下的胡雪岩，栩栩如生，跃然纸上，深入人心。说到底，这也是文字"惹"出来的"不公平"。

我认为不管是多大的公司，不管是存在了多久的公司，其物质财富的影响力是远不能和精神财富的影响力相提并论的。因此，一个公司不仅要为客户、员工、合作伙伴带来营业收入、利润等物质财富，还要为今人和后人留下品牌、企业文化、管理模式、社会责任等精神财富。

正略钧策管理咨询公司大力出版《正略钧策管理评论》，就是在身体力行地实践这样的一种观点，这样的一种理念，我们在通过为客户提供咨询服务获得物质收入从而让一部分中国人和中国企业先富起来的同时，通过每周一期《正略钧策管理评论》的出版，把"中国管理咨询实践派"的观察、思考都记录下来，传播出去，并将它们保存在文字中。

最近我得到一位中国 IT 企业老总——恒基伟业董事长张征宇博士的题词，他是这么写的："我们需要正略钧策，每一个企业都需要正略钧策。希望你们把正略钧策传遍全球！"

在历史的长河中，我们每个人的生命都是十分短暂的，企业家的寿命可能长不过一家企业的寿命：企业创造物质财富的"寿命"可能长不过企业创造精神财富的"寿命"；而企业的寿命更长不过文字的寿命的。

明白了这一点，你就理解了"正略钧策"的意义——正确的战略，重大的决策，你也就理解了《正略钧策管理评论》将在中国企业管理水平的提升、中国企业国际竞争力的提升、中国经济实力的提升等方面具有重大意义。

赵民

2006 年 12 月 12 日深夜

于金色古道、石头小楼。

明月驱浓雾，长河映碧空

# 洞见，认识世界的新途径

因为偶然的原因，我先于各位读者看到《洞见：全球 20 位商业领袖纵论未来 5 年行业大趋势》这本书。我读得很快，读完之后，就有话要说。

经历过 1978 年中国改革开放的人，都牢牢地记着一句话：实践是检验真理的唯一标准。今天，很多"80 后""90 后"的大学生和已经走上职业岗位的人，都自觉或不自觉地践行着这一点。如果你相信伟人或著名行业资深人士对于社会或本行业的深入浅出的理性洞见，那么，你就认真把《洞见：全球 20 位商业领袖 纵论未来 5 年行业大趋势》这本书读下去，全读完。因为，洞见同样可以信奉。

今天，我们都非常相信伟人霍金的洞见。为什么？因为霍金的很多关于宇宙的洞见（或叫预言）最后都被验证了。2016 年以来，有两个科学洞见部分得到了实现。

第一个是机器人下围棋可以战胜人类世界顶级高手，它就是阿尔法狗，人类到今年才开始抛弃幻想，终于愿意部分承认：在当今机器学习和大数据技术下的机器人，最终可以比人类聪明，机器人在智力和学习能力上可以超过人类。即便这样，还有很多人不愿意实事求是地承认这个洞见。

第二个于 2016 年得到科学验证的是引力波，这是对 100 年前爱因斯坦的广义相对论的实践验证。2016 年 2 月 11 日，天文学家探测到的这个引力波，居然是 13 亿年前 一个是太阳质量 29 倍的黑洞和另外一个太阳质量 36 倍的黑洞合并而成的一个太阳质量 62 倍的黑洞所产生的信号。这种亿万里之外的事，如果没有洞见，怎能看见？

所以，读这本书有一个隐含的大前提：你要相信，洞见是认识世界的新途径。

当你相信了这一点，您从此书中就可以找到部分商业世界的近期规律性的趋势。

我再给各位书友推荐一位深具洞见的人：吴军博士。吴军博士曾以谷歌科研人员的身份写了一本《数学之美》，不仅一举成名，而且从此一发不可收拾，成为当今有关科技影响人们生活诸多方面最有洞见的人士之一。他的《文明之光》应该是继《十万个为什么》之后，中国原创的相当好的科普图书了。几十年之后，相信很多著名科研人士，都会谈到这本书对他们从事科学研究的影响。吴军博士对很多技术趋势的洞见，可以影响我们个人的学习、就业和对子女的培养。例如，吴军在书里就讲到，今后律师行业中查阅法律规定、档案、过往案例判决的那类岗位很快就会消失。大家可以拭目以待，尤其是现在学法律的大学生，尤其要关注这点。

大家读完这篇序言，就知道了这个世界上 21 位有商业洞见的人：除了本书正文中推荐的那 20 位之外，还有我上面推荐的谈技术趋势的吴军，他们的文章、图书乃至博客和微博，都值得你经常留意，因为他们在自己擅长的商业领域都充满了洞见。

最后，大家还应该日日阅读的，是一个叫"正略书院"的微信公众号，那里专门汇聚各类洞见。

这一切的前提是，你真的相信，洞见是认识世界的新途径。

赵民

2016 年 6 月 21 日早上 9 点 9 分

洞见，穿过云层，穿透迷雾

# 修身，齐家，管公司，治国，平天下

中国有一句古话："修身，齐家，治国，平天下。"讲的是在中国传统文化中，一个人做人做事的目标，以及目标相互之间的顺序关系。

这句古话被文字记载和广泛传颂的大的时代背景是，中国过去5000多年的文明，均是出现在农业社会这样一个历史阶段。在拥有工业文明和信息文明的当今社会，"公司"这一新的组织形式在一个社会、一个国家中的作用和地位越来越重要。所以，我给这句话加了三个字"管公司"，这句话就变成了"修身，齐家，管公司，治国，平天下"。

春秋战国时期是中华文明思想史和哲学史的一个辉煌时期。我们今天所耳熟能详的诸多先哲的名作多出自那个时代。但由于历史的局限性，春秋战国时代虽然也出现了如《孙子兵法》这样的被全世界商界精英所推崇的谈战略战术的书，但在当今社会尚未有企业管理、公司治理等方面的大作。

我们不能也无法苛求古人，因为在中国传统文化和数字化管理结合下诞生的中国企业管理是一个完全崭新的课题。

在中国谈企业管理，从来都有两个角度，也由此构成了两个流派。一个角度是从中国人的群体文化特征出发，把发达国家积累下来的成果拿过来，应用到中国企业当中。这种角度，在根本上还是立足于中国的，是以中国为本、以中国文化为主体的；另一个角度结合中国向全球经济融入的过程，根据中国市场消费者的需求，把人类先进的科学文化成果应用到中国企业当中去。这种角度，在根本上是立足于世界的，是以世界为本的，以发达国家的管理经验为主体的。中国的企业管理只有几十年的历史，这相当于一代企业家的职业生涯生命周期，所以，这两种流派还处于证明孰优孰劣的阶段。

但正如在春秋战国时期出现了哲学思想以及军事学的巨著，我相信在中国目前这样一个"公司管理的春秋战国"时期，也会出现企业管理的巨著名篇。

作为中国第一代管理咨询的开拓者和创业者，正略钧策的顾问是幸运的，因为在正略钧策过去 15 年的创业当中，我们不仅目睹了中国企业管理的发展和曲折，也亲自参与和推动了中国企业管理的进程和进步，同时还用心记录了中国企业管理在工具、方法、体系、思想等方面的变化。

这本书以及和这本书互为补充形成一个系列的《正略钧策看 ×× 》，就是这样一批人的所思、所想、所感、所叹。

中国的历史上，有太多的帝皇将相，但除了秦始皇、汉武帝、唐太宗、宋太祖、康熙帝、乾隆帝等少数人被历史铭记以外，其他人都逐渐被遗忘。但很多人都知道那些彪炳千秋的哲学家、思想家、文学家、书法家、诗人、旅行家、名医。例如，孔子、孟子、老子、庄子、屈原、司马迁、班固、王羲之、李白、杜甫、白居易、王阳明、徐霞客、李时珍、扁鹊和华佗等。所以，"三百六十行，行行出状元"，只要你"学业有专攻"，那么，你就能通过你的思想影响后人，并受到人们的尊敬。

以 1911 年的辛亥革命和 1978 年的改革开放为分界线，中国的企业经历了以下三个历史阶段。

1911 年之前，以晋商和徽商为主体，其代表人物是胡雪岩、盛宣怀、张裕。

1911 年之后，以"四大家族"的企业、无锡荣家等民族企业为主体。

1978 年后，以海尔、华为、万科等企业为主体。

然而，有很多大企业，在千百年后，并没有留下影响社会进步的管理思想。所以，一个企业家的悲剧是，他只能在有生的 30 年~50 年内对社会产生影响；而一个管理思想家则可能有 300 年~500 年的影响力。

这就是为什么从海尔和华为身上几乎看不到张謇和盛宣怀的企业管理思想，也几乎看不到晋商和徽商的管理思想。而《胡雪岩》却成了很多中国企业家一定要读的书。

因此，如果我们回首百年，看一看自 1911 年辛亥革命以来的中国历史，那么我们就能明白，在当代的中国，不仅能产生伟大的企业家和伟大的企业，而且能产生伟大的中国企业管理思想。并且可以肯定的是，这种企业管理思想一定是根植于中华大地的土壤的。

赵民

2006 年 10 月 5 日下午 4 点 28 分

于北郊挥笔完成于人生一个重要日子

# 世界是平的，地球是圆的

2006 年的书市上，流传着一本广为热销的书——《世界是平的》；2006 年的媒体上，流行着一句简短有力的话——世界是平的。这句话说出了千千万万中国人日益感受到但又没有清晰表达出来的喜悦和沉重。对于刚刚走完 2002 年—2006 年 5 年入世过渡期的中国和中国人，这句话尤为真切和深刻。

世界是平的，因为全球化。中国人已经从日常生活中感受到了"世界是平的"带来的好处。汽车越来越便宜，其价格已经慢慢接近了工业发达国家的汽车价格；手机越来越时尚，电话费越来越便宜，换手机成了常事，手机不仅能用来通电话、发短信，而且能用来玩游戏、收电子邮件、买飞机票了；出国越来越方便，不仅办理签证越来越容易，而且可去的国家越来越多。社会生活中的这些变化，真让人感慨万千。

世界是平的，因为高科技和互联网。年轻人已经在自己的日常生活中拥抱了其所带来的巨大机遇。在互联网上可以打免费的国际长途电话；大学生看电影居然可以不出宿舍门，直接下载校园网络上的免费电影就可以了；一个高中毕业生玩游戏玩成"专家"，他可以在网上把"网元""金币"等设备卖给远在欧美的买家，从而成为百万富翁；我的一个同事在澳大利亚读书的同时，开了一家网店，刚开张两个星期他的网店就开始盈利了。

这些都是在我们的日常生活中真实发生的事，都可以用"世界是平的"这句话来概括。

不过，这并不是全部。

世界是平的，但地球依然是圆的。

地球是圆的，因为亘古不变的地区差别，我们生活中的大多数方面，我们中的大多数人，依然表现出了强烈的个性化和浓厚的区域化特征。公司可以发展成为跨国公司，产品可以成为全球热卖产品，但消费者依然有国家、地区和习惯上的差异。

因此，越是国际化的大公司，从产品研发到市场营销到客户服务，越注重本土化和本地化。

地球是"圆"的，因为永远存在的理念差别。1978年刚刚改革开放的时候，每个中国人的家产是基本差不多的，但为什么29年之后的2007年，现在有的人就会为社会提供了成千上万的就业机会，同时自己家财万贯，而有的家庭却依然如旧呢？因为人的理念！不同的对人生对社会的看法、想法和活法差别导致了这一切。1978年，江苏省的苏、锡、常（苏州、无锡、常州）的老百姓和徐、盐、连（徐州、盐城、连云港）的老百姓的生活水平没有太大的差别。但29年后，为什么苏南的经济发展速度就可以直追杭州、上海等大城市呢？在1978年，如果有人说苏州会成为我国计算机的主要生产地之一，那么大家都不会相信，但29年以后，事实就是如此。原因是什么？是人们的理念和观念不同。

所以，当进入2007年时，我们应该开始慢慢地把眼光从"世界是平的"移到"地球是圆的"上来。

我们也只有看清了"地球是圆的"这个事实，才能从"世界是平的"之中找到商机，获得成功。

赵民

2006年12月31日深夜23点29分

于仆仆风尘的长长旅程中

# 杰克·韦尔奇：时代不会再来

2020年3月2日，媒体在报道抗击新冠肺炎疫情的同时，也推送了一位企业界熟识的老人的离世信息：美国通用电气前任董事长杰克·韦尔奇辞世。一个早已落幕的时代中的一位曾经光环耀眼的人物，在这样一个特殊时期，平静地离开了这个世界。

改革开放四十多年来，曾经被尊为成功经典和代表人物的国外企业界人士，前前后后加在一起，不会超过10个，比尔·盖茨算一个，松下幸之助算一个，乔布斯算一个，而杰克·韦尔奇当然也算一个：他是职业经理人代表性人物，是世界500强中历史最悠久公司成功CEO的代表性人物，是多元化战略指导下集团公司成功获得资本市场长期好评的代表人物之一。

由于这些年来，通用电气公司业绩欠佳，战略失误连连，所以，现在很多"90后"大学生和"00后"年轻人，已经不知道GE公司为何物，更没听说过杰克·韦尔奇是谁了。但是，在20世纪90年代中国企业尤其是大型多元化国有企业发展过程中，很多中高层的管理人员，在企业的统一组织安排下，都曾经去过两家公司学习和考察交流，一家是新加坡的淡马锡公司，一家就是美国东部的通用电气公司。

杰克·韦尔奇走了，但留下了三本书。这三本书，让他的名字可以在几十年之后，依然成为企业家尤其是大型多元化上市公司高管们心中的对标目标。杰克·韦尔奇出版的第二本书《赢》和当年那本IBM的掌舵人郭士纳写的《谁说大象不能跳舞》一样，畅销经典，是当年商业媒体和主流出版机构十分认可的极少数企业管理大众书籍。《赢》这本书里所谈到的大公司管理的基本原则、方法、道理，对于战略规划的推崇、思考、实践和总结，给那个时代热火朝天、干劲十足的企业管理人员以深深的记忆。

让我印象深刻的是两个小细节。杰克·韦尔奇娴熟运用并购手段达到季度、半年和全年的资本市场预期，使公司竞争力和市场估值节节攀升，为此，通用电气公司资产资本性投资支出达 500 万美元金额（这么低的一个数字）的项目，都必须经韦尔奇本人批准。这是后来很多中国大型国企、民企在投资并购资产资本性开支上高度集中的起因和起源。第二个小细节，就是他高度重视中高层管理人员的培训，亲自安排培训课程，亲自登上讲台讲课。

随着互联网经济时代的到来，通用电气和韦尔奇渐渐淡出舞台。

赵民

2020 年 3 月 3 日 12 点 48 分

大江东去，时代前行

第十章

时事杂谈篇

# 郎平和女排：经济转型需要这股劲

本次里约奥运会，女排夺冠赢得了国人的一致点赞，其中一个原因是：女排在小组赛里是先输给了荷兰和塞尔维亚，但在后来的淘汰赛和决赛阶段，则勇克东道主巴西、荷兰及塞尔维亚，先输后赢，虽过程充满艰难，但始终顽强拼搏，这样的一股劲、一种精神，让人肃然起敬，打心里高兴！

中国的经济转型，同样需要一点女排精神，需要这股劲儿。

关心中国经济的人们可能都注意到了：已经公布的 2016 年上半年地方经济数据显示 GDP 增速为负数的城市达到 21 个之多，这是近年来从没有发生过的，如黑龙江大庆增速是 –14.01%，辽宁阜新是 –17%，甘肃嘉峪关是 –31% 等，这些城市多数都是资源型城市或资源枯竭型城市。与此同时，厦门增速则为 15.23%，深圳为 14.02%，贵州毕节为 16.72%，广西钦州达到惊人的 20.82%。中国经济的分化性地域差距越来越明显。

全世界经济都面临艰难转型，马上召开的 G20 杭州峰会的讨论主题之一就是这个。中国经济的整体转型依然将充满艰难、崎岖和艰辛，对此我们要做好充分的思想准备，要有"女排小组赛的时间还没结束"那样的心理准备。

这个时间点，恰好将是各地各城市去掉千篇一律的老产业结构、建设各具特点的新产业形态的关键点。有的地方或城市将会异军突起，奠定今后 34 年、直到 2050 年的城市定位和产业特色，而有的城市将慢慢掉队，逐步边缘化，失意、失落、失望，成为被产业和企业遗忘的"失败之地"和"失落之城"。

这个时候，除了科学的产业战略之外，还需要什么呢？需要一点女排精神，需要一点顽强拼搏的精神，需要不服输、不服气、先输后赢的那股劲儿！

这个时候，每个地方、每个城市都需要郎平式的人物，需要经济转型和产业调整中踏踏实实从队员开始一步步实干、苦干、巧干，而又具备国际视野的千千万万个优秀企业领军者。

赵民

2016 年 8 月 25 日早上 7 点 15 分

经济转型，不仅需要战略，

还需要女排精神，需要郎平式的领军人物

# 景海鹏"三上太空"，我们还有啥理由不上

2016年11月18日下午两点，神舟十一号载人飞船顺利降落在内蒙古大草原，景海鹏和陈冬两位宇航员也完成了一次33天的太空之旅，再创中国载人航天的新纪录。

对陈冬来说，这是人生的第一次；但对景海鹏来说，这不是第一次，而是第三次。景海鹏的"三上太空"，给了中国人带来巨大的鼓舞和鼓励。

在有些从业人士和创业者中，流行着一种奇谈怪论：三十岁挣够多少多少钱，然后退休；或者四十岁周游世界，五十岁回家不干了等诸如此类的"梦"。在我看来这里面，除了周游世界还可以拿出来说说之外，其他的说法都不太现实。

大家可以看看自己身边的人。比如，在我的大学同学中，有些人是早些年投资移民去了国外。你可以留意一下，那些移民国外的，尤其是移民加拿大的白领或企业家，最后在国外当了几年寓公、炒了几年股票之后，有几个没有做诸如"海淘"或"投资移民"之类的"创业人生"呢？中国文化说到底是群居文化、群体文化、集体文化。辛勤致富是一代代中国人从小到老受到的教育，所以，流行于国外的"20岁退休""30岁退休""40岁退休""50岁退休"，那都是水土不服的"伪高雅"，除非你当极客周游世界。

但又有几个人当得了郭川这样的先锋和英雄呢？

所以，如果你不能体验并享受孤独一人于全球旅行的那种新奇和心跳，那么，还是选择另外一条道路：找一个自己喜欢并能够长期从事的事情，或叫工作，或叫事业，十年如一日，坚持不懈地走下去。即使人工智能不断发展，这个世界依然有很多领域，很大空间，还在等着我们去探索。

比如，月球、火星和太空。

赵民

2016年11月18日下午6点58分

学习景海鹏，

我想飞太空

# 浦东到虹桥　顺义到大兴

上海这个中国的经济中心，在改革开放的 40 余年中，因为 1992 年以后对浦东的开发，而重新领跑全国的对外开放、对内改革，也因此奠定了今日上海在长三角经济区和全国城市中龙头老大的经济地位。作为浦东开发的标志之一，浦东国际机场对于拉动和带动整个浦东开发、上海发展和长三角经济带的巨大作用，怎么说也不过分。

当上海东边的浦东开发得轰轰烈烈之际，上海西边的虹桥机场相对就落寞和沉寂下来了。只有一个一号航站楼的上海虹桥机场，怎能起到交通枢纽的作用呢？这一局面，一直到 2010 年虹桥机场二号航站楼和高铁虹桥站建成投入使用之后，才从根本上得以改观。今天的上海虹桥机场，由于有了高铁上海虹桥火车站的"站台和加持"，和与之遥遥相望的浦东国际机场一起成为上海交通和经济腾飞的两翼，一东一西，不仅在拉动经济方面很得力，而且在带动产业上也很均衡。所以，如果大家注意一下上海高架上的路牌标志，指向上海虹桥机场的牌子上写的是"虹桥枢纽"这四个大字，而浦东机场只能写"浦东国际机场"，却无缘"浦东枢纽"这四个字。这种状况一直持续到 2017 年下半年，上海新一版的浦东总体规划出来之后，高铁上海东站终于落定浦东祝桥镇，并对其冠之以"浦东版的虹桥枢纽"。但这个上海高铁东站，距离浦东国际机场依然还有四公里的距离。

虹桥枢纽的早早建成，为 2018 年第一届中国国际进口博览会花落虹桥立下了汗马功劳。如果没有虹桥枢纽带来的江浙、华东乃至全国的巨大流动商务人群，新的中国进博会即便花落上海，也未必会落在今天的虹桥商务区。上海拉动长三角地区发展，主要依靠虹桥枢纽。很多苏南和江南的企业家，出差去往全国各地，都是从虹桥枢纽进出。

如果说建成于 2010 年下半年的虹桥枢纽在过去的九年中，为上海的西部区域和更广阔的江南胜地、华东地区做出了巨大贡献的话，那么，将于 2019 年 9 月底投入使用的北京大兴国际机场，将注定为北京的南部地区和更纵深更辽阔的京津双城、华北平原的京津冀一体化投出一枚举足轻重的交通枢纽大棋子。

对上海，是浦东机场到虹桥枢纽；对北京，是位于北部顺义的首都国际机场到位于南部大兴的大兴国际机场。北京和上海，这两个城市是中国的代表性城市，上海从东到西，北京从北到南，构成了一部中国当代经济和城市发展交响乐的最华彩的两个片段，其背后是一座国际机场和一个交通枢纽对一个城市和一个经济区域发展所起到的关键决定作用。

位于顺义的北京首都国际机场，取名之时没有加上顺义两个字，可见当时根本没有想到，在后来的 2019 年，会有一座位于城南大兴的国际机场和它称兄道弟，和它分庭抗礼，和它并肩齐驱，和它共同担负起北京交通和社会腾飞的两个翅膀的历史重任。

因为浦东机场当年建了磁悬浮而没有建轮轨高铁，所以才有了 2010 年虹桥枢纽的机遇和空间；同样因为位于顺义的首都国际机场只有短短的一段止于三元桥的机场轻轨而且缺乏人性化的细节设计，因此也让北京市民对即将投入使用的大兴国际机场交通枢纽充满着期待、好感和希望。

北京的朝阳区虽然不是北京首都国际机场所在城区，但是，是从市中心到机场的必经之地，朝阳区非常有名的望京地区，在过去的 25 年中，从无到有，从"一空二白"建设成为了产业兴旺的"望京新城"。

因此，在大兴国际机场还有五个月就将投入运营之际，我们对于同样区位的丰台区，充满着想象和信心。因为，新的大兴机场，是按照上海虹桥枢纽的路子建造的，因此，朝阳区和望京新城对于顺义的首都国际机场的 25 年发展史，就是丰台区对于大兴国际机场在今后 30 年正好到 2049 年的未来简史。

从城市中心到国际机场的沿线，就是一条商业文明的高速路，就是一条架在重重红绿灯之上的、跨越一个个十字路口的高架路。

浦东到虹桥，见证了从浦东机场一期工程建成通航的 1999 年到 2019 年这 20 年上海浦东地区的发展，见证了从 2010 年虹桥机场二号航站楼和高铁虹桥站投入运营这 10 年左右上海浦西地区的发展。

顺义到大兴，见证了从首都机场二号航站楼正式投入使用的 1999 年到 2019 年这 20 年北京北部地区的发展，今后终将见证 2019 年 9 月 30 日正式全面投入使用的大兴国际机场城市交通枢纽对未来 30 年北京南部地区发展的巨大影响。

从浦东到虹桥，是从机场到枢纽。

从顺义到大兴，是不是也是从机场到枢纽呢？

> 赵民
>
> 2019 年 5 月 9 日中午 12 点 45 分
>
> 顺义的首都机场
>
> 拉动了市区到机构的必经之地朝阳区；
>
> 大兴的国际机场
>
> 将带动城南故地丰台区

# "黑色星期二"事件对中国人来说是一件好事

2007 年 2 月 27 日（星期二），我国 A 股股市的表现再一次证明了中国股市是不适合"心脏病人"的：在 2007 年 2 月 26 日的（星期一、猪年春节之后第一天）股市的"开门红"之后，第二天股价的突然暴跌让所有中国股民感到意外，让所有的"牛皮"股评家措手不及。

还有更加让股民吃惊的事情：中国 A 股的突然暴跌居然引来了美国、英国、日本、德国、法国、俄罗斯、韩国等世界大国的股市的"遥相呼应"，其股份也先后出现了不同程度的暴跌，这不禁让我们想起了那句话："城门失火，殃及池鱼。"

"黑色星期二"事件使广大中国股民损失惨重。对此，我们深感不安和遗憾。不过，我们认为，广大股民如果能够"利从长线计，益从长远算"，那么，这个"黑色星期二"事件对我们来说是一件好事，其原因有以下几点。

第一，这是国际金融资本对中国股市"股权分置"改革的最终认可和赞赏。大家想一想，在过去的十多年中，中国股市有多少次剧烈的下跌？有哪次下跌引发了世界其他主要大国股市的应声下跌？国际上的金融资本"大鳄"在过去有几次关心过中国股市的"发烧"或"打寒战"？ 2006 年"中国故事"中讲述的有关"股权分置"改革的故事已经得到了中国老百姓的一致好评。这次，国际金融资本通过这样一种中国老百姓从来没有想到的方式，表达了其对于中国股民、中国股市的重视。当国际资本市场和国际金融资本和你"一起欢乐，一起愁"的时候，就是其开始把你当作竞争对手和合作伙伴的时候了。

第二，这是中国在成为世界经济大国道路上的一个"里程碑"。从某种程序上看，对外贸易的增长和外汇储备的增长都不如我们的股市带动他们的股市一起下跌更加说明问题，更具心理震撼力。这好像在说：如果我们的股市和经济有下行趋势了，那么你就要当心你自己的腰包也会变瘪了。过去，这都是世界主要股市才有的能量。要成为真正的世界经济大国，没有一个具有世界影响力的股市，是不可能实现的。

第三，这是我们从"世界制造业中心"和"全球制造基地"，逐步升级为"亚太金融中心"和"世界金融中心"的一个开端。在过去的几年时间中，我们通过低成本制造和大规模的固定资产投资，通过民营企业的创造力的释放，让世界各国感受到了中国的巨大创造力，让世界各国的消费者分享了中国优质的商品和服务；今天，我们经过了长时间的自我"蜕变"，中国股市已逐渐接受了世界股民熟悉的游戏规则，这也意味着一个新的世界级力量的出现，这既会带来更多的复杂性，也会带来更多发展的机会。今后的中国股市会经常发生类似的事件，所以，大家要做好充分的心理准备。

第四，这是内地的 A 股市场开始对香港股市发挥引导作用的一个标志性事件。2006 年，通过定价权之争夺，已经让香港股市感受到了内地股市的"不同往日"，最后，通过大型国有上市公司的大盘股的定价权的回归 A 股，树立起了内地股市发展对香港股市的一个里程碑。让我们没有想到的是，另一个成长阶段这么快就来到了。这说明，经过"股改"的内地股市今后会创造出更多的"奇迹"。

未来，当我们被世界认同为"世界金融中心"和"世界金融大国"的时候，我们应该感谢这次"黑色星期二"事件，应该记住 2007 年 2 月 27 日这一天。

不过，"黑色星期二"事件也为我们敲响了警钟。我们在下篇文章中接着探讨。

赵民

2007 年 2 月 28 日下午 4 点 23 分

# "黑色星期二"事件为我们敲响了警钟

"黑色星期二"事件为我们敲响了警钟，我们至少应该从以下四个方面引起重视。

第一，这次事件是对中国证监会的一个警示：以后对中国股市的调控难度将越来越大。在更加开放的环境中，中国的股市的事情今后会更多地引起国际上的关注。因此，我们应该以更加积极的心态来应对这种变化。

这一点难不难？说起来不难，做起来难。因为，这种变化从本质上讲，和中国过去十多年尤其是加入 WTO 以后五年的在处理对外贸易事务上的变化是一样的。我们回顾一下中国商品出口的发展变化，就可以得到很多的启示。

例如，原来如果我们的产品质量有问题，那么只是一个国内的问题，最多是老百姓抱怨抱怨而已，一定是不会上升到国家形象的高度。但是，随着我们国家的出口贸易的大量增加，质量问题就有可能演变成一个关系到中国的国际形象和两国关系的事情了。用老百姓的话说，事情就大了。

今后，我们的股市也一样，在国际化的背景下，对上市公司质量的要求会更加严格。

还有，我们以后对于很多事情的判断标准，可能也需要重新调整。例如，我们一直认为一个企业的产品价廉物美是好事，例如长虹的电视机在国内，通过几轮降价不仅使老百姓得到了好处，而且也淘汰了很多小厂家的质量不好的产品。但是这样的事情，如果到了国际上，就有可能被起诉为"倾销"。外国的消费者是不能理解中国生产厂家的很多事情的，他们只是从最后的现象来得出在他们经验上的判断与结论。所以，我们本来是好事的事情，就可能"好事变坏事"。所以，今后我们的上市公司需要不断地学习，用国际股市通用的、世界上大多数股民能看懂的语言，来表达自己的事情。因为，你的股东中，有很多是外国人，外国投资者。

如果我们想想我们自己最后是如何来管理商品市场的国际贸易的，那么，我们就知道了证监会最后的改革目标：不管就是管，不调控就是调控。差别在于，过渡期有多长。

第二，这种挑战，不仅仅是对证监会的，同时也是对所有的政府部门一个警钟，政府部门在做出事关百姓利益的决策时，一定要更加注重沟通。对于股民来说，这样的事情，都是属于大股东不尊重股市游戏规则的"污点"记录，小股民当然对此也没有办法，但做多了，就是对中国的股市和国际形象的一种不利。

以后，对中国股市而言，"国内的事情，也是国际的事情"，做中国的事情，也就是做国际的事情。换句话说，我们的股市，已经国际化了。

第三，是对我们监管外国资金能力的一个警钟：如果监管部门不能够找到一个办法，有效地监管外国进入中国股市的资金的话，那么，这样一种没有办法预料的，更大幅度的大起大伏，今后可能还会发生。

这是对政府在金融改革上的一种综合考验。

第四，是对全体股民而言的，由于有了国际炒家的介入，所以，需要用不同于以前的眼光来分析和看待今后的股市。

国际金融资本看待中国股市的角度是不同的，第一，由于其有在其他股市上的成熟经验，所以，他们会看得更长远。

第五，他们的手法更加高超，他们会比我们所想象的更加高明地利用舆论实现他们赚钱的目的。很多国际大资金一方面高声唱衰中国股市，另一方面却积极申请更多的资金入市。他们说的和做的不一样。还有的国际大资金，一方面高声指责中国的房价太高，另一方面又大力购买中国的楼盘。这个时候，用老百姓的一句话来说："行胜于言。"但问题是，对于小股民来说，你不知道"行"，信息不对称啊。

不过，有句话是可以记住的，不要相信鳄鱼的眼泪。

赵民

2007 年 3 月 1 日下午

吃一堑，长一智

# 实现共同富裕，靠什么把"蛋糕"做大做好

"实现共同富裕目标，首先要通过全国人民共同奋斗把'蛋糕'做大做好，然后通过合理的制度安排把'蛋糕'切好分好。"

每个老百姓的家庭收入，虽然也有财产收入、资本性收入，但大多数还是来自工资收入。而工资收入的增长，主要靠增加就业机会，增加市场经济主体，增加中小企业成长为健康存活、长期生存的盈利企业的可能性。企业多了，跳槽机会也就多了，收入增加的可能性也就高了。

在此之外，创业也是一个不错的选择。

而创业者和企业家（创业者成功了，就被打上"企业家"的标签）的持续兴旺、队伍壮大，靠营商环境。

创业的过程是和平年代商场上的"商战"。商场如战场，是不流血但流汗、不牺牲生命但牺牲身体和生活的智力体力的比拼。这样的一种创造社会就业机会的创业者和企业家，应该广受大众欢迎和社会尊重，他们的财产和个人名誉应该受到法律保护，其创新的知识产权也应受到法律的保护。

欢迎创业者、尊重创业者，不仅是尊重当下的创业者，也包括尊重过去改革开放40多年中的创业者。当年的创业者，只要坚持到今天，不管企业规模是大是小，不管聘用员工创造就业是多是少，不管业务遍及本地、全国还是全球，都是历经千辛万苦，从商场上撸起袖子加油干干出来的，是拓荒牛，是老黄牛，更是孺子牛。

随着数字化转型的发展，随着"双碳"时代的到来，我们有大量的行业面临着结构性的行业大进步。根据《经济日报》的报道，我国2021年前11个月新能源汽车销量已接近300万辆，到年底预计可达330万辆，整个新能源汽车市场在历经十年的发展之后，进入陡峭增长的高速期，多家制造企业仅11月的销量就实现100%涨幅，预计2022年新能源汽车全年销量可达500万辆。而汽车产业除了新能源的电动化之外，还面临着网联化、智能化的巨大变革，每一方面的技术进步，都将带来

巨大的成长空间和就业机会。

　　汽车产业是一个在世界各个发达国家都曾涌现出著名企业家的行业，有些国家甚至诞生了整个国家引以为豪的代表一代人的卓越企业家。汽车行业也是一个有着超长产业链的行业，汽车行业更是一个充满创业机会、需要创业精神，以及充满就业机会的行业，汽车行业还是一个技术驱动的行业。最终，汽车行业也是一个体现共同富裕成果的行业。家家户户有汽车，是一个社会走向富裕的标志。

赵民

2021 年 12 月 11 日下午 4 点

车到山前必有路，船到桥头自然直

# 团队学女排，个人学郎平

郎平率领的中国女排，在昨天（2016 年 8 月 21 日）上演了一出"王者归来，玫瑰怒放"的大戏，经过四局的苦战，勇夺奥运冠军，给本届里约奥运会中国代表团赢得了一块金牌。时隔 35 年之后，她们为女排精神再次谱写了辉煌。

举国为之振奋，全民为之欢呼。

这种振奋和欢呼，一方面是因为中国女排在本届奥运会的夺冠之路荡气回肠，更深层次的原因是中国社会和中国老百姓为中国女排在艰难困境下迸发出来的顽强精神的振奋和欢呼，这也是对我们民族精神的一种振奋和欢呼。

女排精神始于 1981 年中国女排在袁伟民率领下的首次奥运夺冠，今年中国女排又在郎平率领下第三次夺得奥运冠军，其间有荣耀有失败，有泪花有汗水，特别像我们每个人所经历的生命之路，特别像我们每个公司和单位集体所走过的艰难创业之路，特别像我们祖国改革开放以来所走过的民族复兴之路。这种骨子里的认同和继承，不是时间和困难所能够磨蚀的，一旦遇到一个爆点，就如同火山那样喷薄而出。

这次夺冠的中国女排队员，平均年龄 24 岁，最年轻的 19 岁，多数为"90 后"。她们在赛场上，是万众敬佩的拼命三郎，为一次强攻、一次救球而奋不顾身；在球场下，她们就是邻家女孩，自拍、唱歌，如同所有普通人。她们让普通老百姓觉得，她们能做到的，普通人也能做到。中国女排，是一群最好的"精神富二代"，是一部励志电视剧的女主角群体。

郎平在本次率队夺冠后迅速地被粉丝们冠以"郎圣母"的称呼，无比的尊敬中还有着无比的亲近，郎平借此完成了个人形象和人生价值的一次升华和飞跃。郎平选择了一条既能终身从事自己热爱且擅长的排球专业工作（不同于李宁退役之后的转型），积 30 年人生磨砺，在自己 55 岁之际，郎平不仅实现了事业梦想，而且以自己 35 年的实践之路告诉国人，走自己想走的路，拼搏人生，终能成功。

赵民

2016 年 8 月 22 日上午 8 点 18 分

女排是一部励志大片，郎平是生活的榜样